문학평론의
기본의식을 통해 본
의미통찰

하재준 평론집

교음사

| 머리말 |

문학평론의 역사의식과 그 가치

　문학은 인간을 떠나서는 존재할 수 없다. 고대 플라톤 시대부터 현대에 이르기까지 문학은 인간의 역사와 더불어 끊임없이 함께 걸어왔다. 어떻게 하면 현실과 문학이 조화를 이루며 발전할 것인가를 끊임없이 연구하면서 오늘에 이른 것이다.
　우리 문학의 발자취 역시 그렇다. 대별해 볼 때 구비문학으로부터 출발하여 신라의 향가인 「찬기파랑가」에 이르러서는 다소 무리라고 여기겠지만 문학비평의 성격이 있었다. 이후 고려 중엽에 이르러 한시를 중심으로 비평이 있었는데 중국의 비평 활동과 밀접한 관련 속에서 중국 송나라 때 시문학의 영향을 많이 받았다. 이인로의 『파한집』 최자의 『보한집』 이규보의 『동국이상국집』 이제현의 『역옹패설』 등이 이에 해당한다.
　고려시대에 이어 조선 초기인 서거정(徐居正)의 『동인시화(東人詩話)』에서 비평문이 열리기 시작하였다. 그리고 『동문선』에 이르러 한시 문학을 집대성하였다. 이로 인해 한문학에 대한 민족적 자각과 긍지를 보여주었다고 김종회 교수는 『한국문학명비평』에서 말하고 있다.
　한국문학의 일대 전환기는 1917년 러시아의 사회주의 혁명의 승리로 우리에게도 카프문학이 자리 잡게 되었다. 이 문학단체는 조선프롤레타리아 예술가동맹인데 공산주의를 찬양하는 문학만이 진정한 문학이라고 하였다. 이같이 정치적 색채가 극도로 강했기에 카프(KAPF)가 공식적으로 1935년 해체되어 한국문단은 다시 순수문학시대로 이뤄졌다.

앞에서도 지적한 바와 같이 문학은 인간의 의식을 떠나서 존재할 수 없듯이 우리 사회의 변혁은 우리의 의식을 크게 바꿔 놓았다. 1950년 6·25 전쟁과 1960년대의 4·19와 5·16을 겪으면서 1970년대와 1980년대를 맞이하여 12·12 사태와 5·18 광주민주화운동의 격랑기를 겪었다. 이로인해 우리의 문학발전에도 크게 영향을 받았다. 이런 의미에서 이번에 펴낸 문학평론의 기본의식을 살펴보자고 한다.

이철호(李喆鎬) 님은 「수필에서의 비평의식과 비평기능」의 글에서 "문학작품에는 원래 비평의식이 그 바탕에 알게 모르게 깔려 있기 마련이다. 우리의 삶과 우리 사회에서 많은 것들을 보고 듣고 느끼고 체험하면서 갖게 되는 어떤 하고 싶은 말들이나 비평의식 등을 글로써 표현해 내는 것이 바로 문학이기 때문이다."라고 했다. 그렇다. 한 편의 작품이 완성되려면 사물 자체의 표현만으로는 부족하다. 작가의 사상과 감정과 철학이 융합할 때 한 창작품이 탄생되는데 여기에 비평의식이 내재되어 있기 마련이다.

비평의식이란 작가가 펴놓은 작품에 대하여 어떠한지에 대한 평자의 의견을 제시하여 보다 나은 방향을 모색함에 있다. 여기에는 올바른 의견을 제시하기 위해 많은 연구를 거듭하여 이루어진 의견이라야 한다. 그래야만 그 의도를 수긍하여 따르는 것인데 이것이 발전의 과정이요, 미래문학을 융성하게 펼쳐가는 길이다.

이 책은 시와 동시와 수필의 작품을 서평한 평론집이다. 등재된 작품 중에는 이미 익히 알려진 시인과 수필가의 작품도 담겨 있고 문단에 등단한 지 얼마 안 되는 신인들의 작품도 들어 있다. 전체 작품 중 4분의 3의 글들은 작가를 알지 못한 채 문학지에서 읽고 평했다. 그중에는 1년이 넘도록 한 문학지에서 '수필평'을 했거나 단기간 몇 작품집에 평한 글도 들어 있으며, 몇몇 신문에 발표했던 작품들도 포함되어 있다. 또 보내온 시집이나 수필집에서 평하고 싶은 작품들을 뽑아 집필했기에 모르는 작가들이 그리 많다. 집필의 기준은 '문학평론의 기본의식을 통해 본 의미대로 작품을 통찰'했기에 이러한 연유로 이번 평론집 표제를 『문학평론의 기본의식을 통해 본 의미통찰』이라 정했다.

　독자들의 많은 지적을 받을 줄 안다. 신인 작가들의 의욕을 북돋아 주기 위해서는 냉정한 질책보다는 양심에 거리낌 없는 범위 내에 그들의 작품을 평하기도 했고 '이렇게 표현했으면 어떨까?' 평자의 의견만 제시하기도 했다. 엄격히 따지면 평론의 가치가 없는 표현들이다.

　평자는 고등학교와 대학에서 학생들을 가르칠 때 호된 꾸지람보다는 학생들의 마음을 이해하고 어루만져 주며 하나하나 다독여 줄 때 교육의 보람을 크게 느낀 바 있기에 그런 마음으로 평하기도 했기에 이를 고백하면서 독자들의 해량을 기대한다.

　끝으로 이 책은 인천문화재단의 예술창작지원사업으로 선정되어 펴낸 문학평론집이다. 이 책이 출간될 수 있도록 애써 주신 이민호 선생님, 평론집의 편집부터 출판에 이르기까지 수고해 주신 교음사 강병욱 대표님과 류진 편집국장님께 고마운 마음을 드리며 이 모든 영광을 하나님께 올린다.

2023. 저자 월석(月夕) 하재준

하재준 평론집

‣ 차 례
‣ 머리말

시평론

I. 시사적 위치와 담대한 신념
신석정 초기 시편에서 본 참여의식과 저항의식 … 16
신석정 후기 시 분석과 그 의미 … 29
큰 민족시인 신석정과 제자 하재준의 가상인터뷰 … 38

II. 서정성과 서사성의 시 서평
『함께 웃고 우는 은혜와 감사』를 읽고 … 54
『야생화를 통해 본 인간의 아름다운 세계』를 읽고 … 58
『감나무 베어지는 날』을 읽고 … 69

III. 시에서 본 이성과 감성에 대한 분석
「심포(深浦)에서」 … 76
「속천 앞바다에서」 … 79
「먼 그리움」 … 82
「팔월(八月) 보름」 … 85
「가시 울타리 넘어가는 법」 … 88
「두물머리 물」 … 91
「양달과 응달」 … 94
「영혼의 노래」 … 97
「저절로는 없다」 … 100

「나룻배」, 「소원」 … 103

「그루터기에 축복이 피어나다」 … 108

「그리움」 … 111

「충분히 쓸쓸했음으로」, 「단풍은」 … 114

「굴포천 물결」 … 117

「이 가을에」 … 120

「친구」 … 123

「꿈」 … 127

「처녀치마꽃 앞에서」 … 130

수필평론
IV 수필의 정체성과 작품에서 본 작가의 의식세계
수필은 정(情)이 담긴 문학이다 … 134

수필은 사유문학이다 … 148

수필은 겸허의 문학이다 … 156

수필은 진솔한 삶을 형상화한 문학이자 수준 높은 상상의 세계다 … 172

수필은 겸중문학(謙重文學)이다 … 184

수필은 인생의 맛과 멋의 문학이다 … 197

수필은 나의 삶의 흔적을 영원히 붙잡아 두는 문학이다 … 208

좋은 수필을 빚으려면 … 224

V. 수필의 구성요소와 그 가치
발상의 기법과 가치의 중요성 … 232
제목 붙이기와 그 중요성 … 245
서두의 유형과 기법 … 260
주제 설정과 소재 선정의 중요성 … 270
결미의 중요성과 처리기법 … 286
해학(解學)의 중요성과 그 가치 … 291
정제된 표현과 글의 품격 … 301

VI. 거시적 통찰력과 그 안목
수필과 상상의 세계 … 312
수필에서 이미지 구성과 사상적 깊이의 세계 … 319
작품에 나타난 수필의 정체성과 그 의미 … 323
진정성을 지각시킨 수필의 중량감과 그 가치 … 327
곽인화 수필가의 미국 여행기를 통해 본 정신세계 … 331
마음의 빛이 영롱한 수필가 김경순 목사 … 338

참고문헌 … 341

시평론

I

시사적 위치와 담대한 신념

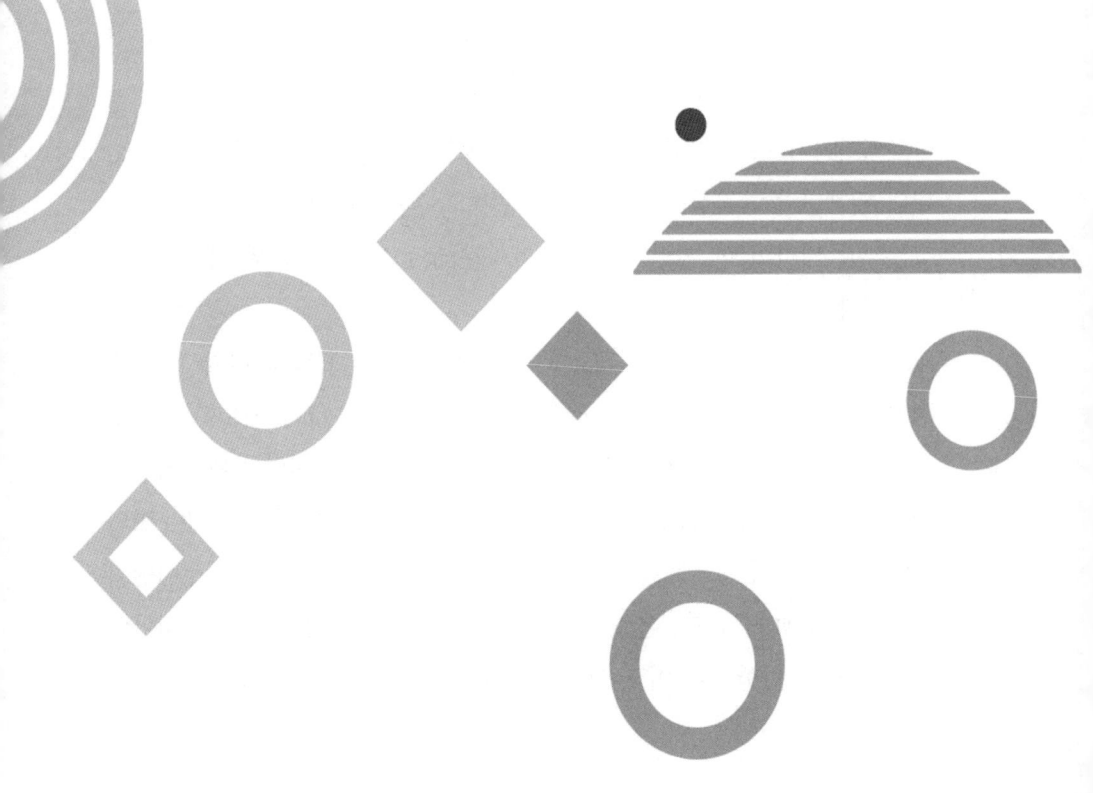

신석정 초기 시편에서 본 참여의식과 저항의식
- '기존 목가적 서정시인' 다시 평가 되어야 -

1. 머리말

신석정은 1924년 4월 19일 '조선일보'에 「기우는 해」 시를 발표한 이후 그가 작고하던 1974년 7월 '동아일보'에 「뜰을 그리며」가 유고시로 발표되기까지 꼭 반세기 동안 시작(詩作)에 혼신을 쏟은 시인이다. 1930년대 일제탄압이 극심했던 때임에도 민족의 혼을 불태워가며 시를 써 온 그는 시문학파의 한 사람으로서 우리 시사(詩史)에 중요한 위치를 차지한 시인이다.

그는 1931년 10월 『시문학』 3호에 「선물」이 발표됨에 따라 박용철, 정지용, 김영랑, 김기림 등과 함께 시작에 전념했다. 그가 시문학 동인으로 활동한 지 얼마 되지 않은 1933년에 김기림은 '조선일보'에 「시단의 회고와 전망」이라는 글을 썼는데, 여기에서 신석정을 가리켜 '현대문명의 잡담을 멀리 피한 곳에 한 개의 유토피아를 음모하는 목가적 서정시인이다.'라고 평했다. 김기림은 석정이 단순히 그리고 막연하게 유토피아의 꿈에 잠긴 나약한 시인이라 보지 아니했으리라 여겨진다. 이는 그가 '음모'란 단어를 사용했기 때문이다. '음모'란 뜻은 국어사전에 의하면 계략을 음밀하게 꾸민다란 뜻으로 되어 있다. 이런 의미로 본다면 '유토피아를 음모'하는 사람이란 표현은 김기림이 음모에 담긴 이면의 심리까지를 보다 깊이 생각해 보고 한 말이었을 것이다. 그렇다면 문맥의 내용으로 보았을 때 참여시인 혹은 저항시인이라 함이 옳으리라고 판단된다. 그런데도 석정 시인을 '목가적 서정시인'이라 칭함은 당시 악랄한 일제 치하였기 때문일 것이다. 탄압을 일삼는 무단정치였기에 아까운 시인의 생명을 위태로움에서 건져내기 위해 김기림은 석정을 '목가적 서정시인'이라 명명했으리라고 여겨진다. 신석정 자신도 삼엄한 검열을 피하기 위해 시 속에 자연을 노래한 시인처럼 새, 양, 염소, 나무, 꽃 등을 썼고, 목가적, 자연적인 이상향을 노래하듯 하늘, 산, 밤, 달, 구름, 바람, 임, 어머니 등의 시어를 썼을 것이다.

이러한 시어들만 보면 목가적인 시인이요, 자연을 노래한 서정시인처럼 보인다. 그래서인지, 여러 선행 연구가들의 평가는 신석정 초기작품이 실린 1939년 제1 시집 『촛불』과 1947년 제2 시집 『슬픈 목가』 시대의 시를 보고 그를 전원적 목가적 시인으로 보는 데 일치를 이루고 있다.[1] 그런데 후기작품인 1956년 제3 시집 『빙하』부터 1967년 제4 시집 『산의 서곡』, 1970년 제5 시집 『대바람 소리』에 이르러서는 연구가들 대부분이 '참여시인', '저항시인'로 전환했다고 평가하고 있다.[2] 그리고 초기 시 연구진들의 이론을 지지하는 이들은 그 당시의 시를 참여시나 저항시로 보기에는 적극적인 참여의식이 결핍됐다고 말하고 있다. 그렇다면 참여나 저항을 직설화법으로 표현해야만 하는가. 이 이론은 퍽 온당치 못하다고 본다. 전술(戰術)에서도 일보 전진하기 위한 후퇴가 있다. 무모하게 전진만

---

1) 국문효, 『신석정 시에 나타난 현실인식과 역사의식 연구』 「비평문학」 56쪽
   이향분, 『신석정 시 연구-시어를 중심으로』 「박사학위 논문」 70쪽
2) 국문효, 위와 같은 책 57~58쪽

계속한다면 백전백패라고 말한 전술정론이 이를 증명해 주고 있다고 본다.

이같이 이론이 분분할 때 우리 시사(詩史)에서 시인의 위치를 올바르게 정립할 수 없다. 그러기에 많은 연구진들이 여러 면에서 연구를 거듭해 왔고 앞으로도 계속하겠지만 필자 역시 시인의 시세계(詩世界)를 보다 분명히 알기 위하여 시를 집필할 당시의 시대적 상황과 역사의식, 그리고 시인이 지니고 있는 사상과 정서를 파악하며 시를 분석해 봤다.

신석정이 시를 집필할 당시는 1930년대 일제의 암울한 시대적, 역사적 상황이었다. 이를 통찰하면서 시를 분석해 볼 때 초기에서부터 그의 투철한 민족정신이 시 속에 맥맥이 흐르고 있음을 발견했다. 그러기에 그를 참여시인, 저항시인으로 명명함이 옳다고 여기면서 그 이론을 정립하고자 한다.

2. 시인의 사상과 시대적 역사적 상황

가) 연구대상 범위와 현대문학의 성장기

그간 신석정 초기의 시를 연구한 대부분의 논문들이 목가적, 전원적, 명상적, 성격이 뚜렷이 나타난 시인이라고 이론을 전개하고 있다. 그리고 한국문학대사전에서조차 이 이론에 편승한 탓인지 그렇게 등재되어 있다. 그러기에 필자는 그의 초기시를 면밀히 살펴보기 위해 당시의 시대적 역사적 상황을 살펴보았다.

현대문학의 발생 배경은 3·1운동 이후였다. 우리 민족이 일제식민지에 대해 응전(應戰)이 형성되고 작가와 지식인을 자극한 개화사상 및 외국으로부터 신문예 사조 등의 영향으로 발생되었다. 특히 1924년 최초의 월간종합지 창조(創造)가 발간되면서 신문예운동은 본격화되었으며 개벽(開闢), 백조(白潮), 조선문단(朝鮮文壇) 등이 발간되고 여러 갈래의 문학파를 이루어 근대문학 사조의 형태를 이루었다. 특히 1930년대에 들어서면서 일제 군국주의가 험악하게 사회 곳곳을 파고들어 직접적인 충돌을 일으켜 문학을 정치적 도구로 끌어들였다. 이를 피하기 위해 농촌계몽으로 포장한 이광수의 흙과 심훈의 상록수의 소설이 등장했고 순수 자연주의를 표방한 시문학이 등장했다.3)

나) 신석정 작품에서 본 1930년대 시세계

시의 세계를 올바로 파악하기 위해서는 시인이 지니고 있는 근본 사상을 잘 파악해야 하며 시를 집필할 때의 시대적 역사적 상황을 제대로 인식하지 않고서는 수박 겉핥기식이 될 것이다. 신석정의 시어들을 보면 앞에서도 말했듯이 표면에서는 자연친화적 이상향적 전원적인 성격인 양 보이나 내면에서 흐르는 상징성과 비유성과 암시성 그리고 이미지를 통해 시인이 구현시키고자 하는 이상세계를 제시하고 있음이 분명하다.

그러면 신석정이 조선일보에 발표한 「기우는 해」 첫 작품과 김기림이 평했던 당시에 발표된 시 중에서 「임께서 부르시면」 「나의 꿈을 엿보시겠습니까」의 2편을 여기서 살펴보기로 하자.

  해가 기울고요-
  울던 물새는 잠자코 있습니다.

  탁탁 폭폭 흰 언덕에 가벼이
  부딪치는
  푸른 물결도 잠잠합니다.

  해는 기울고요-

---

3) 조항래, 『韓國史의 理解』『현대문학의 성장』 387쪽

끝없는 바닷가에
해는 기울어집니다
오! 내가 미술가였다면
기우는 해를 어여쁘게 그릴 것을!

해는 기울고요-
밝힌 북새만을
남기고 갑니다
다정한 친구끼리 이별하듯
말없이 시름없이
가버립니다

― 「기우는 해」 전문

　이 시는 시인이 18세에 '소적'이란 필명으로 쓴 첫 작품이다. 18세라면 피가 끓고 정의가 용솟음치는 나이다. 이런 의미에서 볼 때 필자는 이 시 첫 행 "해는 기울고요-"를 읽으면서 시인의 의식이 어디에 있는가를 꼼꼼히 따져 보지 않을 수 없었다. '석양'이란 단어를 쓰지 아니하고 '기울다'라는 단어를 택한 그 이유는 뭘까? 자연의 해가 기울고 있음을 직설적으로 말하지 않고 암시적으로 표현하고 있음을 직감할 수 있었다. 이유는 당시 1919년 3·1운동의 실패가 불과 5년밖에 되지 않아 일본의 악랄한 탄압은 날이 갈수록 심했다.
　그러나 불굴의 민족의 의지는 조금도 꺾이지 않은 채 더욱 철저히 미래를 준비하려고 일보 전진하기 위한 일보 후퇴한 민족의식이었다. 이것을 역설적으로 표현한 것이다. 이를 뒷받침해 주고 있는 연이 3연이다. 해는 기울고요-/ 밝힌 북새만을/ 남기고 갑니다. 여기서 '밝힌 북새'란 3·1운동의 정신과 민족의 의지를 말하기 위함이다. 그러기에 민족의 의지만을 남기고 간다는 뜻이다. 같은 유형으로 이루어진 유치환의 「깃발」

의 시에서도 이러한 표현을 넉넉히 찾아볼 수 있다. '소리 없는 아우성' 이 바로 그것이다. 소리가 없는데 아우성은 웬 말인가 하겠지만, 이는 일본의 삼엄한 총칼 앞이기에 차마 불붙는 민족심리를 발설(發說)할 수 없었던 데서 나온 표현이다. 그러기에 가슴속에 끓어오르는 분노와 애국의 열정이 마음속에서 아우성치고 있다는 뜻이다.

또 하나의 예를 살펴보자. 신석정 시인의 초등학교 6학년(4년제에서 연장) 때 의식이다. 같은 반, 같은 민족의 학생이 수업료를 못 냈다고 해서 담임은 그 학생에게 반 전체의 학우들이 보는 앞에서 옷을 벗겨 개구멍으로 나갔다 들어오게 하는 수모를 주었다. 이를 본 석정은 우리 민족에게 수치감을 준 사건이라 해서 일본인 담임과 이를 묵인한 학교 당국에 시정을 요구했고, 이를 묵살 당하자 그 분노는 전교생을 선동하여 수업 거부를 일으켰다. 그로 인해 그는 무기정학을 받았다. 그러나 다음 해 3월에 복교되어 졸업을 했다.4) 이러한 민족의식이 그 맥을 같이한 저항의식으로 훗날 그가 쓴 시는 물론 본 시에서도 여실히 잘 드러나고 있다.

    가을날 노랗게 물들인 은행잎이

    바람에 흔들려 휘날리듯이
    그렇게 가오리다
    임께서 부르시면……
    호수에 안개 끼어 자욱한 밤에
    말없이 재 넘는 초승달처럼
    그렇게 가오리다
    임께서 부르시면

    포근히 풀린, 봄 하늘 아래

---
4) 허소라, 『못다 부른 목가』「신석정문학연구원」 12쪽

굽이굽이 하늘가에 흐르는 물처럼
그렇게 가오리다
임께서 부르시면

파-란 하늘에 백로가 노래하고
이른 봄 잔디밭에 스며드는 햇볕처럼
그렇게 가오리다
임께서 부르시면……
  － 「임께서 부르시면」(『동광』 1931. 8) 전문

이 시 속 시인은 어딘가를 가고 싶어 하는 마음이 담겨 있다. 일제(日帝)라고 하는 현실적 분통이 터질 듯한 공간에서 떠나고 싶어 하는 심정이다. 바람에 휘날리듯이 비록 일제강점기에 시달려 쓸쓸하고, 그리고 안개 자욱한 초승달처럼 암담할지라도 이곳을 떠나면 포근하게 풀린 봄날처럼 잔디밭에 평온하게 내려앉은 햇볕처럼 그런 곳으로 떠나고 싶다는 뜻이다. 그 때가 어느 때일까? 가을과 봄이다. 가을은 여문 곡식이 갈무리 되듯 민족의식이 충만할 때며, 봄은 혹독한 추위에 시달릴지라도 봄 기운을 받아 새 생명이 돋아나듯 희망이 충만할 때를 가리킨다. 그렇다면 임은 누굴까? 조국이다. 그러기에 조국이 나를 부르면 그렇게 가고 싶다는 뜻이다.

햇볕이 유달리 맑은 하늘의 푸른 길을 밟고
아스라한 산 너머 그 나라에 나를 담숙 안고 가시겠습니까?
어머니가 만일 구름이 된다면……
  － 「나의 꿈을 엿보시겠습니까」(『문예월간』 1932. 1) 일부

이 시는 저자가 가정법을 통해 청자인 어머니에게 나의 소망 즉 꿈을

호소하는 내용이다. 어둡고 괴로운 현실을 감당할 수 없는 이 시인은 하늘을 바라면서 유달리 밝고 푸른 하늘 길을 걷고 있는 것이다. 이러한 심정을 어머니에게 호소하고 있다. '어머니'는 조국이다. 여기서 "어머니가 만일 구름이 된다면" 했는데 '구름'은 성경에서 말하는 '구름기둥'을 연상시킨다. 모세가 이스라엘 민족을 이끌고 불볕이 내리쬐는 광야를 지날 때 하나님이 그 민족을 위해 구름기둥으로 보호했듯 어머니 즉 조국이 우리 민족을 보호한다는 뜻으로 해석할 수 있다.5) 비록 나라를 빼앗긴 현실일지라도 나를 낳아 준 조국은 어디까지나 마음속에 존재하고 있기에 나를 보호하며 간절히 부르고 있음을 심안(心眼)으로 보고 듣고 느끼는 것이다.

이상의 시에서 본 바와 같이 현실이 어둡고 암담할 때일수록 꿈은 멀리서 가까이서 손짓하고 있는 것이다. 이것이 우리 민족의 의지요, 자세요, 시인의 이상향이다. 이상향은 비록 멀리서나마 우리를 부르고 있다. 그러나 이는 결코 허황된 것이 아닌 당위성을 지니고 있기에 석정의 시는 그것을 읽는 독자로 하여금 고통 받고 있는 현실 속에서도 열망을 일으키는 자극제의 역할을 한 것이다.

그러기에 김기림은 신석정을 가리켜 '현대문명의 잡담을 멀리 피한 시인'으로 본 것이다. 이같이 높이 평가하면서도 '목가적 서정시인'이라고 쓰지 않을 수 없었던 이유를 앞에서 언급했기에 재론을 피하면서 필자는 신경림이 말한 대로 후대에서 신석정을 목가적 저항시인으로 재평가되어야 마땅하다는 이론에 동조하면서도 필자는 더 나아가 석정을 참여시인,

---

5) 신석정은 비록 중앙불교전문강원에서 수학했고 불전연구도 했지만, 그가 영생대학에서 「시문학」을 강의할 당시 학생들에게 최초의 문학은 성경이라 가르쳤다. 그러면서 문학도라면 성경을 모르고 '문학'을 할 수 없다며 때때로 필요한 예화를 성경구절을 인용하기도 했다. 그 당시 필자는 석정시인의 가르침을 받았다. 이러한 사실에 비추어 석정이 상당한 성경지식을 갖추고 있다고 보기에 이 이론을 전개함.

저항시인으로 명명함이 옳다는 주장을 주저하지 않는다.

필자가 왜 이런 확고한 주장을 밝히느냐 하면, 그간 신석정 시 연구 논문들의 평가를 보면 대체로 초기인 『촛불』과 『슬픈 목가』6) 시대의 시인을 전원적 목가적 시인이라는 데에 일치를 이루고 있기에 그러하다.

그렇다면 같은 시대에 살았던 뛰어난 많은 문인들이 일제의 권력 앞에서 어떻게 살아왔는지 잠시 살펴보자. 결국 많은 문인들은 그들의 재능조차도 감당 못한 채 생존을 위하여 퇴색하거나 바래버린 채 일제의 입맛에 맞는 글을 썼거나 동조했다. 그러나 신석정은 일제의 강압에도 창씨개명을 거절하여 신석정이란 이름을 지켜냈고, 1941년 한글로 발행했던 마지막 문예지인 『문장』지가 폐간되자 절필을 선언했다. 그리고 「차라리 한그루 푸른 대로」란 시를 발표하려다가 검열에 삭제되기도 했다. 이같이 올곧게 살다가 해방을 맞이하여 평생 교육자로서 그리고 시인으로서 청렴하게 살아왔다. 이러한 석정의 삶의 저항성은 그가 그의 초기작품에서부터 목가적 형태에만 머물지 않고 민족적 저항의식을 담고자 했음을 어렵지 않게 추론할 수 있다.

또 30년대 후반에 쓴 시 두 편을 살펴보자.

> 어머니
> 黃昏마저 어느 星座로 떠나고
> 밤……
> 밤이 왔습니다.
> 그 검고 무서운 밤이 왔습니다.

---

6) 허소라, 위와 같은 책 18쪽에서 신석정 제2시집 『슬픈 목가』가 1947년 해방 이후에 발행되긴 했으나 그 속에 담긴 작품들은 1935~1943년 사이에 씌어져 발표되었던 것들임.

태양이 가고
빛나는 모든 것이 가고
어둠은 아름다운 전설과 신화까지도 먹칠하였습니다.
어머니
옛이야기 하나 들려주세요
이 밤이 너무 길지 않습니까?
　　　　－「이 밤이 너무 길지 않습니까?」(『여성』 1936. 12) 일부

　거의 1세기가 다 된 긴긴 세월이 흐른 오늘이다. 그런데 이 시를 읽는 우리에게도 당시의 비통한 밤의 현실이 절절히 가슴 깊이 스며오는데, 그 시대를 살아가는 이들의 심정은 얼마나 통분했을까. 삶의 고달픔과 비통함을 마음 놓고 원정할 수 있는 대상은 오직 '어머니'뿐이다.
　"어머니/ 黃昏마저 어느 星座로 떠나고/ 밤……/ 밤이 왔습니다./ 그 검고 무서운 밤이 왔습니다." 여기서 황혼은 무엇을 말하며 성좌는 무엇을 말하는가? 황혼은 그냥 해 질 무렵이 아니다. '황혼마저'라고 했으니 '마저'란 부사의 의미는 '남음이 없이 모두'란 뜻이다. 그러니 국운이 기울게끔 정치한 위정자와 그것을 깨닫지 못하고 방관했던 백성 모두를 가리킨다. 그러기에 왕이 통곡을 하며 떠나야만 했다. 그리고 왕의 의자인 '聖座'가 아니라 '星座'다. 한자의 聖座는 성스러운 자리란 의미로 임금의 좌석을 가리킨다. 이는 우리말의 음성(音聲)으로는 같으나 본시에는 '星座'로 표기되어 있다. 이는 분명히 멀리서나마 별처럼 반짝이는 王座의 자리에서 우리 민족을 지켜보고 있다는 의미다.
　더불어, '어머니'란 시어에 주목할 필요가 있다. 석정이 30년대 초기 작품에서부터 줄곧 읊고 있는 '임'이나 '어머니'를 필자는 '조국'으로 해석하는데, 이에 동의한다면 석정은 앞서 살펴보았듯이 줄곧 '잃어버린 조국'을 그리며 그의 저항의식을 드러내고 있다고 볼 수 있다. 위의 시에

서도 화자는 청자인 '어머니'에게 '옛이야기 하나 들려주세요.' 간곡히 요청한다. 이 의미는 무얼까? 과거엔 우리 민족도 당당히 주권국이었음을 우리가 인식하고 있는데도 '이 밤이 너무 길지 않습니까?' 이렇게 하소연하고 있다. '이 밤'은 억울함과 분노의 밤이다. 이러한 밤이 너무 길기에 빨리 되찾아야 한다고 청자에게 간곡히 호소하고 있는 것이다. 이 얼마나 민족을 일깨우는 시이며 저항의식이 투철한 시인가.

석정이 말하고자 하는 '밤'에 관하여 다음 시에서 더 살펴보기로 하자.

새해가 흘러와도 새해가 달려가도
마음은 밤이란다
언제나 밤이란다

(중략)

막막한 이 밤이, 막막한 이 한 밤이
천년을 간다 해도
만년을 간다 해도

밤에서 살으련다 새벽이 올 때까지
心臟처럼 지니고
검은 밤을 지니고
  － 「밤을 지니고」(『동아일보』 1939년 1. 3)에서

석정은 여기서 '밤'이란 시어를 통해 그의 강한 저항의식을 가득 담으려 한 것으로 보인다. 밤인데도 여기서는 유독 '검은 밤'이다. 일제 치하의 현실이 얼마나 참혹하고 암담했는가를 문자로 잘 압축해 놓고 있다. 그러나 시인은 새벽이 올 때까지 조국(검은 밤)을 심장(心臟)처럼 부둥켜안고 살겠다는 강한 의지가 서려 있다. 이를 뒷받침해주고 있는 시인의 말

은 그가 쓴 유고 수필집 『난초잎에 어둠이 내리면』에서 「못다 부른 목가」 수필 중에 '슬픈 목가시절은 악몽과도 같으면서도 뼈에 저리도록 망각할 수 없는 나의 몸부림이요, 발버둥이다'라는 표현에 잘 나타나 있다. 뼈에 사무치도록 몸부림과 발버둥을 쳐야만 하는 절박한 시대적 사명의식을 시인의 시 의식에서 엿볼 수 있다.

3. 맺는말

 이상에서 신석정 초기인 1930년대 시에 나타난 그의 성향을 살펴봤다. 필자가 그의 작품을 본 바로는 초기 시부터 강한 저항의식을 담고 있음을 보았다. 그러나 그의 초기인 『촛불』과 『슬픈 목가』에 담긴 시를 목가적 전원적 이상향적 성향을 보이고 있다고 주장하는 설이 학계의 주류를 이루고 있다. 그러기에 선행연구진들의 주장을 존중하면서도 작품 속에서 표현하고자 하는 이미지를 꼼꼼히 살펴봤다. 필자의 설익은 안목인지는 모르지만 아무리 살펴봐도 핵심적 이미지는 민족의 투철한 저항의식, 참여의식이었음이 분명하다고 여겨진다. 그러기에 기존 평가에서 재조명됨이 마땅하다고 주장한다.
 물론 시를 바라보는 관점과 가치 기준에 따라 평가가 다양하게 이루어짐이 사실이다. 그러기에 시를 가리켜 백인백색(百人百色)이라는 이론이 오늘날까지 타당하리만큼 지배적이다. 이러한 면에서 볼 때 본고의 주장도 역시 그중 하나일 수 있다. 그렇다고 해서 필자가 보는 관점을 평이하게 여길 수만은 없다는 입장이다. 그 이유는 같은 시대인 일제 탄압 속에서 발표된 많은 서정시를 보면 그 작품들에서는 너무도 평화롭고 향토적인 감각에 호소하고 있기 때문이다. 그렇다고 그 시들을 여기서 지적하거나 제시하고 싶은 생각은 없다. 그러나 신석정의 시에서는 이들의 시와 차원이 다르게 민족정신의 당위성을 이미지를 통해 전달하고 있다.

그러기에 그의 시는 빛나고 있다.

　마지막으로 필자는 신석정의 초기 시를 한마디로 요약하여 '동전의 양면성을 지닌 시'라고 표현하고 싶다. 외적으로는 자연적, 목가적, 이상향을 표방한 반면 내적으로는 시적 이미지를 통해 민족의식을 구축했는데 시의 핵심은 단연 내적인 면에 있다고 하겠다. 이러한 양면성을 지닌 시를 쓰지 않을 수 없었던 것은 삼엄한 일제 치하였기에 어찌할 수 없는 시대적 상황이었음을 앞에서 제시했기에 재론을 피한다. 이같이 독특한 필력으로 시세계를 구축한 신석정은 우리들의 가슴뿐 아니라 한국현대시문학사에 길이 남을 참여시인, 저항시인이라고 힘주어 단언할 수 있기에 재평가되어야 함을 몇 번 강조해도 타당하다고 본다.

『한국문인』 2016. 12 · 1월호

신석정 후기 시 분석과 그 의미
-『山의 序曲』을 중심으로 -

1. 머리말

 신석정(辛夕汀) 시집 『산의 서곡』(1967)과 『대바람 소리』(1970) 그리고 이후인 1974년 작고하기까지 발표된 시를 가리켜 석정 후기시라 칭한다.[7]
 『산의 서곡』은 석정의 '제4 시집'인데 그 시집에 네 번째로 「산은 알고 있다」의 시가 실려 있다. 이 시를 분석해 보려면 시인이 말한 '산'은 어떤 의미가 담겨 있기에 표제부터 『산의 서곡』인가. 이를 알기 위해 조지훈이 쓴 이 시집의 서문을 살펴보았다. "40년을 산의 시를 쓰고도 이제 그 시집을 『산의 서곡』이라 명명한 그 마음을 가히 알만도 하다."고 했다. 이것으로 봐도 어느 정도 짐작할 수 있겠지만 이 책머리에서 쓴 저자의 시를 통해 다시 한번 그 의미를 살펴보기로 한다.

 沈默(침묵)은 山의 얼굴이니라
 崇高(숭고)는 山의 마음이니라

---

 7) 허소라 『못다 부른 목가』-신석정의 생애와 문학(석정문학연구 116쪽), 여러 학자의 공통된 이론임 2) 신석정 『수필집 범우문고』 19쪽

나 또한 山을 닮아 보리라

　　　　　　　　　　　－시집 머리에 쓴 「시」 전문

　얼굴은 마음을 그대로 드러내 보이고 마음은 얼굴에 그대로 나타내 보인다. 산의 침묵(沈默)은 숭고(崇高)를 낳고 숭고는 침묵을 낳는다. 침묵과 숭고는 산의 구체화된 인격체다. 시인이 산을 닮아 살고 싶다고 했다. 그냥 산이 아니라 구체적인 인격체를 지닌 산을 의미한다. '침묵'은 시인의 의지요, '숭고'는 시인의 열망이다. 그는 산을 닮아보리라고 했다. 이 짤막한 30자에서 산을 통하여 시인의 인품이 보이고 이상이 보인다. 또 여기서 왜 표제 명을 『산의 서곡』이라 명명했고 산(山)의 의미가 무엇인지를 잘 보여주고 있다.

2. 산에 얽힌 역사의식과 그 의미

　석정 그는 『산의 서곡』을 내 인생의 오버추어(overture)로 삼고 싶다고 했다.
　그의 초기의 시집 『촛불』과 『슬픈 목가』는 나라를 잃은 설움의 한이 서려 있는데도 표현에는 현실과 자연을 대치시켜 이상세계를 동경하는 시처럼 느껴진다. 또 중기에 쓴 시집 『빙하』는 허전한 생활을 다스리면서 내일을 모색했던 시라고 할 수 있다.[8] 그리고 『산의 서곡』은 몸부림에서 오는 저항의식으로 쓴 시집이다.[9] 그가 살아온 시대에는 참으로 험난했다. 그러기에 그는 『산의 서곡』을 서두에 쓴 것처럼 그의 인생에 오버추어로 삼고 싶어 했을 것이다.
　석정은 1907년에 태어났다. 그해는 고종이 일본에 의해 강제 퇴위 되

---
8) 위의 책 127쪽
9) 위의 책 128쪽

었고 우리 군대가 해산되었던 때다. 의병운동은 전면적인 항일전으로 전개되어 원주, 진주, 수원 등 차례로 전국 각계 각지에서 일본군과 맹렬히 대치되었다.10) 민족의 고귀한 피를 한없이 흘린 해에 석정은 태어나 1974년에 작고했다.

그의 생전인 1972년 10월 27일 박정희는 전국비상계엄령을 선포하고 '통일주체국민회'를 구성하여 단독으로 대통령에 출마했다. 여기서 임기 6년간의 제8대 대통령으로 선출되어 제4공화국이 출범했다. 그는 영구집권을 노린 일종의 총통제를 방불케 한 조치로 민주주의 발전에 크게 역행했다.11) 이에 젊은 학생들은 민주주의를 사수하기 위해 무수히 많은 피를 흘렸다. 석정은 잠시도 평화롭게 살지 못하고 피의 역사와 더불어 험난하게 살아온 불우한 시대의 시인이었다.

석정의 청년기는 일제의 무자비한 탄압으로 우리의 역사가 암흑기에 있었고 장년기와 노년기는 8·15해방 이후 무정부 상태(신탁통치시대), 6·25전쟁(민족상잔), 4·19혁명, 5·16군사쿠데타와 항거했던 파란만장한 시대였다. 1967년, 군사독재의 연막탄이 자욱했던 시절 『산의 서곡』이 출간되었으니 이 시집에 실린 작품들이야말로 '몸부림에서 오는 저항의식'이 아닐 수 없었다. 온갖 상흔으로 얼룩진 그 시대였기에 산은 피 묻은 역사를 잘 알고 있는 것으로 봤다. 그런데 어찌 침묵으로 일관된 산이라고 해서 무책임하게 안일한 자세로 달콤한 의식에 젖어 서정의 눈으로 산을 노래할 수 있었을까. 정한모는 신석정을 가리켜 "초기부터 석정의 표현 뒤에 숨어 있는 강렬한 주제의식을 간과해서는 안 될 것이다."라고 말하면서 석정은 의연한 자세로 일관되게 꾸준히 시의 정도를 걸어왔다12)고 했다. 그렇다면 여기서 말하고자 하는 본 시 「산은 알고 있다」의 시 내

---

10) 변태섭(邊太燮) 『한국사통론』(삼영사) 417~418쪽
11) 위의 책 494쪽
12) 정한모 『한국현대시의 精髓정수』(서울대출판부1979) 203쪽

용이 어떠한 의미를 지니고 있는지를 자세히 살펴보기로 하겠다.

산은 어찌 보면 운무(雲霧)와 더불어 연모(戀慕)하는 것 같지만 오래 오래 겪어온 피 묻은 歷史의 그 생생한 기록을 잘 알고 있다.

산은 알고 있다. 하늘과 땅이 처음 열리고 그 기나긴 세월에 묻어간 모든 서럽고 빛나는 이야기를 너그러운 가슴에서 철철이 피고 지는 꽃들의 가냘픈 이야기보다도 더 역력히 알고 있다.

산은 가슴 언저리에 그 어깨 언저리에 스며들던 더운 피와 그 피가 남기고 간 이야기와 그 이야기가 마련하는 역사(歷史)와 그 역사가 이룩할 줄기찬 合唱(합창) 소리도 알고 있다. 산(山)은 역력히 알고 있는 것이다.

이슬 젖은 하얀 촉루(髑髏) 뒹구는 저 능선과 골짜구니에는 그리도 숱한 풀과 나무와 산새와 산새들의 노랫소리와 그리고 그칠 줄 모르고 흘러가는 시냇물과 시냇물이 모여서 부르는 노랫소리와 철쭉꽃 나리꽃과 나리꽃에 내려앉은 나비의 날개에 사운대는 바람과 바람결에 묻혀가는 꿈과 생시를 산은 잘 알고 있다.

그러기에 산은 우리들이 내일(來日)을 믿고 살아가듯 언제나 머언 하늘을 바라보고 가슴을 벌린 채 피 묻은 역사의 기록을 외우면서 손을 들어 우리들을 부르고 있는지도 모른다.

 산이여!
 나도 알고 있다.
 네가 역력히 알고 있는 것을
 나도 역력히 알고 있는 것이다.
       - 『본 시집』 26~27쪽 「산은 알고 있다」 전문

한 편의 시에서 '산은 모든 역사를 잘 알고 있다.'고 다섯 번이나 거듭 반복하고 있다. 그 이유는 무얼까? 우리에게 '피 묻은 역사를 결코 잊지 말아 달라'는 간곡한 부탁일 것이다. 다음 시 구절을 조용히 생각해 보라. "언제나 머언 하늘을 바라보고 가슴을 벌린 채 피 묻은 역사의 기록을 외우면서 손을 들어 우리를 부른다." 이 문장의 주어는 '산'이다. 그리고 서술어는 '손을 들어 우리들을 부르고 있는지도 모른다.'이다. 그러므로 주어와 서술어를 연결시키면 '산은 손을 들어 우리를 부르는지도 모른다.' 이 문장을 풀이해 보면 산은 언제나 먼 하늘을 바라보고 가슴을 벌리며 피 묻은 역사를 외우면서 손을 들어 우리를 부르고 있음을 알 수 있다. 오래 겪어온 피 묻은 역사를 잘 알고 있는 것이 산이라는 것이다.

여기서 산은 누구를 가리킬까? '모든 역사를 잘 알고 있으면서도 끝내 침묵을 지키는 산'이면서도 또 한편으로는 그런 역사 속에서 살아온 우리를 가리키는 중의적인 뜻을 가지고 있다. 앞에서 언급한 바와 같이 석정을 시집 머리에 "산은 침묵의 얼굴이니라/ 숭고는 산의 마음이라/…" 했다. 침묵도 숭고도 그리고 얼굴과 마음도 모두 산을 인격체로 의인화한 것이다. 그러므로 여기서의 산은 산 자체를 가리키기도 하고 우리를 가리키기도 한다. 우리에게 피 묻은 역사를 결코 잊지 말아 달라는 강력한 당부와 함께 언제나 역사를 두렵게 여기라는 의미도 가득 담겨 있다.

일반적으로 산은 자연의 품이다. 어머니의 품속과 같이 아늑하고 포근하고 그윽한 품이다. 그러한 산을 가리켜 왜 우리에게 두렵게 여기라는 뜻으로 해석해야 할까.

이 세상에 두 세계가 존재한다면 하늘과 땅이 아닐까? 하늘은 이상의 세계요, 땅은 현실의 세계다. 이상과 현실이 부딪힐 때 어둡고 거친 통곡의 역사가 보이기도 하고 더러운 피가 남기고 간 발자취도 보인다. 이것이 피 묻은 역사의 흔적이다. 이를 극복하기 위해 인내와 투지가 용솟음 치고 있는 것이다.

우리의 조상들은 대대로 하늘과 땅을 모두 신령(神靈)한 세계로 여겨왔다. 일연(一然)은 나라의 흥망은 하늘에 달려 있다13)고 했고 또 영취산(靈鷲山) 동쪽에 좋은 '땅'을 가려 절을 지었는데 이곳을 영지(靈地)14)라고 했다. 여기서 말하는 산과 땅은 일체다. 오늘날 과학이 극도로 발달한 시대일지라도 과학으로 풀 수 없는 신령의 세계를 지금도 '피안의 세계'로 여기고 있지 않는가?

이 시의 5연을 다시 살펴보자. 말미에 산은 '손을 들어 우리를 부르는지도 모른다.'라고 했다. 어떠한 산이기에 그럴까. 다시 강조하지만 '피 묻은 역사의 기록을 잘 알고 있는 산'이기에 그렇다. 산은 "우리들이 내일을 믿고 살아가듯 언제나 먼 하늘을 바라보고 가슴을 벌린 채 피 묻은 역사의 기록을 외우면서"라고 했다. 피 묻은 역사를 왜 외울까. 피 묻은 역사를 결코 잊지 말아 달라는 강력한 메시지의 의미로 들린다.

그리고 앞에서 지적한 바와 같이 산이 역사 속에서 살아온 우리를 가리키는 중의적인 뜻이라 먼 산이 바라보는 먼 하늘은 우리의 내일과 관계가 깊다고 할 수 있다. 결국 석정은 이 시를 통해 미래의 역사를 관망하고 있다. 이는 산이 손을 들어 우리를 부르고 있는 이유이기도 하다.

이 시의 맨 마지막 6연을 다시 한번 살펴보자.

　　산이여!
　　나도 알고 있다.
　　네가 역력히 알고 있는 것을
　　나도 역력히 알고 있는 것이다.

---

13) 『세계사상전집』(학원출판사) 삼국유사 제1편 「진흥왕 편」 103쪽
14) 같은 책 제2편 「처용과 망해사 편」 160쪽

여기서 주목할 부분은 앞 연에서 피 묻은 역사의 기록을 외우면서 손을 들어 우리를 부르고 있는 산의 부름에 응답하는 '나'인 것이다. "산이여!/ 나도 알고 있다."가 바로 그것이다. 민주주의가 군사독재시대의 한복판에서 피 묻은 역사를 생생히 알고 있다는 것이다. 어쩌면 피 묻은 역사에 대한 비분강개(悲憤慷慨)를 토하는지도 모른다. 석정의 시에 대한 이러한 해석은 어제 오늘의 일이 아니다. 일제의 시퍼런 칼 앞에서도 창씨개명도 거절했고 한글로 발행한 마지막 문예지인 「문장」이 1941년 폐간되자 절필을 선언했던 일15) 등은 일제강점기에서도 항거했던 지조가 변함없이 올곧게 이어온 것이다. "/네가 역력히 알고 있는 것을/ 나도 역력히 알고 있는 것이다."의 표현은 이 시대에 저항한 석정의 몸부림이라 해도 무리 없는 해석일 것이다.

참으로 놀라운 일이다. 요즘 코로나19로 전 세계가 긴장의 끈을 놓지 못하고 있다. 그런 와중에도 전 세계는 대한민국의 방역대책을 보고 최상의 모범국가라고 이구동성으로 극찬하고 있다. 현재 선진국이라고 자처했던 미국과 유럽 등 여러 나라에서 우리나라 방역대책을 도입하여 그대로 실행하고 있으니 말이다. 이는 석정이 말했듯이 오래오래 겪어온 피 묻은 역사를 가슴 깊이 되새기며 살아왔기에 지금 이처럼 무서운 저력으로 세계의 이목을 끌게 된 것이 아닐까? 먼 미래의 역사와 국민들의 단합된 결의까지 시대의 안목이 없었다면 이 같은 시를 쓸 수 있었을까. 그는 과연 큰 시인이 아닐 수 없다.

3. 맺는말

석정은 1924년 4월 19일 조선일보에 「기우는 해」를 발표한 이후

---

15) 하재준 석정문학(제30호) 286쪽

1974년 동아일보에 「뜰을 그리며」가 유고 시로 발표되기까지 꼭 반세기 동안 '참여의식'과 '저항의식'으로 시를 써 왔다.16) 그의 초기의 시에는 일제강점기였기에 꿈과 신비에 대한 동경의 세계로 노래한 듯 보인다. 그 예로 「어머니 그 먼 나라를 아십니까」「임께서 부르시면」, 「이 밤은 너무 길지 않습니까」 등 많은 시들이 그러했다. 그래서 그를 가리켜 자연 친화적 목가적 시인으로 널리 알려져 있지만 그의 시를 보다 깊이 있게 분석해 본다면 결코 그렇지 아니함을 발견하게 된다. 조선일보에 발표된 「기우는 해」를 비롯하여 초기시집 『촛불』과 『슬픈 牧歌』와 중기시집 『氷河』, 그리고 후기시집 『山의 序曲』과 『대바람 소리』는 현실의식과 역사의식이 두드러지게 나타남을 확인할 수 있다.17) 이처럼 내일의 역사를 깊이 있게 조망하고 통찰하는 투철한 의식이 조금도 변함없이 그의 시가 시류로 남아 있다.

박두진은 석정을 가리켜 만해(萬海), 지용(芝溶), 영랑(永郎)이 우리의 현대시에 끼친 빛나는 공적에 비견하면서 오히려 그의 시의 사상적 깊이와 진폭에 있어서는 이들의 그것을 능가해 가고 있다.18)고 했다.

신석정 초기시를 보면 조국광복이 반드시 이루어질 것을 확신하면서 인내심으로 그날이 어서 오기를 못내 기다렸다. 「밤이 너무 길지 않습니까」, 「임께서 부르시면」, 「그 먼 나라를 아십니까」 등이다. 여기서 '밤이'의 「밤」은 조국의 암담한 현실이다. '임께서'의 「임」은 조국이다. '그 먼 나라'의 「나라」는 「광복을 염원하는 우리나라」를 가리킨다. 그리고 우리나라의 역사를 잘 알고 계십니까? 라는 의미도 그 안에 담겨 있다.

이에 명쾌한 해답이 있다. 석정은 그가 쓴 수필에서 '가장 헐값의 정

---

16) 같은 책 227쪽
17) 국효문 『신석정 시에 나타난 현실의식과 역사의식 연구』-시집 빙하를 중심으로-(비평문학 2007) 58쪽
18) 박두진 『한국현대시론』(일조각1970) 284~291쪽

서를 시의 모태나 되는 것처럼 가장하고 있는 것을 본다.'(중략) '항상 우리의 뜨거운 가슴에서 살고 부단히 움직이는 역사와 더불어 성장하고 응결하여 탄생되는 것을 잊어서는 안 될 것이다.'[19]라고 했고 정한모 역시 '석정의 표현 뒤에 숨어 있는 강렬한 주제의식을 간과해서는 안 될 것이다.'[20]라고 했다.

이상에서 밝혔듯이 석정은 「산은 알고 있다」에서 미래를 통찰하는 그만의 세계로 고고하게 시를 형상화했다. 특히 피 묻은 과거의 역사와 험난한 현실을 갈파하면서 아름다운 미래의 세계로 인도라는 그 다운 골격은 세월이 흐르면 흐를수록 더욱 빛나고 찬란할 것이다.

『석정문학』 31호(2019).

---

19) 신석정 『수필집. 범우사 195』 131~132쪽
20) 정한모 『한국현대시의 精髓정수』(서울대 출판부1979) 203쪽

큰 민족시인 신석정과 제자 하재준의 가상인터뷰

인터뷰이(Interviewee) : 신석정辛夕汀(1907~1974)
인터뷰어(Interviewer) : 하재준河在駿(1941~)
장소 : 신석정 문학관

시인의 기백과 담대한 신념

 신석정(辛夕汀) 시인은 1907년에 출생하여 1974년 67세의 일기로 세상을 떠나셨다. 그 생애의 3분의 2는 일제 강점기에서 민족의 공동체 의식으로 현실 저 너머의 이상세계를 동경해 왔고 3분의 1은 8·15해방 이후 독재와 군사정권의 혼란한 상황에서 선명한 역사관을 토대로 흔들림 없이 비판의식으로 내일을 노래했다. 그러면서도 우리의 문학의 위치를 정위(定位) 하신 분이다.
 이러한 그분의 시(詩)세계를 그간 평가해 온 시인, 평론가, 교수들의 견해를 살펴보고자 한다. 그러면 현대시에 끼친 빛나는 공적과 사상적 깊이와 진폭의 과정을 알 수 있고, 신석정 시인 뒤에 숨어 있는 강렬한 사상적 의식세계를 발견할 수 있다. 그러면 여섯 분의 시평문(詩評文)을 살펴보기로 하자.

 '박두진' 시인·연세대 교수는 『현대문학』(통권 157호 1968)에서 신석정

(辛夕汀) 하면 "우리 현대시에 끼친 만해(萬海), 지용(芝溶), 영랑(永郎)의 공적에 비견, 오히려 시의 사상적 깊이에 있어선 이들을 능가"한다고 했고 '정한모' 시인·서울대 교수는 『한국현대시의 정수(精髓)』(서울대 출판부, 1979)에서 "겉으로 잔잔하고 부드러운 표현 뒤에 숨겨진 강력한 주제의식 간과해서는 안 돼"라고 말했다. 그리고 '김윤식' 평론가·서울대 교수는 평론집『우리 문학의 넓이와 깊이』(서래헌 1979)에서 "한국 근대시문학사에 우뚝 솟은 거목, 전원시인 투의 평가는 참모습 한정시킬 우려가…"라고 염려를 토로했으며, '신동욱' 평론가·연세대 교수는 『신석정 30주기 추모문집 (2004)』에서 "한용운, 오상순, 김기림, 박두진과 같은 시대정신을 대변한 큰 민족시인"이라고 수록했다. 오세영 시인. 서울대 교수는 「신석정 시인 탄생 100주년 기념 심포지엄 논문」(2007)에서 "일제강점기를 대표한 저항시의 하나"라고 했고, 이보영 평론가·전북대 교수도 「신석정 문학의 재평가」『석정문학』(제20집)에서 "석정의 저항시- 인간의 역사를 만드는 주체"라는 글을 발표했다.

이상과 같이 시사적(詩史的) 위치를 점유한 신석정 시인이다. 이는 그가 써 온 작품을 통해 문학사적인 관점에서 공시적 통시적 상황을 고려하여 보편타당성으로 주어진 것이다. 이것을 시사(詩史)에 기록으로 이루어진 것이니 얼마나 값진 일인가. 이 같은 분에게 필자가 대학에서 시론(詩論)을 배웠다는 것은 매우 자랑스러운 일이 아닐 수 없다. 뿐만 아니라 그분과의 상상의 세계에서 인터뷰를 하고자 하니 지금 내 가슴이 뛰는 듯하다.

◆ 하재준: 교수님, 안녕하셨어요? 교수님과 헤어진 지 벌써 50년이 되었습니다. 너무 오랜만입니다.
◆ 신석정: 너무 반갑네. 우리가 헤어진 지 벌써 반세기가 되었다니 세월은 너무 빠르군. 그동안 잘 지내었는가? 참 고마운 마음을 먼저 전해야겠네. 진정 고맙네.

◆ 하 : 무얼 말씀하십니까?

◆ 신: 자네가 내 시(詩)에 대하여 평론을 쓰지 않았는가. 「신석정 초기 시편에서 본 참여의식과 저항의식」. 부제로 -기존 목가적 서정시인 다시 평가되어야- 그 글 말일세. 시 어구 하나하나에 이르기까지 분석해 가며 쓰느라 얼마나 고생이 많았는가? 그 일이 그리 쉽지 않은 일임을 내가 잘 알기에 하는 말일세.

◆ 하 : 그 말씀이군요. 그보다 더 힘든 일일지라도 은사님을 위한 일이라면 제 힘이 미치는 한 당연히 써 드려야 하지요. 그 평론이 발표된 뒤 이상보 교수님께 보내드렸더니 그분이 "앞으로 교과서 내용을 바로잡아 주어야겠습니다."라는 말씀을 편지에 써 보내주셨고, 최승범 교수님도 "누구나 충분히 납득할 수 있는 평론이었다"고 전화로 격려해 주셨습니다. 허소라 교수 역시 "전주에 지금도 사신다면 얼마나 좋았을까." 하시며 전화라도 자주 통화하면서 신석정 문학에 더욱 관심을 가지고 글을 쓰기 바란다는 내용의 전화를 해 주셨습니다.

◆ 신 : 듬직한 제자일세. 내 생전에 자네를 더 가까이 대했더라면 좋았을 것인데 이미 흘러간 시간이니 어찌하겠는가.

◆ 하 : 저 역시 그렇습니다. 그 당시에는 제가 실력을 더 쌓아 맘껏 모시겠다고 했었는데 요즘 와서 생각해 보니 그때 나름대로 모셨더라면 지금쯤은 그리 후회됨이 없었을 것이 아닌가. 이렇게 생각을 했습니다. 그러던 중이었습니다. 『미래시학』에서 가상인터뷰 원고 청탁을 받았습니다. 그때 교수님의 얼굴을 뵙는 듯 기뻤습니다.

◆ 신 : 그렇게 자네가 나를 생각한다는 것을 그 당시에는 미처 몰랐네. 지난날 자네가 쓴 내 시 평론을 피안에서 읽으면서 오늘과 똑같은 생각을 해 봤다네. 앞으로 영적 세계일망정 적극 돕겠네.

◆ 하 : (마음을 가다듬으며) 감사합니다. 저도 생명이 다할 때까지 잘 모

시겠습니다. 그리고 제가 그간 궁금했던 바를 듣고 싶습니다. 교수님, 어린 시절을 어떻게 보내셨어요.

◆ 신 : 인간이 태어나 한 시대를 살아가는 데는 사회적 환경과 역사적 공간 속에서 다양하게 살아가는데 나도 그러한 속에서 많은 관계를 맺으며 살아왔다네. 구체적으로 말할까?

'내 고향'은 전라북도 부안군 부안읍 동죽리(東中里)이었네. 그리고 태어난 곳은 같은 읍 '선은리'에서 아버지 신기온(辛基溫) 님과 어머니 이윤옥(李允玉) 님의 3남 2녀 중 차남으로 출생하였네. 아버지는 비록 시골 선비라지만 가난한 소작농으로 가정 경제를 이끌어 가셨으며, 일본사람의 빚에 눌리며 늘 허덕이며 생활해 왔다네.

'가정교육'을 말하라면 아버지는 다정하시면서도 엄하셨고, 어머니는 조금의 잘못도 용서할 줄 모르는 대쪽 같은 마음으로 우리를 교육시켰다네. 그런 부모의 가르침을 받은 관계라서인지 나, 석정은 아버지의 다정다감하심과 낭만적인 성격을 닮았고 어머니의 대쪽 같은 성격에 불의를 참지 못하는 그 심리를 그대로 내가 이어받았다네. 그래서인지 어릴 때부터 정의감에는 한 치도 물러설 수 없었다네.

◆ 하 : 그러한 성격이셨다면 초등학교 시절 한 일화라도 말씀해 주실 수 없습니까? 퍽 듣고 싶습니다.

◆ 신 : 그러면 말하지. 내가 초등학교 6학년 때의 일이었지. 입학할 당시만 해도 학제가 4년제였는데 졸업할 당시는 개편되어 6년제가 됨에 따라 2년간 더 다닐 때 일이었다네. 들어 보게나. 얼마나 기막힌 일인지. 그해 5월, 가난해서 미처 학비를 내지 못한 학생에게 일본인 담임이 학급 전원이 보는 앞에서 팬티만 입힌 채 개구멍으로 들어갔다가 다시 그 구멍으로 나오게 했다네. 이러한 야만적인 처사는 우리 민족을 조롱하는 심리였기에 분통이 터졌다네. 이런 분개로 전교생을 선동시켜 수업을 거

41

부케 했지. 그리고 담임은 전근을 보내도록 권유했고, 교장은 반성을 촉구했는데 그로 인해 무기정학을 당했지. 그래서 그 이듬해에 동급생들과 함께 졸업식에 참석하지 못하고 후일에 졸업장만 받았다네.

◆ 하 : 초등학교 졸업장을 받으실 때의 나이는 몇 살이시고요? 조선일보에 발표된 시 「기우는 해」는 또 어느 때인가요?

◆ 신 : 초등학교 졸업장을 받을 때는 17세였고 「기우는 해」 발표는 18세이었는데 그 해가 1924년 11월 24일 소적(蘇笛)이란 필명으로 조선일보에 발표되었지.

시를 쓰게 된 동기는 초등학교를 갓 졸업한 그해 5월 전남 영광에 사는 진외가 동생뻘 되는 '남궁 현'이 찾아온 것이 시발점이 되었다네. 그가 들고 온 책보 속에는 괴테의 『젊은 베르테르의 슬픔』과 말로만 들었던 『창조』 창간호가 들어 있었고 '주요한'의 『불놀이』 시집이 함께 있었다네. 그날 밤 '남궁 현'과 함께 밤새도록 문학 이야기로 꽃을 피웠으니 시를 좋아하는 나에게는 물을 만난 물고기처럼 시를 쓰고자 하는 마음이 불일 듯 일어났다네.

그리고 「기우는 해」를 쓸 당시는 3·1운동이 실패한 지 불과 5년밖에 되지 않았기에 일본의 악랄한 탄압은 날이 갈수록 심해졌고 민족정기는 힘을 잃고 지쳐 있었다네. 이런 상태라면 우리 민족의 소망이 없을 것인데 이렇게 생각하고 보니 민족심리를 다시 일으킬 수 없을까. 이러한 마음으로 「기우는 해」 시를 썼고 조선일보에 발표하게 되었다네. 앞에서 말을 했듯이 이 시는 미래를 철저히 준비하라는 신호였지. 3·1운동의 실패가 바로 '전진하기 위한 일보 후퇴였을 뿐이니 우리 민족이여! 다시 힘을 내소서.' 이렇게 부르짖은 시(詩)이었다네.

청년 윤봉길(25) 의사 역시 이 점을 염려하여 고민하고 있는 중 1931년 중국 홍커우공원에서 전승기념 축제인 천장절(天長節)에 일본 수뇌인

히로히토가 이곳에 온다는 소식을 들었다네. 이때 그를 처단하는 길만이 우리의 독립정신을 살리는 길이라고 여겨 굳게 결심했다네. 마침내 그는 폭탄을 준비했고 거사를 성공시켰다네. 이날 현장에서 체포된 윤 의사는 그들의 법정에서 이렇게 말했다네.

"내가 너희 수뇌부 몇 명을 죽였다 하여 우리나라가 당장 독립된 것이 아님을 나도 잘 알고 있다. 그러나 20년 후 혹은 30년 후 연합군의 승리로 이루어질 때 애국·애족의 정신이 살아 있는 우리나라를 그들은 반드시 독립된 나라로 이룩해 줄 것을 나는 확실히 믿기에 이 한목숨을 조국을 위해 바친 일이다."라고 했다네. 얼마나 애국 애족의 정신인가?

◆ 하 : 윤봉길 의사는 사상(思想)이 무엇인가를 몸소 분명하고 똑똑하게 우리에게 웅변해 주었습니다. 이같이 독립운동가는 생명으로, 시인은 글로 호소했습니다.

◆ 신 : 내 어릴 때부터 일제 탄압 속에서 우리 민족의 고통과 서러움을 가슴으로, 피부로 느끼며 살아왔다네. 그러했기에 그러한 심리가 싹이 텄고 그러한 마음이 요동칠 때 집에서 얼마 떨어지지 아니한 바다를 찾아갔다네. 유일한 안식처가 바다였으니까.

그곳 바다에 성난 파도가 사납게 밀어붙일 때면 나도 모르게 몸이 으스스해졌다네. 일제강점기라서 순사(경찰)들이 시퍼런 칼을 차고 다니며 의무적으로 내어야 할 쌀 공출인데 왜 납부하지 않느냐고 다그치며 윽박지르던 모습이 떠올랐다네. 그러면 우리 농민들은 한 번만 더 기회를 달라며 망연자실하는 그 뼈아픈 고통의 모습을 보는 듯했다네. 그러다가도 바다가 잔잔해지면 군데군데 떠 있는 섬이나 수평선 넘어 붉게 타는 저녁노을을 볼 때도 있었네. 그럴 때면 아늑히 펼쳐진 꿈의 나라, 이상세계를 보는 듯하여 그곳을 하염없이 바라보다가 해가 질 무렵에야 터덕터덕 집에 돌아오곤 했다네. 거기에서 '지는 해'와 '기우는 해'를 보았지.

'지는 해'는 석양이 되면 자연스럽게 노을이 지면서 어둠을 재촉하지만 '기우는 해'는 어느 힘에 의해서 기울어지고 있기에 거기에 조금의 힘을 보태거나 북돋아 주면 오뚝이처럼 다시 일어날 수 있다는 말일세. 다음 시를 읽어보게나.

"해가 기울고요-/ 울던 물새는 잠자코 있습니다/ 탁탁 폭폭 흰 언덕에 가벼이/ 부딪치는/ 푸른 물결도 잠잠합니다// 해는 기울고요-/ 끝없는 바닷가에/ 해는 기울어 갑니다/ 오! 내가 미술가였다면/ 기우는 해를 어여쁘게 그릴 것을!// 해는 기울고요-/ 밝힌 북새만을/ 남기고 갑니다/ 다정한 친구끼리 이별하듯/ 말없이 시름없이/ 가버립니다"
  - 「기우는 해」 전문 『조선일보』(1924. 11. 24)

◆ 하 : 이 시에서 주된 '시어'는 '기울고요'라고 여겨지는데 이 뜻은 '중의적인 뜻'을 지니고 있다고 봅니다. 그 당시에도 수사학이 오늘날처럼 문장에 많이 사용했던가요?

◆ 신 : 그렇지. 그때는 일제의 총칼 밑에서 글을 써야만 했기에 당시는 직설적인 표현을 전혀 쓸 수 없지. 오늘날 문장보다, 수사법이 더 필요했다네. 이 시에서 쓴 '기울고요'을 가지고 생각해 보겠네. '기울다'는 의미를 곧이곧대로 뜻을 밝힌다면 목숨이 몇 개가 된다 할지라도 부지할 수 없지. 그러기에 하나의 말로 두 가지 의미를 나타내야만 변명할 수도 있고 생명을 유지할 수도 있지 않겠는가. 만일 시를 검열할 때 검열관이 이 뜻이 무슨 의미야? '불순한 용어'라고 호통치며 윽박지를 때에 우리 말에는 '해가 지다'란 말도 있지만 같은 의미로 '해가 기울다'란 말로도 쓰고 있습니다. 이렇게 변명할 수 있기에 수사학인 중의법이 절실히 필요하단 말일세. 때로는 상징이나 은유나 역설 등으로 시어를 썼는데 그 예는 '유치환의 시' 「깃발」에서 넉넉히 찾아볼 수 있지 않겠는

가? "소리 없는 아우성"이 바로 그 하나의 '예'일세. 소리가 없는데 어찌 아우성이 있을 수 있겠는가. 이를 정치법으로 풀이하면 '시'는 고사하고 이치에 맞지 않으니 말도 되지 않겠지. 그러나 역설적으로 풀이하면 우리 민족의 끓어오르는 울분의 심리를 밖으로 표현할 수 없기에 '마음속의 아우성'으로 적나라하게 드러내 놓고 있다네. 당시 우리 민족이 이 시를 읽으면서 얼마나 흐느껴 울었는지 모른다네. 이 시의 3연을 다시 보겠나?

"해가 기울고요-/ 밝힌 북새만을/ 남기고 갑니다/ 다정한 친구끼리 이별하듯"

"해가 기울고요"는 해가 어느 힘에 의해 기우는 것이니 '우리 민족이여! 힘을 북돋아 주소서. 그래서 오뚝이처럼 다시 일어날 수 있도록 해 달라고' 당부하는 말이고, "밝힌 북새만을"은 3·1운동의 실패를 북새로 말하는 것이네. '남기고 갑니다'란 의미는 간곡히 부탁한다는 것이지. 그리고 "다정한 친구끼리 이별하듯"은 다정한 친구는 진심으로 마음과 마음으로 맺어진 친구를 말하는 것이니 우리 민족이여, 배달민족임을 잊지 말아 달라고 간절히 당부하는 절규라고 말할 수 있지 않을까?

◆ 하 : 교수님, 여기서 「기우는 해」 시가 3·1운동의 실패로 좌절 상태에 있는 민족심리를 일깨워 주셨군요. '우리 민족이여! 다시 힘을 내소서'란 내용이군요?

◆ 신 : 그렇지. 3연 전체 행이지. 상징적 암시와 비유로 표현했다네.

◆ 하 : 오늘 우리가 사용하고 있는 수사법이 그때 더 왕성했군요. 교수님의 문단 활동의 고초를 충분히 이해하게 됩니다. 언제부터 본격적으로 시를 쓰셨습니까?

◆ 신 : 1931년 10월 『시문학(詩文學)』 3호에 「선물」이 발표된 이후

용아(龍兒), 지용(芝溶), 기림(起林) 등의 교류를 갖고 시문학 동인으로 활동을 했었네.

◆ 하 : 교수님, 다시 말하지만 당시 일제치하였기에 문단활동은 살얼음판을 딛고 다니는 것과 같군요. 지금의 상황을 보세요. 독도가 엄연히 우리 땅임에도 자기들 땅이라고 억지를 부리지 않습니까. 심지어는 그들의 교과서에까지 일본 땅이라고 가르치고 있으니 그들은 후손 대대로 침략 근성을 버리지 못하고 야만족 그대로 살겠다는 뜻을 노골적으로 보여주는 결과입니다. 그러기에 드리는 말씀이니 그 당시 받으셨던 고초 중 한 가지만이라도 말씀해 주시면 고맙겠습니다.

◆ 신 : 검열이 너무 심했다네. 단어 하나에도 민족 사상이 담겨 있지 않는가, 색안경을 쓰고 철저히 검열하는 바람에 매우 불안하고 불쾌했다네. 그렇다고 사상이 결여된 시를 쓸 수 있겠는가?

1933년 김기림은 조선일보에 「시단의 회고와 전망」의 '논단'을 썼는데 여기에서 나를 가리켜 현대문명의 잡담을 멀리하고 한 개의 유토피아를 음모하는 목가적 서정시인'이다.라고 평했다네. 그 이유는 김기림이 나의 문학의 재능이 뛰어남을 아깝게 여겨 혹시나 경찰의 의혹을 받을까 염려한 나머지 '목가적 서정시인'이라고 했을 뿐이라네.(하시며 껄껄 웃으셨다.)

◆ 하 : 교수님, 『촛불』은 언제 발행하셨습니까?

◆ 신 : 첫 시집 『촛불』을 1939년 11월에 발행했네. 이보다 앞서 1933년에 쓴 『산호림(珊瑚林)』이란 시집이 있었는데 원고지에 육필로 쓴 것이라서 제1 시집을 『촛불』로 정했다네. 실린 작품은 일제강점기에서부터 8·15해방 전까지 쓴 시였네.

◆ 하 : 교수님, 한 가지 의문점이 있습니다. 제가 아무리 그간 써 놓으셨던 시를 분석하고 또 분석해 봐도 겉으로는 서정시나 목가시라고 할 수는 있어도 시적 주제만은 전혀 그런 시가 아닌데 어찌해서 많은 시인

들이 지금까지도 목가시인 서정시인이라고 부르는지요? 심지어는 『한국문예대사전』까지도 교수님을 가리켜 목가시인 혹은 서정시인이라고 부르는지 그 이유를 모르겠습니다. 무엇 때문일까요?

◆ 신 : 초창기에는 대부분 그렇게 불렀다네. 대가(大家)인 김기림 시인이 그렇게 명명했는데 그 이론을 누가 따르지 않겠는가? 많은 학자들도 이 이론을 반박할 수 없기에 이를 순응하다 보니 자연히 그렇게 이론이 굳어지지 않았을까? 한국문예대사전의 기록도 그런 면에서 봐야 하지 않겠는가?

◆ 하 : 지면이 한정되어 있기에 다음 단계로 넘어가겠습니다. 교수님께서 쓰신 시의 이론이나 시(詩)가 중·고등학교 국어교과서에 등재되었는데 그때가 몇 년도이지요?

◆ 신 : 1968년에 중학교 2학년 국어교과서에 「시를 쓰려면」이 실렸고 같은 해 고등학교 국어교과서에 「그 먼 나라를 알으십니까」 시가 등재되었다네.

◆ 하 : 그 시가 고등학교 교과서에 등재된 이후부터 많은 분들이 애송하는 시가 되었고 지금도 회자되고 있습니다. 며칠 전에 서울에서 열린 시 낭송회에 다녀왔는데 세 분의 낭송가들이 교수님의 시 「그 먼 나라를 알으십니까」와 「나의 꿈을 엿보시겠습니까」 그리고 「아직 촛불을 켤 때가 아닙니다」를 각각 낭송한 것을 의미 깊게 듣고 왔습니다.

◆ 신 : (빙그레 웃으시며) 지금까지도 내 시가 회자되고 있단 말이지. 매우 기분 좋은 소식이네. 그 시들이 일제강점기에 썼는데 지금도 그 감정들이 생동하고 있다니 문학은 정말로 생명이 길다는 말이 실감이 나네.(이렇게 말씀하시고는 약간 감격에 젖은 표정으로 눈을 지그시 감고 계셨다.)

◆ 하 : 교수님께서 하시는 말씀을 듣고 싶은 바는 정말 한이 없습니다. 그런데 시간과 지면이 너무 부족해서 1930년대 후반기에 쓰신 시를

살펴보겠습니다. '밤'을 소재로 쓰신 시도 많이 있습니다. 1936년 12월에 『여성』잡지에 쓰신 「이 밤이 너무 길지 않습니까」를 비롯하여 「운석(隕石)처럼」, 「네 눈망울에서는」, 「밤을 지니고」가 1939년 1월 3일자『동아일보』 발표에 이르기까지 그리고 미수록 작품을 포함하면 모두 10여 수가 넘습니다. 그 시 중에서 한 편을 골라봤습니다.

새해가 흘러와도 새해가 달려가도/ 마음은 밤이란다/ 언제나 밤이란다// 중략// 막막한 이밤이/ 천년을 간다 해도/ 만년을 간다 해도// 밤에서 살으련다 새벽이 올 때까지/ 心臟(심장)처럼 지니고/ 검은 밤을 지니고
- 「밤을 지니고」『동아일보』1939. 1. 3 일부

밤을 소재로 쓰신 시어를 통하여 그의 강한 저항의식을 볼 수 있습니다. 위 시에서 말하는 밤은 유독 검은 밤입니다. 일제 치하의 현실이 얼마나 혹독하고 암울했던가를 문자로 잘 압축시켜 놓았습니다. 이 시의 끝 연에서 말했듯이 새벽은 광복을 말하고 심장은 조국을 말하며 검은 밤은 빼앗긴 조국의 현실의 암담함을 말함이므로 조국광복이 이루어질 때까지 조국을 부둥켜안고 살겠다는 굳은 의지가 시인의 마음이 아니겠습니까?

◆ 신 : 자네는 시인의 마음을 어쩌면 그리도 잘 꿰뚫어 보고 있는가. 정말 고맙네.

◆ 하 : 다음으로 또 듣고 싶은 말씀이 있습니다. 일제강점기 당시『문장』지가 폐간이 될 당시 교수님께서 절필을 선언하셨고 이어 창씨개명에도 강력히 불복하셨다는 말을 들었는데 그 전모를 각각 말씀해 주시면 저희들에겐 산교육이 되겠습니다.

◆ 신 : 『문장』지는 유일하게 한글로 발행했던 '문학지'였지. 달리 말하면 우리 민족의 문학정신을 기르고 발전시키는 산실이었지. 그런데 우

리의 정신을 말살시키려고 1941년에 폐간 시켰다네. 그것은 우리 민족정신의 혼을 모조리 빼내 버리려는 소치니 정말 분개하지 않겠는가. 그것은 우리의 숨통까지 끊어버린 결과이지. 그러니 그 분노를 참을 수 있겠는가. 내 나이가 당시 35세였으니 생각해 보게. 지금도 그때 일을 생각해 보면 몸이 부르르 떨리는 것 같네. 그러니 '절필'하지 않겠는가?

 1943년 일어난 '창씨개명(創氏改名)'도 그렇지. 이 정책은 우리 민족의 혼까지 말살 시키려는 음모였지. 5천 년의 유구한 역사와 함께 이어온 우리 민족 고유의 성씨(姓氏)를 한순간에 모조리 버리고 일본인의 성(姓)과 이름을 가지게 하려는 정책이라네. 그러니 민족의 혼을 어디서도 찾아볼 수 있겠는가. 머지않아 우리 민족은 없어지는 그야말로 악독한 정책일세. 이 정책을 기어이 성공시키기 위해 무자비하게 강압 정책을 폈다네. 그 악랄함에 못 이겨 우리들은 90%에 이르도록 창씨개명 했고 문필가 역시 생명을 보존하기 위해 그들의 입맛에 맞도록 붓을 들었다네. 그때 조용히 생각해 봤네. 아무리 생각해도 우리 민족의 혼이 없는 삶 자체는 아무리 부귀영화가 주어질지라도 전혀 의미가 없네. 그런데도 목숨을 유지하기 위해 우리 부모, 친척, 이웃이 다 일본 정책에 순응했었네. 그러나 나는 창씨개명만은 허락할 수 없어 '신석정'이란 우리 민족의 고유한 이름을 굳건히 지켰다네. 이 사실을 오세영 시인은 「현실의식과 그 부정의 변증법」이란 논문에서도 신석정을 가리켜 "창씨개명을 끝까지 거부했다든가 절필로 암흑기를 보냈다든가, 우리 시사에서 드물게 일제 어용에 휘말리지 않았다든가" 등의 말을 했다네.

 당시 부안경찰서에서는 난리가 났지. 신석정이 아직까지 창씨개명을 하지 않았으니 당장 체포하라는 당국의 불같은 하명이 떨어졌다네. 그 상부 명령에 그들은 부들부들 떨리는 마음으로 나를 체포하려고 오는 도중에 그 사실을 미리 알고 도피하여 2년간 은거생활을 하는 중에 8·15

광복을 맞이하여 자유 몸이 되었다네. 그 당시 이 사실을 인근 주민들이 다 알고 있고 특히 윤종석 당시 '부안중앙교회 장로'는 그때의 사실을 소상히 알고 있다네.

◆ 하 : 교수님의 담대한 민족의 지조를 우리들도 계승해야겠습니다. 이런 말씀을 듣고 있으면 시간 가는 줄을 전혀 의식할 수 없습니다. 그만큼 진지(眞智)한 말씀입니다. 그런데도 지금은 결론을 맺어야 할 시간이라서 너무도 아쉽습니다.

교수님의 시는 민족사상의 깊이가 있기에 어느 시대를 막론하고 타당한 민족 감정을 일으켜 오늘 우리들에게도 깊은 감명을 주고 있습니다. 뿐만 아니라 후손 대대에 이르기까지 공통된 심리로 큰 힘을 일으키고 강인한 민족의식을 일깨워 줄 것입니다. 이것이 문학의 힘이지요. 이런 작품을 가리켜 고전이라고 하고, 만일 살아계신 분의 작품이라면 고전적 가치를 지닌 작품이라고 하지 않겠습니까?

서정시라 해서 그 시대의식과 전혀 관계없이 쓴 작품도 있습니다. 이런 시를 가리켜 혹자들은 백인백색(百人百色)이라는 이론으로 타당성을 주장하는 자들도 있기에 꼬집지 않겠습니다만 숨 막히는 일제강점기 시대인데도 너무도 태평시대 같은 시라서 잠깐 말씀을 드렸을 뿐입니다.

◆ 신 : 서정시를 판단하는 관점에 따라 백인백색이라는 이론을 앞세워 바라보는 시각에 따라서 제각기 다르다는 점으로 일축한 것은 내 제자다운 판단이네. 참으로 모든 시(詩)가 그랬듯이 나의 시 역시 한마디로 요약한다면 동전의 양면성을 지닌 시라고 하겠네. 외적으로는 자연적, 목가적, 이상향을 표방한 반면 내적으로는 시적 이미지를 통해 민족의식을 구축하려는데 시의 핵심이 담겨 있다고 하겠네.

삼엄한 일제강점기였기에 어찌할 수 없는 시대적 상황이었다네. 그렇지 않는다 할지라도 사상(思想)이 결여된 시는 가치가 없는 시라고 나는 여기고 있네. 사상이라고 말하니까 정치적 색채를 어렴풋이 연상하기 쉬우나 꼭 그것만은 아니네. '생각 사(思)'와 '생각 상(想)' 자로 결합하여 이루어진 단어이기에 '깊은 생각'이란 뜻을 지니고 있네. 즉 주어진 상황을 어떻게 사고하고 어떻게 판단하느냐에 따라 그 가치관이 주어지는데 그에 따라 요동할 수 없는 '확고한 생각', 그것을 위하여 자기 한목숨까지 바치겠다는 '깊은 신념의 생각', 이것을 우리는 '사상(思想)'이라고 말한다네.

◆ 하 : 교수님께서 사상의 정의까지 명쾌하게 내려주시니 더욱 감명 깊습니다. 오늘 꼭 확인하려고 하는 또 한 말씀은 '신석정 초기의 시'를 한마디로 요약하여 말한다면 무어라고 답변하시겠습니까? 한국 현대시사에 길이 남을 명칭으로 말입니다. 참여시 저항시라고 단언함이 옳다고 저는 여겨지는데 저의 말씀에 동의하시겠습니까? 아니면 다른 말씀을 하시겠습니까.

(교수님의 얼굴에 밝고 환한 미소를 짓고 계실 뿐) 아무런 말씀이 없으시다.

◆ 하 : 이해됩니다. 교수님께서 말씀하시지 않는 이유는 많은 학자들이 양론을 버리고 있기 때문에 어느 편을 들기가 어려운 것으로 여겨집니다. 더 이상 말씀드리지 않겠습니다. 물론 저의 주장은 확고합니다만 그러나 시사에 따르는 편이 옳다고 여겨 앞으로 정론이 나오기까지 기다리겠습니다.

◆ 신 : 오늘 수고했네. 그리고 나의 입장까지도 생각해 주니 고맙네.

◆ 하 : 아닙니다. 교수님께서 오늘 시간 내주셔서 가상인터뷰에 임하여 주시니 저의 마음은 한없이 기쁩니다. 돌아가시는 발걸음도 영혼과 영생의 행복으로 이어지시길 간절히 기원합니다. 감사합니다.

『미래시학』 2023. 여름(제44호).

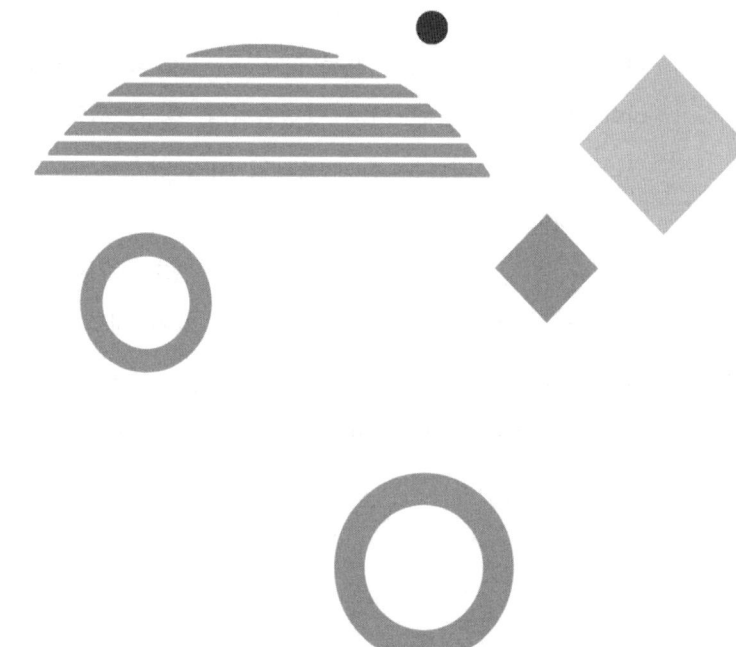

시평론

II

서정성과 서사성의 시 서평

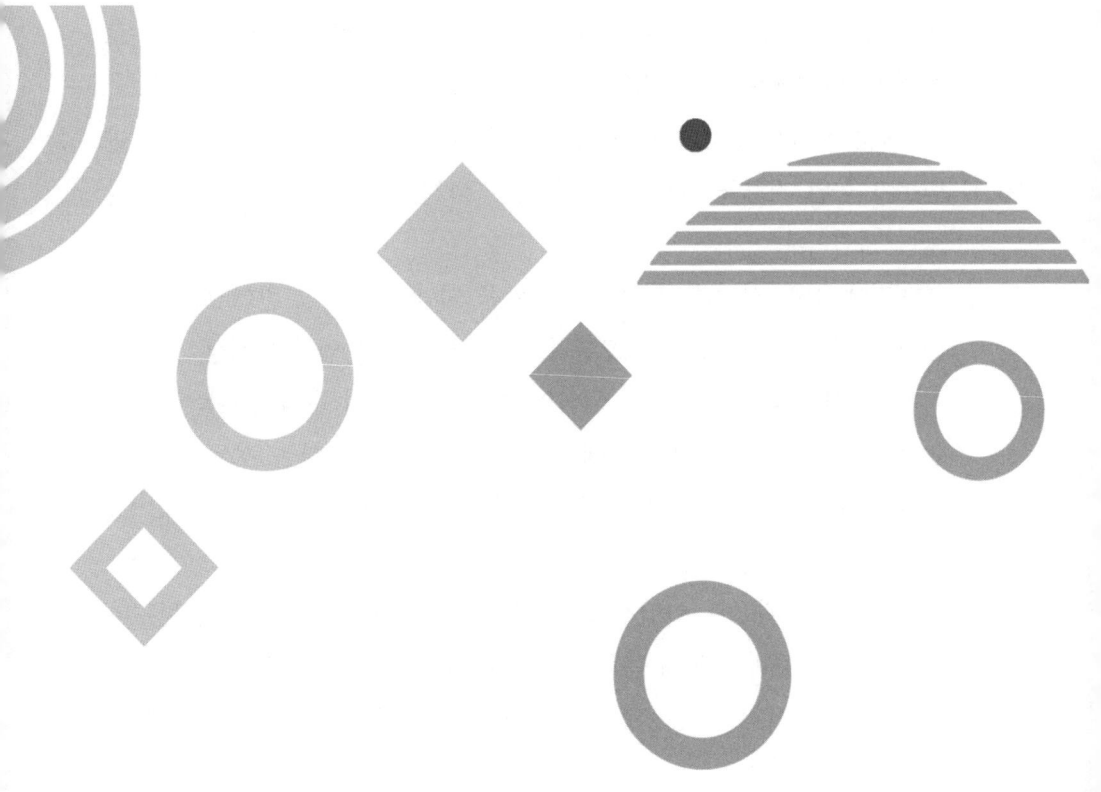

『함께 웃고 우는 은혜와 감사』를 읽고
- 송골 오동춘 스무 번째 시집 서평

　송골 오동춘 박사장로 하면 우선 먼저 떠오르는 것이 진실한 기독교 인이요, 한국문단을 이끌어 온 원로 시인이며 한글학자로 국문학 교수로 사명의식에 불타는 애국애족의 정신이 투철한 분임을 인식하고 있다. 이번 펴낸 시집은 일찍이 보기 드문 936쪽에 이르는 장정으로 문단 등단 반세기 동안 저자와 인간관계에서 맺은 342편의 애경사의 시를 모아 발행한 시집이다.
　여기에 실린 시(詩)들을 보면 "글은 곧 사람이다."라고 말한 프랑스 비평가 뷰퐁(Buffon)의 말이 떠오른다. 그만큼 작가의 인격과 사상, 그리고 삼라만상을 바라보는 식견과 인식의 세계가 그의 시 속에 무르녹아 있다는 말이다. 작품 속에서 독자에게 친근감을 줄 수 있다는 것은 우선 신뢰감의 문제다. 이 신뢰감은 진실된 마음을 바탕으로 가식 없이 엮어졌을 때에 만이 가능한 일이다.
　친근감은 호감으로 이어지고 호감은 신뢰감으로, 그리고 신뢰감은 다시 독자의 공감과 더불어 문학적 감동을 불러일으킨다는 점을 상기해 볼 때 오동춘 박사의 시는 그만큼 믿음직스러운 데가 있어 참으로 좋다고 여겨진다.

좀 더 구체적으로 시에 나타난 특성을 살펴보면 문장이 유려하고 시의 흐름이 거침이 없다는 점이다. 글이 유려하다는 말은 일단 문장이 진솔하다는 말이요, 잘 다듬어졌다는 말이다. 전달하려고 하는 바가 비유적으로 내포되어 있거나 이미지의 언어로 표현되어 있을지라도 그것은 어디까지나 현실에 뿌리를 내리고 있다. 그러기에 비록 서사적 성격을 지닌 축시, 조시, 추모시라 할지라도 강렬한 정서를 동반하고 있기에 독자들은 충분히 상상의 세계로 능히 전달받게 되는 것이다. 이 시집에서 밝혔듯이 저자의 인생 교육철학인 참삶, 뼈삶, 빛삶의 인물들을 생각하며 지은 시였기에 한결같이 '의식지향의 형상화'가 이루어졌다고 여겨진다.

이제 그의 작품집 또는 작품으로 시선을 옮겨보자. 이 책의 첫 페이지는 한국선교의 선구자 '언더우드' 목사가 1885년 4월 5일 부활절에 쓴 기도문으로 시작된다.

> 주여! 메마르고 가난한 땅, 나무 한 그루 시원하게 자라지 못하게 하는 땅,
> 저희들은 옮겨와 앉았습니다. 주여! 제 믿음을 붙잡아 주소서.
> ―「미국 선교사인 언더우드 목사의 기도문」

흥선대원군이 집권한 시대였다. 당시 안동 김씨의 포악한 정세적(政勢的) 횡포, 당쟁의 악습인 사색당파(南北老少) 거세(去勢), 경복궁의 무리한 중건으로 경제 파탄, 쇄국정책을 펴 천주교 탄압 및 선교사 죽임 등 서양문명의 전래를 가로막았던 시기다. 그러니 "메마르고 가난한 땅, 나무 한 그루 시원하게 자라지 못하게 하는 땅"이 아닐 수 없다.

저자인 오동춘 박사는 왜 시집의 첫머리에 자기가 쓴 작품도 아닌 '기도문'을 놓았을까. 여기엔 필연적으로 깊은 의미가 담겨 있으리라고 본다. 그러기에 독자들에게 경건한 마음으로 그 뜻을 헤아려 보게 한다.

다음은 '우러러 뵈는 스승과 목사'들의 애도의 작품이 담겨 있다. 특히 저자 송골 박사의 마음의 스승인 독립운동가인 도산 안창호 선생 73주기에 부친 추모 시, 연세대학교에서 가르쳐 주신 스승 외솔 최현배 박사 40주기 추모 시, 영원한 빛의 스승 한결 김윤경 박사 20주기 추모 시, 기독교 합신교단 설립 대표인 박윤선 목사, 영락교회 개척하신 한경직 목사, 순복음교회 개척하신 조용기 목사, 화성교회 개척하신 장경재 목사, 사랑교회 개척하신 옥한흠 목사, 천주교 김수환 추기경의 조시, 추모 시, 그리고 빛 된 삶으로 영면하신 한글독립운동가 애산 이은 선생, 노산 이은상 선생, 가람 이병기 선생, 건재 정인승 선생, 이분들이 뒤를 이은 조시, 축시들이 줄을 잇고 있다.

지면(紙面) 관계로 부득이 저자가 출석한 합신교단 설립 대표 박윤선 목사의 영전에 드리는 시 「임도 길이 편히 쉬소서」 14연 중 첫 연만 소개하겠다.

"새파란 신록도 싱그러운/ 이 칠월의 뜨락/ 장미보다 더 뜨거운 마음으로/ 백합보다 더 하이얀 순결로/ 국화보다 더 줄기찬 신앙 지조로/ 샘물처럼 맑고 깨끗하게/ 태양처럼 밝고 화안하게/ 여든셋 긴 한평생/ 주님 영광만을 위하여/ 일편단심 거울같이 살아오신/ 개혁주의 전통신학의/ 큰 별/ 정암 박윤선 목사님"

가슴을 쥐어뜯는 이별의 슬픔을 믿음으로 승화시킨 첫 연이다. 이 시는 시간을 공간화하여 쌓이고 쌓였던 정을 한순간에 쏟아 내는 허전함이 통곡으로 이어질 것만 같은 심정인데도 창조주의 마음으로 달래고 있다. 다시 구체적으로 말하면 통곡의 심리를 신록, 장미, 백합, 국화 등의 에너지 높은 예술의 심리로 교차시킴에 따라 한층 문학적 가치로 끌어올렸다는 점이 높이 평가된다고 봐야 옳다.

이 시집에 담긴 342편의 애경사 시는 작가의 애틋한 정이 차안(此岸)의 세계를 넘어 피안(彼岸)의 세계까지 이어질 것이다. 이 시들이 이미 시집으로 발간되었으니 어느 땐가는 우리 모두의 가슴을 촉촉이 적시어 인정의 그윽함과 소중한 가치를 깊이 인식하게 될 것으로 평자는 확신한다.

『함께 웃고 우는 은혜와 감사』 에벤에셀(2022).

야생화를 통해 본 인간의 아름다운 세계
- 남창현 동시집 서평

　과학문명이 극도로 발달한 오늘날에도 꽃은 원초적인 모습과 순수성이 그대로 존재하고 있는 식물이다. 특히 야생화는 더욱 그러하다. 인위적으로 다른 식물과 교합시키거나 가미가 전혀 이루어지지 아니한 태초의 생태 그대로다. 그러기에 야생화를 가리켜 순혈의 꽃이라고 부르는지도 모른다.

　태초는 어느 때일까? 성경에 의하면 하늘이 처음 열리고 땅에 열매 맺는 식물을 창조해 놓으신 뒤 창조주는 보시기에 좋았더라고 기록되어 있다. 어느 누가 그때를 가늠할 수 있을까? 그리고 열매 맺는 채소와 나무라고 했으니 열매를 맺기 위해서는 반드시 꽃이 피기 마련이다. 그 꽃이 어느 꽃일까? 지금 우리 눈에 보이는 야생화이다. 이해가 아니 가면 깊은 바다 밑에 있는 생물을 보라. 그곳에도 태초의 식물이 있는데 그 색깔이 얼마나 아름다운가?

　우리가 산야에 가 보면 처음 본 꽃들이 참으로 많다. 모양도 생태도 생소하다. 그렇다고 해서 꽃들이 나보라는 듯 요염한 빛깔로 우리를 유혹하거나 특유한 향기로 코끝을 자극하려 하지 않는다. 더욱이나 사람

눈에 잘 띄는 길섶을 골라 꽃을 피우며 등산객들의 마음을 사로잡으려 하지도 않는다. 후미진 골짜기나 벼랑 끝일지라도 씨앗이 한번 자리 잡으면 그곳에서 새싹을 틔우고 뿌리를 내리며 묵묵히 온갖 고난을 극복해 가며 성장하고 꽃을 피운다. 참으로 애련하게 보이기도 하지만 그 아름다움이 심히도 우리의 깊은 마음까지 자극시킨다. 그러기에 야생화를 보는 사람마다 많은 생각을 여미게 한다.

남창현 시인은 등산을 즐기면서 그러한 야생화에 애착을 가지고 꽃을 바라보았다. 꽃의 생김새와 빛깔과 향기, 그리고 자생 과정을 통해 인간의 그윽한 내면을 동시로 형상화한 것이다. 특히 그는 기독교 장로로서 성경 창세기에 나오는 창조의 원리와 진리를 탐구, 터득하면서 한 폭의 야생화를 바라봤기에 그 아름다운 세계를 동시로 승화시켰으리라 여겨진다. 이러한 의미로 바라볼 때 한 편 한 편의 시에서 태초의 원리가 피어나는 듯하다.

똑같은 물상을 통해서도 시인이 보는 시각에 따라 그 시의 특성이 달라지고 시적 정서와 구도의 세계가 달라진다. 이렇게 이루어진 시는 개성을 지닌 인격체로 형상화되는데 그 이미지는 심미안(審美眼)의 세계로 펼쳐진다. 가령 시인의 긍정적인 사고는 달관된 아름다운 정서로 보여주고 있지만 부정적인 사고는 고독과 불안 심리가 슬픔과 고통으로 용해되어 깃들인다. 이 같은 시인의 세계가 시로 탄생 되어 독자를 자극시킬 때 읽는 이들은 자신도 모르게 이끌림을 받는다. 이것이 책의 마력(魔力)이다. 이제 작품으로 시선을 옮겨보자.

1. 표제 붙이기 면에서

표제란 표지에 쓰인 책의 이름을 말한다. 우리는 처음 만난 친구를 대할 때 어떤 사람인가? 생각해 보면서 친구의 첫인상을 본다. 저 친구가 따뜻하고 부드러운가? 아니면 차갑고 냉소적인가를 생각해 가면서 대화를 한다. 이 친구는 참 진실하게 느껴져. 정말 마음을 주고받을 수 있는 친구야. 이렇게 인정이 되면 그 친구를 사귀듯이 서점에 가 책을 고를 때에도 이와 마찬가지다.

이 동시집의 표제는 『야생화 꽃밭에서』이다. 언뜻 보기에는 표제가 평범하게 보인다. 그러나 생각하면 생각할수록 멋을 풍기면서 예술적인 정취를 느끼게 한다. '야생의 꽃밭'은 '신비의 꽃밭'이요 '사랑의 꽃밭'이다. 신비는 원초적인 순수함을 말함이요, 사랑은 생명의 근원됨을 말함이다. 그러기에 순수와 사랑은 우리의 삶을 풍요롭게 이루는데 더욱이나 꽃밭에서라 했으니 아름다움이 피어오른다는 의미가 곁들여있다. 그러기에 우리의 삶의 아름다움이 풍부하게 이룬다는 의미를 지니고 있다. 그러기에 이 동시를 읽고 있는 어린이마다 마음이 아름다워지고 풍요로워진다는 의미가 내포되어 있다고 하겠다.

2. 시적 구성과 묘사 면에서

이 동시는 퍽 부드럽고 재미있게 리듬이 흐르고 있다. 우리말의 기본 음수율 3·4·5조를 적절히 적용시켜 읽는 어린이들에게 흥을 느끼게 한다. 노랫말에도 이런 기본 음수율이 흐를 때 가창자(歌唱者)들은 자유롭게 감정을 발산할 수 있어 노래를 부르는 사람이나 듣는 사람들은 모두 흥겨워진다.

또 시의 길이가 짧고 구성도 치밀하며 묘사 역시 적절하다. 이러한 점에서 이 동시는 누가 읽어도 쉬 이해할 수 있다. 이래야만 어린이들이 즐겨 읽을 수 있고 동시에 풍부한 사고를 일으킬 수 있다. 그렇다면 이 동시를 살펴보자.

우리 조상들은
노루에 반했나봐

노루귀 닮았다고
노루귀
노루발자국 닮았다고
노루발풀
노루오줌 냄새 난다고
노루오줌

약효 있으면 있는 거지
노루에 삼은 왜 붙여
노루삼

우리 조상들은
노루에 반했나봐

- 「노루에게 반했나봐」 전문

노루는 사슴과에 속하는 동물이라서 '노루' 하면 어렴풋이 '녹용'을 연상하게 된다. 녹용은 우리 조상 대대로 으뜸 된 보약이다. 보약은 건강과 생명이 직결되므로 우리 조상들로 하여금 지극히 많은 관심과 사랑을 받아온 터이다. 그러기에 '반했나봐'라는 표현이 아주 적절하다. '반하다'란 무엇에 홀리다라는 의미를 지닌 말이다. 유혹에 빠져 정신을 차리지 못하는 상태, 아주 취한 상태를 말하는 것이니 우리 조상들의 심리를 그대로 잘 표현해 놓았다고 보인다. 예나 지금이나 천하보다 귀한 것이 생명이기 때문이다.

또 사랑이 많으면 많을수록 관심도 배가 된다. 그러기에 이 시에서는 "우리 조상들은/ 노루에 반했나봐"를 처음 연과 끝 연으로 반복 배열시켰다. 이러한 의식을 구체적으로 드러내 놓은 표현이 만물의 이름을 그에 빗대어 짓는 일이었다. 그 예로 독이 있다고 '독나물' 뻐꾸기 가슴 털처럼 꽃잎에 무늬가 닮았다고 '뻐꾸기나리꽃' 할머니처럼 꽃대가 굽었다고 '할미꽃'이라 이름을 짓게 된 것이다. 이를 통해 볼 때 조상들의 순진무구한 의식 세계까지를 엿볼 수 있고 진지한 애착과 뜨거운 사랑의 깊이를 상상해 볼 수 있다. 그러기에 흔히 시를 가리켜 상상의 산물이라고 했다.

3. 주제의 구현에 대하여

'난쟁이바위솔'이 자생하는 모습을 바라보면서 시인은 애착심을 느낀다. 저것이 식물의 진솔한 삶의 모습이 아닐까. 그렇게 생각하면서도 애착 어린 동정심을 저버릴 수 없다. 그러기에 시인은 그 숨소리를 심안으로 들어보면서 동시로 표현해 놓았다. 이러한 그의 심정을 시화(詩化)해 놓았을지라도 주제가 통일되지 못했거나 구현시키지 못했다면 독자들의 감흥은 물론 도리어 혼란을 가중 시키는 결과가 될 것이다.

문학작품은 결국 인간의 삶의 이모저모를 통해 인생관이나 세계관을 반영한다. 제아무리 기발한 발상과 비유가 동원될지라도 주제의 구현이 이루어지지 못하면 마치 얼굴에 요란하게 화장을 했을지라도 아름답기는커녕 도리어 추하듯이 시의 품격을 상실하고 만다. 이러한 의미에서 「난쟁이바위솔」 동시를 살펴보자.

작은 키로
바위에 붙어 사는
난쟁이바위솔

키가 작아 흙 있는 곳이

안보이나 보다

시원한 계곡이 있는 것도
모르나 보다

시원한 습지가 있는 것도
모르나 보다

―「난쟁이바위솔」전문

  이 동시는 그윽한 정(情)도 흐르고 있어 잔잔한 감동을 일으킨다. 작가의 정이 작품 속에 흐를 때 독자들도 감흥을 일으키는 것이다. 이는 작가와 독자가 작품을 통해 하나의 의식으로 이루어짐을 의미한다.
  작품을 보자. 시적 화자는 따가운 9월의 태양 아래 물 한 방울 없이 메마른 바위에 붙어 사는 '난쟁이바위솔'을 보면서 다음과 같이 전개하고 있다. "키가 작아 '흙 있는 곳도' '계곡이 있는 것도' '습지가 있는 것도' 모르나 보다."라고 했다. 시적 자아는 애타는 심정으로 이렇게 중얼거리고 있다. 아니, '중얼거리다.'라고 말하기보다는 청자인 '난쟁이바위솔'에게 왜 이것을 보지 못하느냐고 따지듯 혹은 호통치듯 애련한 심정을 보이고 있다. 이 동시를 쓴 시인의 심정을 사진 해설을 통해 넉넉히 헤아려 볼 수 있다. 이를 보자. "날씨는 계속 덥고 비는 오지 않아 바위에 붙어 사는 '난쟁이바위솔'을 보면서 마음이 아팠다. 물기 많은 흙으로 옮겨주고 싶었다고 시적 자아는 그 심정을 밝히고 있다. 얼마나 시인의 애처로운 마음이 집약되어 있는 부문인가?
  다음은 시 구성면을 보자. 2·3·4연 말미에서 '안 보이나 보다' '모르나 보다' '모르나 보다'라고 부정적인 의미를 세 번이나 거듭 반복 표현을 하고 있다. 이를 수학공식에 빗대어 본다면 부정 곱하기 부정은 양수이고 부정을 세 번 곱하면 음수가 된다. 이런 원리에서 본다면 양수를 긍정이라 하고 음수를 부정이라고 말할 수 있다. 이 동시에서는 부정을 세 번이나 반복했음으로 작가의 의도가 분명히 보이는 대문이다. (난쟁이바위 술인 나는) 흙이 있는 곳도, 계곡이 있는 곳도, 습지가 있는 것도 모른다. 그리고 알 필요도 없다라는 의미가 담겨 있다. 그 이유는 한번 씨앗이 정착한 곳이 내가 살아야 할 곳이기에 그 주어진 환경에서 적응하며 살고 싶다는 뜻이다. 어려움이 있을지라도 이를 인내로 극복하며 살아갈 때 삶의 의의와 가치와 보람을 느낄 수 있고, 찾을 수 있다는 생활철학을 우리에게 보여주고 있는 듯하다. 이처럼 작가의 생활 속에서 우러나오는 삶의 진리에 이르기까지 일목요연하게 드러나게 된 것은 앞에서도 언급한 바와 같이 주제의 구현이 잘 이루어졌기에 가능했다.

4. 비유와 상징에 대하여

시에 있어서 비유와 상징은 매우 중요하다. 비유는 어떤 의미를 지니고 있을까? 국어사전에 의하면 '사물을 설명하는 데 있어 그와 비슷한 다른 사물을 빌어 표현하는 일'이라고 기록되어 있다. 그렇다면 비슷하다는 말에는 두 가지로 풀이된다. 그 하나는 형태가 비슷함을 뜻하고 또 하나는 의미상으로 비슷함을 말함이다. 예를 든다면 전자는 개의 사나움을 늑대에 비유하는 일이요, 후자는 여자의 아름다운 얼굴을 꽃에 비유하는 일이다. 비유는 다 같으나 전자의 비유는 같은 개과에 속하는 동물끼리의 비유라서 상상의 폭이 좁을 수 있다. 그러나 사람과 식물의 비유는 그 생태가 다르기에 상상의 폭이 상당히 넓어질 수 있다.

그리고 상징어는 수학공식처럼 논리적으로 이루어진 언어가 아니다. 시인의 내면에서 이루어진 절절한 심상을 외적세계에서 얻어진 체험과 결합시켜 연상작용을 일으키는 구체적인 조형적 언어다. 미국의 정신분석학자이며 사회심리학자인 에리히 프롬(Erich Fromm)은 상징어에 대하여 '내적인 경험, 감정 및 사고들이 마치 외적 세계에서의 감정적 체험과 사건들인 것처럼 표현한 언어이다.'라고 했다. 이러한 언어를 상징어라 한다. 그러면 여기서 「피나물」 작품을 살펴보자

    나물은 나물인데
    피가 있어
    피나물

    나물은 나물인데
    독이 있어
    독나물

-「피나물」 전문

  언뜻 이 동시를 보고 '피가 있으니까 피나물이라 하고, 독이 있으니까 독나물이라 한다.'라는 서술 형식으로만 보고, 시의 해석을 마친다면 시인의 의도와는 완전히 거리가 멀어질 것이다. 시는 상상의 세계로 이루어진다. 모든 문학이 다 그러하지만 시는 유독 그러하다. 시처럼 짧은 문장에서 무수한 의미를 담고 있음은 상징, 비유, 이미지 등이 존재하기 때문이다. 짧은 문장만으로도 때로는 우주적, 종교적, 신화적, 역사적 등의 의미를 내포할 수 있음은 상상력이 작용하기에 그러하다.
  그렇다면 이 동시에서 '피와 독'은 무엇을 '비유'하고 무엇을 '상징'하는가를 살펴보자. 피나물의 잎과 줄기에서 피처럼 생긴 즙이 나온다고 해서 그 식물의 이름을 피나물이라 했는데 여기서는 붉은 즙과 피는 비슷하기에 비유적 표현을 썼다. 그러나 독나물의 '독'은 피나물처럼 직접 비유가 아니라 유추적 비유다. 비유에는 직접 비유와 유추적 비유가 있

는데 이는 속성을 추적해 내는 비유이다.

그리고 피와 독의 상징적 의미는 무얼까? '피'는 생명, 탄생, 희생(제물, 祭物) 등을 상징하고 '독'은 죽음, 절망, 단절 등을 상징한다. 이러한 의미로 이 시를 풀이한다면 태어나서 죽음에 이르기까지의 일생(一生)을 상상해 볼 수 있어 그 폭은 한이 없을 것이다.

5. 이미지(image) 형상화에 대하여

이미지를 우리말 사전에 의하면 상(像), 혹은 영상(映像) 또는 심상(心象)이라고 기록되어 있다. 「봄바람 우체부」의 작품을 통해 얼마나 다양한 이미지를 내포하고 있는지를 살펴보자. '우체부'는 소식이 담긴 편지를 나르는 사람이다. 그런데 '봄바람 우체부'라 했으니 우체부는 사람이 아니라 바람이니, 바람은 곧 자연이다. 그러니 자연이 땅 위의 꽃들을 피우게 한다는 말이다. 그런데 지역에 따라 기온이 다르므로 빨리 피는 곳의 꽃도, 늦게 피는 곳의 꽃도 있다는 내용을 시인은 자연을 의인화(擬人化)해서 재미있게 표현해 주고 있다.

　　봄바람 우체부
　　백목련
　　자목련
　　소식 싣고 왔어요
　　이른 봄에 싣고 왔어요

　　봄바람 우체부
　　함박꽃나무 산목련
　　소식 싣고 왔어요
　　늦은 봄에 싣고 왔어요

산이 깊어
산이 높아
늦었나 봐요

- 「봄바람 우체부」 전문

 백목련은 4월 초순에 피고 바로 뒤이어 자목련이 핀다. 자목련 꽃이 지기도 전에 철쭉과 진달래가 막 피기 시작한다. 그러기에 백목련과 자목련이 다른 꽃들에게 어서 피도록 재촉하는 것처럼 보인다. 독자들의 의식은 이러한 연상 작용을 일으키면서 1연에서 2연으로 넘어 온다. 물론 매화나 개나리가 봄의 전령사인 것은 틀림이 없다. 그러나 꽃피는 시차(時差)로 볼 때 다소 차이가 있다. 그렇지만 백목련과 자목련의 꽃은 다르다. 이 꽃이 핀 뒤에는 시간의 격차가 없이 뒤이어 바로 철쭉꽃과 진달래 등 많은 꽃들이 앞다투어 핀다. 그러기에 이러한 생각이 자연히 이루어지는 것이다.

 다시 2연을 보자. 지리산의 산목련이 피는 시기는 사진 설명에서 말했듯이 5월에서 6월이다. 이곳의 기후와 식물의 생태로 이렇게 꽃이 늦게 핀 것인데도 시인은 '산이 깊고 산이 높아 이렇게 늦었나 봐요.'라고 재미있게 표현했다. 이것은 작가의 정서가 어디에 있는가를 넉넉히 헤아려 보게 하는 대문이다.

 이상과 같이 동시집 『야생화 꽃밭에서』의 시들을 살펴보았다. '시의 구성 원리'인 여러 가지 요소 중 보편적으로 사용된 '표제 붙이기' '시적 구성과 묘사' '주제의 구현' '비유와 상징' '이미지 형상화' 이와 같이 다섯 가지 요소에 비추어 이를 분석해 보았다.

 남창현 시인의 작품 125편 모두가 동시로서의 언어 구사뿐 아니라 시의 구성 원리 면에서도 아주 적절하다. 더욱이나 온 정성을 쏟아 한 편 한 편 창작한 흔적이 곳곳에 배어 있어 많은 독자들에게 감흥을 일으킴은 물론 어린이들의 상상력을 일으키고 키워 나가는데 많은 도움이 되리라 믿어 의심치 않는다.

이 동시집의 특이한 점은 야생화를 소재로 쓴 작품이라는 점이다. 깊은 산속에 자생하는 희귀한 꽃을 대상으로 시작(詩作)했다는 것은 그리 흔치 않은 시이기에 더욱 귀하다. 이는 전문성을 지닌 시라고 보아야 옳을 것이다. 한 작품을 쓰려면 대상의 사물에 대하여 애정이 없으면 정서가 피어오르지 않고, 아무리 정서가 피어올랐다 하더라도 물체에 대한 해박한 지식 없이는 한 작품을 완성 시킬 수가 없다.

같은 꽃일지라도 보는 시각에 따라 빛깔, 모양, 향기 등이 제각기 다를 수 있다. 이를 구체적으로 다시 말한다면 개성적인 표현과 묘사에 따라 독자가 느끼는 바가 각기 다르다는 뜻이다. 이러한 시가 독자의 입맛을 자극하는 것이기에 이를 좋은 시라고 보아야 옳을 것이다. 이러한 전문성을 지닌 시집이 바로 『야생화 꽃밭에서』 동시집이라고 필자는 확신한다.

꽃이 피면 열매를 맺듯이 꽃의 특성을 관찰하여 계속 시를 쓴다면 자신만의 특이한 구도가 이루어져 시 속에 미의 세계가 이루어질 것이다. 그럴 때 그 개성은 인격체로, 심미안이 깃들인 달관된 정서로 이루어지는 것이다. 또 꽃이 아름답듯이 독특한 개성적 표현으로 인간의 기쁨과 노여움, 슬픔과 즐거움, 고요함을 토해낼 때 그 시의 미적 세계가 펼쳐지는 것이니 남창현 시인이 이러한 경지에 이르는 순수한 시인으로 각광받기를 기대해 본다.

감나무 베어지는 날

- 편덕환 시집 발간을 축하하며

『감나무 베어지는 날』 시집 발간을 충심으로 축하한다.

편덕환 시인은 문학을 통해 만난 분이다. 그러니까 지금으로부터 2년 전 전라북도 익산 마한학생종합회관에서 두 해 동안 문학을 좋아하는 작가들이 모여 1주일에 두 차례씩 문학토론회를 가졌는데 그곳에 출강할 때 뵌 분이다. 당시 70이 되신 시인 편덕환 님은 한 번도 거르는 일 없이 꼭꼭 토론회에 참석하셔서 심도 있게 시론에 임하신 분이다. 그때 느낀 일인데 그분은 재능도 뛰어나고 남다른 심안을 가지고 계셨을 뿐 아니라 시인으로서 당당히 문단에 활동하신 분이다.

시인은 보통 사람들과는 다르다. 특별한 눈을 가지고 있다. 그러기에 숨겨진 모습 내면의 세계까지 발견할 수 있고 거기에 의미를 부여하여 새로운 가치를 창출해 낼 수 있는 것이다. 이러한 능력을 풍부히 지녔기에 노래(老來)에도 붓을 꺾지 않고 계속 작품 활동에 심혈을 쏟으신 편덕환 시인이시다.

그러면 작품을 살펴보도록 하자. 우선 「감나무 베어지는 날」 작품을 보겠다.

전기 톱날에 우지끈 하고 쓰러지던 날
늙은 감나무에도 노랗게 감이 매달려 있었다.

감나무는 3톤 트럭에 옮겨져
동아줄에 칭칭 묶인 채 떠나려 한다.
그 뿌리는 얼마나 아파하고 몸부림치며 울고 있을까!
뿌리는 붉은 흙을 움켜쥐고 안간힘을 쓰며 울고 있었다.

나무들도 떠나기 싫어 윙윙 소리 내어 우는 것이다.
　　　－「감나무 베어지는 날」 전문 『감나무 베어지는 날』(화서, 2006)

　어쩌면 이산가족이 헤어지려는 그 순간 너무도 애절한 심정으로 서로 부둥켜안고 목을 놓아 울부짖는 장면을 연상케 한다. 아니면 이승을 마지막 하직하던 날 서운함을 가눌 길 없어 통곡으로 달래야만 하는 애끊는 그 가족들의 모습을 보는 듯하여 숙연하기까지 한 장면이다. 이 시는 이같이 감나무의 처절함을 의인화했다.
　어쩌던 인간의 삶의 과정에서 어찌할 수 없이 이루어지는 온갖 기복, 그 운명 앞에 이르렀을 때 처했던 그 모습이 아닐 수 없다. 모든 생물들이 다 그렇지 아니한가. 인간은 언어를 사용할 수 있기 때문에 구체적으로 표현할 수 있지만 그 외의 식물과 동물들은 똑같은 아픔을 지니고 있을지라도 능히 그 감정들을 드러내지 못하고 있는 것이다. 이러한 상황을 편덕환 시인은 감나무의 아픔과 슬픔을 시로 표현해 놓았다.
　얼른 생각해 보면 누구나 쓸 수 있는 일이라 여기겠지만 시인의 '바라보는 관점과 애정 어린 시점이 일반인보다 완전히 다르다.' 시는 애정의 산물이기에 그렇다. 애정 없는 작품은 독자들에게 감동을 줄 수 없다. 감동은 사람의 마음을 움직이게 하는 것이다. 심하면 지, 정, 의를 흔들어 놓아 끝내는 눈물을 흘리게까지 한다.

　기쁨이나 즐거울 때에는 때에 따라 약간의 허식이 있을 수 있다. 그러나 괴롭고 슬픈 심정에는 일체의 허식이나 과장이 있을 수 없는 것이다. 그래서 괴테는 "나의 진정한 반려자는 나와 함께 슬픔을 같이 나눌 수 있는 사람이다."라고 말하였는지도 모른다. 그렇다. 슬픔은 가식이 없다. 진정 작품도 진솔할 때 큰 감동을 일으키는 것이다.

　인간이란 원래 숙명적으로 비극의 씨앗을 품고 태어난 지도 모른다. 그러기에 다가올 비극을 물리치기 위해 부단히 노력한다. 그 과정에서 보람을 찾게 되는데 어쩌면 이것을 행복이라고 말하지 않았을까 한다. 분명 우리의 주변에는 확실히 기쁘고 즐거움보다는 괴롭고 슬픈 사연들이 많다. 그 원인은 원죄 때문이라고 기독교에서는 말하고 있다. 성경에 아담과 하와가 하나님이 금지했던 선악과를 따먹은 원죄 때문이라고 결론을 맺고 있다. 그래서인지 우리의 삶은 기쁘고 즐거움보다. 답답하고 쓰릴 때가 많다. 이런 마음을 형상화해 놓은 것이 문학이다.

　또 다른 시 한 편을 보자.

　　이슬비 멈추더니 어느새
　　하늘이 살포시 얼굴 내민다.

　　어디서인가 청개구리 한 마리
　　날쌔게도 연잎 위로 번쩍 뛰어 내려앉는다.
　　물 위에서 놀던 연잎이
　　깜짝 놀라듯 튕기고 놀던 은방울을 몽땅 쏟아 버렸다.

　　송사리 떼들이 우르르
　　먹을 것인 양 꼬리치며 달려든다.
　　검정 물방개 한 마리도

한자리 끼어보려고
새끼들까지 이끌고 헤엄치고 달려온다.

버들가지에 앉아
조용히 내려다보고 있던 꽃새 한 마리가
쯔쯔쯔 혀를 처대 쌓는다.
이 세상에서 공짜가 어디 있느냐며
재잘재잘 몇 마디 나무라더니 멀리 날아가 버렸다.
　　　　　-「비 그친 오후」 전문 『감나무 베어지는 날』(화서, 2006)

나이는 숫자에 불가하다는 말을 실감케 한다. 이렇게 청청한 서정성이 칠십이 넘은 노년의 시인에게도 오붓하게 피어오르고 있을까. 생명체의 순수한 본연의 약동을 올곧게 묘사해 놓은 이 시는 상당한 지식인에서부터 아동들에게 이르기까지 모든 이에게 감동을 주고 있다. 세파에 시달리는 우리에게도 생명의 순수성을 되찾게 하고 있다.

비가 그친 오후 한나절, 연(蓮)잎 앞에서 미물처럼 작은 생명체가 살아가는 모습을 이 시는 진솔하게 보여주고 있다. 작은 생명체가 생명을 영위하기 위해 약육강식(弱肉强食)을 느끼게 하는 생존의 삶이지만 그들은 무리하게 욕심을 부리지 않고 순리, 그대로 살아가는 모습이다. 비록 단면으로 보여준 그들의 생태 모습일지라도 꾸밈이 없이 독자(讀者)들에게 보여주고 있다. 과연 이 시를 읽으면서 무엇을 생각할까. 우리의 삶을 자성해보도록 하지 않을까.

이 시에 등장한 작은 생명체는 청개구리, 송사리, 물망개, 꽃새인데 위 시 4연을 보자.

"버들가지에 앉아/ 조용히 내려다보고 있던 꽃새 한 마리가/ 쯔쯔쯔 혀를 처대 쌓는다./

이 세상에 공짜가 어디 있느냐며/ 재잘재잘 몇 마디 나무라더니 멀리
　　날아가 버렸다.

　버들나무 가지에 앉은 꽃새 한 마리가 당장이라도 송사리, 물망개들을 콕 쪼아 먹을 듯 혀를 처대었다. 그렇지만 이 세상에 공짜가 어디 있느냐며 재잘재잘 몇 마디 자신을 나무라며 멀리 날아가 버렸다. 이 시구의 결말은 과연 무엇을 말해주고 있을까. 세상 살아가는 이치는 순리대로 살아야 한다는 의미를 남겨 놓고 그 욕심을 잊기 위해 멀리 날아간 것이다. 이 시인은 결말을 상징적으로 의미를 부여해 주면서 끝을 맺는다.
　편덕환 시인의 시 두 편을 통해서 볼 때 형상화하고자 하는 심리적 상황을 상징적 이미지를 통해 구체적으로 묘사함으로 본질적인 특질을 드러내 놓고 있다. 이같이 수사적 언어로 시를 형상화할 때 언어의 폭은 한없이 넓어진다는 사실을 적절히 이용하여 독자에게 호소력 있게 전달한다.
　시는 언어 사용에 있어 엄격하게 제한하여 적용해야 하는 장르다. 자기의 심장과 두뇌를 짜서 만들어진 문학의 언어가 시를 이룬다. 이렇게 말하니까 많은 분들은 시 창작을 포기할지 모른다. 여기에 유명한 일화 하나를 소개하겠다. 우리 문단에 시의 거성이라 불리는 정지용, 신석정, 조지훈 세 시인이 30년대 어느 날 술자리에서 만났다. 여기에서 시에 관한 이야기판이 이루어졌는데 정지용은 "시 작법은 방치할 수밖에 없는 일이지요."라고 했다 한다. 이 말은 시 작법에는 모범답안이 없다는 말이다. 또 다음 말을 음미해 보자.
　『보바리 부인』의 작가 G. 플로베르(Gustave Flaubert)는 폭포는 실개천이 모여 이루어진다. 폭포를 만들기 위해서 엄청난 공사를 했을지라도 실개천의 물이 모이지 않으면 모두 헛일이라고 했다 한다. 보잘것없는 실개천 그 물이 모여 폭포를 만든다는 사실이 곧 시작(詩作)의 원동력이다라

는 내용이 이기형이 쓴 『시 창작 강의』란 책에 나온 말이다. 이러한 원리가 불후의 명작을 탄생시키는 것이다.

여기서 에디슨의 말을 덧붙여 인용하면서 끝을 맺을까 한다. "천재의 재능은 1%에, 노력은 99%를 더할 때 걸작품이 이루어진다."고 했다. 여기서 재능이 빠진 듯하다. 그것은 재능이 노력의 산물이기 때문이다.

편덕환 시인의 작품 가운데 "이 세상에 공짜는 없다"고 했다. 이렇듯 떳떳하게 값을 치르면서 한 편 한 편 시를 써 나간다면 그 값은 명작으로 이어질 것임을 필자는 확신한다. 현재 노년의 삶일지라도 젊은이 못지않게 시 창작에 힘을 기울이는 것을 보면 정말 귀하게 느껴진다. 더욱 문운이 창대하길 기원한다.

시평론

III

18편의 시에서 본
이성과 감성에 대한 분석

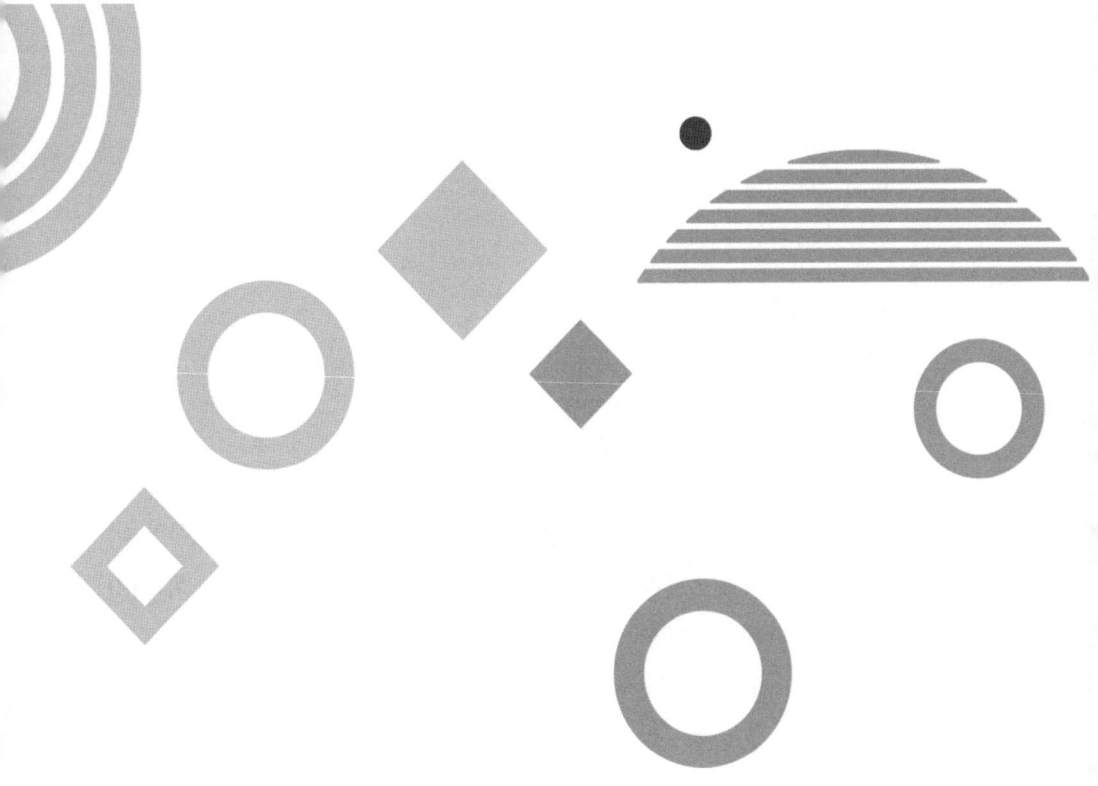

김남곤 「심포(深浦)에서」

오랜 멀미 끝에
흙을 밟고 올라선 어선들은
주섬주섬 신발부터 챙겼습니다

물길 천리
발이 갯솜처럼 부르터서
맞는 치수라곤 하나도 없습니다

눈을 씻고 봐도
폐선표(廢船標) 신발은 더구나
코딱지만한 것도 보이지 않았습니다.
　　　－「심포(深浦)에서」 전문 『사람은 사람이다』(신아출판사, 2013)

　우리의 삶은 정말 저 넓은 바다와도 같고 끊임없이 일렁이는 험한 파도와 같은 것인지도 모른다. 어쩌면 눈부신 가슴일지라도 우리가 살아가는 생활 한복판에는 모험이 끊임없이 전개되고 있다. 이것이 없으면 진정한 희로애락(喜怒哀樂)의 가치도 없고 삶의 보람도 느끼지 못할 것이다.

이것을 시 「심포(深浦)에서」 그 의미를 잘 형상화해 주고 있다. 그러면 1연부터 차근히 살펴보자.

1연 1행에 "오랜 멀미 끝에"라고 했다. '힘겨운 오랜 항해'란 뜻이다. 모든 삶도 그러하겠지만 특히 항해는 언제 불어닥칠지 모르는 광풍과 성난 파도 등으로 항상 죽음과 맞싸우는 삶이다. 또 2~3행을 보자. "흙을 밟고 올라선 어선들은/ 주섬주섬 신발부터 챙겼습니다." 이것은 무엇을 말함일까? 오랜 항해 끝에 육지에 이르렀다는 말이요, 몹시 그리워했던 땅이란 말이다. 오랜 삶의 터전이요, 사랑하는 가족과 친지를 만나는 반가운 땅이다. 그러니 어찌 맨발로 만날 수 있겠는가.

2연 1행을 보자. "물길 천리"라 했으니 여기서 말하는 '천리'는 헤아릴 수 없이 많다는 뜻이니 무수한 나날을 배 안에서 생활했다는 의미다. 그리고 2행과 3행에서 "발이 갯솜처럼 부르터서/ 맞는 치수라곤 하나도 없습니다."를 풀이 해석하려고 하니 중의법으로만이 풀어헤침이 옳다고 여겨진다. 그 첫 번째 풀이는 오래도록 배 안에서 생활했다는 의미요, 또 다른 하나는 배 안의 생활이 너무 고달팠음을 암시해주고 있다. 얼마나 서서 어업을 했으면 발이 그토록 부어 신발이 맞는 치수가 하나도 없을까.

3연을 풀이해 볼 때 너무도 깊은 애환이 담겨 있다. '폐선표 신발'이 바로 그것이다. 무엇을 말함일까. 우선 폐선의 의미를 생각해 보자. 낡아서 쓸 수 없는 배, 더욱이나 선적(船籍)에서 지워버린 배를 일컬어 말함이다. 그러니 여기서 시인이 말한 "폐선표 신발"의 뜻을 구구히 설명하지 않아도 무엇을 말함인지 알 수 있지 않는가? '늙고 병들고 힘없으면 서러운 것'이다. 차마 죽지 못해 살아간다는 뜻이다. 다음 시어가 '더구나'라 했다. 무엇을 뜻함일까. 생명의 가치마저 없다는 뜻이 아닐까. 지난날 피땀 흘려 살아온 근면과 성실의 삶은 왜 인정을 아니해 주는 것일까.

3연에서 '눈을 씻고 봐도 폐선표 신발은 없다'는 내용이다. 마지막 연에 "코딱지만한 것도 보이지 않았습니다."의 '코딱지' 표현은 해학적 의미로서 전혀 없다는 것인데. 앞말을 강조한다는 뜻이라 하겠다. 얼마나 선원들의 서러운 인생을 잘 표현했는가. 이 순간 'G. 허버트' 말이 생각난다. "가난은 죄악이 아니다." 그렇다. 여기서 말하는 가난은 물질만이 아니다. 정신도 모두 가지고 있지 못한 자를 일컬어 하는 말이니 선원들의 성실한 삶이 얼마나 고귀한 정신적 자산인가.

꼭 눈여겨봐야 할 부분이 있다. 1연에서 3연에 이르기까지 각각 끝 행의 끝말을 보라. '챙겼습니다.' '없었습니다.' '않았습니다.' 모두 존칭어를 사용했다. 이는 무엇을 말함인가. 그간의 노고를 높이 인정해 주고 칭찬해 준다는 의미다.

다시 말하지만 모든 사람은 근면하고 성실할 때 인간의 존귀한 가치를 지닌다는 뜻이니 이 시의 의미를 한 번 더 깊이 되새겨 보게 한다.

김순금 「속천 앞바다에서」

고요가 펼쳐준 이불 덮고
속천항은 곤하게 자고 있네.

밤이슬 촉촉하게 내려와 이불이 무겁게 젖었는데
쏟아지는 별빛 가득 담은 바다는
가슴으로 등불 밝히네.

찰랑찰랑 속절없이 장난치는 바람결에도
모정어린 밤바람은 앙상한 등뼈 추켜세우고
하얀 속살 드높여 횃불을 걸었네.

출타한 아들 딸 밤마다 그리며
바다는 수많은 별들 가슴에 박아
환한 빛세워 놓고
문밖에 서서 초롱초롱 눈망울이 깊어지네.
 - 「속천 앞바다에서」 전문 『아름다운 신문』 2018, 6월호(중동교회신문)

이 시는 감성을 주로 표현한 서정시다. 서정은 문학양식의 한 특성이다. 이 시의 첫 연을 읽어 봐도 확연히 드러난다.

고요가 펼쳐준 이불 덮고/ 속천항은 곤하게 자고 있네.

이 문장은 속천항의 현실을 객관적으로 알려준 표현이 아니다. 이는 고요의 적막감이 깃든 한밤중의 정경을 감각적으로 구체화 시켜 놓은 문장이다. 속천항을 곤하게 잠들도록 이불을 덮어준 것이 곧 고요다. 고요를 의인화시킨 것은 감정 표현이다. 이러한 서정성을 전통 형식인 기, 승, 전, 결의 시적 구성에 결부시켜 잔잔한 감동 일으키는 한 편의 시다.

첫째 연은 시상을 일으킨다. 고요 속에 묻힌 속천 앞바다를 보는 동안 불현듯 시상이 떠오른 것이다. 소설로 말하면 발단에 해당하는 것으로 동기 유발을 일으키는 단계라 하겠다.

둘째 연은 첫 연에서 유발시킨 내용을 구체적으로 전개시킨 과정이다.

밤이슬 촉촉하게 내려와 이불이 무겁게 젖었는데/ 쏟아지는 별빛 가득 담은 바다는/ 가슴으로 등불 밝히네.

밤이슬은 무엇을 의미할까? 삶 속에서 이루어진 근심, 걱정, 슬픔 등의 어둠의 그림자가 우리의 삶을 무겁게 할지라도 2행에서 어둠 뒤에는 반드시 반짝이는 찬란한 별빛으로 가득 담은 인생길을 말해주고 있다. 우리의 가슴에 등불을 밝혀주듯이 말이다.

셋째 연은 사건을 전환시켜 시상의 깊이를 끌어올리는 연이다.

찰랑찰랑 속절없이 장난치는 바람결에도/ 모정어린 밤바다는 앙상한 등뼈 추켜세우고/ 하얀 속살 드높여 횃불을 걸었네.

모정어린 밤바다라 했으니 애환 어린 곳에는 항상 어머니의 따뜻한 사랑을 극대화시키고 있다. 이를 증명한 것은 같은 연 마지막 행인 '하얀 속살'에서 잘 드러나고 있다. 항해에 나간 자식이 밤늦도록 돌아오지 않기에 등불도 모자라 횃불(달)까지 걸어 놓고 기다리고 있는 노쇠한 어머니의 심리를 구체화 시켜 놓고 있다.

넷째 연은 주제의식이 선명하게 드러나 여운을 극대화하고 있다.

/문밖에서 서서 초롱초롱 눈망울이 깊어지네.

이 표현은 밤늦도록 기다리는 모정의 자식 사랑이 얼마나 곡진한가를 보여주었는데 이는 곧 이 시의 주제라 하겠다. 시는 백인백색(百人百色)이라 했다. 이는 시의 세계는 광대무변하다는 말로서 보는 사람에 따라 해석이 구구할 수 있다는 말이다. 이같이 고도의 감정은 인간을 인간되게 한다. 이것이 문학의 가치다.

김종기 「먼 그리움」

바다의 본색을 나는
도무지 다 볼 수 없다
바다는 내 민낯을
한눈에 보고 반기는데

한 열흘 섬에 와
파랗게 절어버린 마음
순백색 모래톱에서
어느새 먼 뭍이 그립다

떨어져 아득할수록
그리움을 분별없이 키우는
섬은 뭍을 향해 떠 있는 사랑
그미여 나도 꼭 그러하여라
　　　　- 「먼 그리움」 전문 『바다가 행복합니다』(순수문학, 2019)

　인간의 삶을 깊이 있게 보는 사람들은 자연물을 소홀히 보지 아니한다. 순박한 눈으로 바다와 섬과 육지를 바라볼 때 느끼는 감정은 자기도 모르는 사이에 그 신비로움에 젖어 들 때가 있다. 이런 관점에서 시인이 쓴「먼 그리움」시를 보았다. 1연을 보자.

바다의 본색을 나는/ 도무지 볼 수 없다/ 바다는 민낯을/ 한눈에 보고 반기는데

'본색'은 근본 성질을 의미한다. 그렇다면 '바닷물'은 무얼까? 생명의 근원이다. 생명의 어머니다라고 말할 수 있다. 다음을 보자. "바다는 내 민낯을/ 한눈에 보고 반기는데"라고 했다. 바다는 꾸밈이 없는 나의 얼굴을 보는 순간 반겼다는 것이다. 그러니 어머니 같은 생명의 근원인 바다의 사랑을 나는 다 볼 수 없다는 것이다. 2연의 심리는 어떠한가?

한 열을 섬에 와/ 파랗게 절어버린 마음/ 순백색 모래톱에서/ 어느새 먼 뭍이 그립다

시적 자아는 "어느새 먼 뭍이 그립다."고 했다. 여기서 인간의 심리를 잘 드러내고 있다. 사람의 심리는 늘 변화를 갈망하고 있고 희구하고 있다. 그러기에 사람의 마음을 가리켜 '갈대와 같다, 변덕이 물 끓듯 하다'고 하지 않는가? 한 열흘간 섬에 와 있다 보니 파랗게 절어버린 마음, 이렇게 바다와 동화됐음에도 열흘쯤 지나다 보니 어느새 뭍이 그립다고 했다. 참으로 인간의 심리는 다 알 수 없다는 것이다. 3연, 시적 자아의 결심을 보자.

떨어져 아늑하도록/ 그리움을 분별없이 키우는/ 섬은 뭍을 향해 떠 있는 사랑/ 그미여 나도 꼭 그러하여라

"그미여 나도 꼭 그러하여라." 여기서 '그미'는 가상의 여인으로 보인다. 어찌 그렇게 단정함이 옳을까? '그미여'의 '여'는 받침 없는 체언 아래에 쓰이는 호격조사다. 만일 '그미'가 가상이 아닌 실재 인물의 이름이라면 '여'에 쉼표나 느낌표를 붙여야 한다. 쉼표는 속삭이듯 부를 때이고 느낌표는 호소하듯 크게 부를 때인데 '그미여'에 그런 부호가 없기 때문이다. 다음을 보자. "그리움을 분별없이 키우는"이라 했다. 극한 사랑은 그리움이 피어오르는 것이다. 그리움이 신비롭게 마음에 고이고이 내려앉은 것이다. 그러므로 섬과 육지는 떼려야 뗄 수 없는 깊은 사랑의 관계다.라는 의미다.

바다를 통해 바라본 시적 자아의 심리를 「먼 그리움」의 시에서 잘 드러내 놓았다. 본 시의 주제는 중의성(重意性)을 지닌 그리움이라 하겠다. 그 하나는 '바다는 영원한 사랑의 그리움'이다. 또 하나는 '생명의 근원인 바다와 같은 마음이다. 가상의 인물인 '그미'를 앞세워 사랑하는 마음'을 전하고 있다. 이렇게 생각해 볼 때 표제 "바다가 행복입니다"와 일맥상통한다. 시인의 시심이 은은히 보이는 시라 하겠다. 시인의 그윽한 마음이 그득히 담겨 있다.

김인규 「팔월(八月) 보름」

과학(科學)이
비밀(祕密)을 파헤쳤지만

그래도

보름달이 뜨면
옥토끼(玉兎)가
방아 찧기를 기대(企待)하노라
 -「팔월 보름」 시 전문 시선집 『시가 그리운 날』(북매니저. 2019)

 이 시는 모두 34자의 시어로 구성된 아주 짧은 시다. 그러나 내용만은 어느 시 못지않게 깊고 풍부한 뜻을 담고 있다. 1연을 살펴보자.

　　과학이/ 비밀(祕密)을 파헤쳤지만

 이 시에서 말한 과학이 파헤친 '비밀'이 무얼까? 과학은 이 땅에 유토피아를 건설하겠다고 야심차게 인류에게 약속했다. 그 약속대로 과연 이

85

루어졌는가? 물론 겉으로는 상상할 수 없으리만큼 눈부시게 발전을 거듭하여 천지(天地)가 개벽(開闢)했다 할 만큼 모든 형태가 변했고, 우리의 의식도 크게 바꿔졌음에는 틀림이 없다. 그 하나가 4차 산업이다. 인공지능이 펼쳐져 세상이 편리해졌고 앞으로도 더 편리해질 것이다.

그러나 우리의 삶은 어떠한가. 인간이 전혀 예상치 못했던 일들이 과학의 발달로 우리의 삶을 짓누르고 있다. 로봇이 우리의 일자리를 모두 빼앗아 기계가 주인 역할을 하고 있다. 그 한 예로 그간 우리가 가장 선망해 왔던 '의사'와 법조계 '판사' 역할에서부터 심지어 음식을 나르는 일까지 모두 그렇다. 과거 의사만이 할 수 있었던 인체 수술을 로봇이 대신하고 있다. 판사 역시 그 직능을 자동화로 대치시키기 위해 미국 노스웨스턴대학교 연구진이 그 길을 열기 위해 거듭 연구하여 결과만이 남아 있다고 한다.

그간 인간이 해 왔던 일들을 로봇이 대신하는 관계로 자연히 기계에 예속되어 인간 상실의 시대가 구체화되고 있기에 그 대책을 간구하고 있지 않는가. 이것이 과학문명이 주는 것이라면 어찌 인간의 행복을 충족시킬 수 있겠는가. 시인은 이렇게 반문하면서 "비밀을 파헤쳤지만"이라고 한탄조로 말하지 않는가 싶다. 또 2연을 보자.

'그래도'

단 석자인 부사로 한 연을 이루고 있다. 그 뜻은 국어사전에 의하면 '그렇게 한다 할지라도, 혹은 그러할지라도'라는 뜻이다. 그런 의미로 다음 연을 이어가고 있다. 시인이 말하고자 하는 바가 뭘까. 다음 연에서 모두 쏟아 놓을 것을 암시해주는 말이다. 다음 3연을 보자.

보름달이 뜨면/ 옥토끼가/ 방아 찧기를 기대하노라

시인이 기대하고픈 바는 곧 자연이다. 칠흑같이 어두운 밤을 대낮같이 밝혀줄 보름달 곧 희망이 샘솟는 자연이다. 이를 매개해주는 것이 옥토끼다. 옥(玉)은 덕(德), 인(仁), 지(知)의 상징이다. 덕(德)의 '따뜻함'과 인(仁)의 '윤택함'과 지(知)의 '치밀함'을 모두 결합한 보석이다. 또 토끼는 '순수한 헌신'을 상징하는 동물이다. 옥과 토끼를 결합하여 옥토끼라는 이름을 붙인 상징적인 동물이다.

다시 3연을 상세히 살펴보자. "옥토끼가 방아 찧기를 기대하노라." 하는 말은 지금 방아를 찧지 못하고 있지만 앞으로는 찧을 수 있다는 기대가 서려 있는 말이다. 옥토끼가 방아를 찧는 것은 거친 곡식을 부드럽고 곱게 만들기 위함이니 천상(天上)의 옥토끼가 지상(地上)의 옥토끼와 동일한 일로 시인은 보고 '기대하노라'라고 의미부여를 했으리라 여겨진다.

성경 창세기에 "하나님이 천지를 창조하시니"라고 기록되어 있다. 절대자 한 분이 하늘과 땅을 창조했으니 옥토끼의 방아 찧는 일 역시 천상과 지상이 동일하다고 봤으리라. 날로 파괴되는 자연의 현상을 칠흑 같은 어둠에 비유했다면 대낮같이 밝은 보름달은 이를 반드시 극복하여 후손 대대로 번창할 수 있음을 암시한 시이기에 결미를 그렇게 맺었다고 본다. 이처럼 시의 메시지가 귀한 뜻과 원대한 미래의 희망을 내포하고 있다. 참으로 값진 시(詩)라 여기지 아니할 수 없다.

김인자 「가시 울타리 넘어가는 법」

보이지 않는 가시 울타리를
아시나요
울타리 너머로 나가고 싶은데
가시에 찔려 아파요
가시를 떼내고 싶은데
보이지 않아요

가시는 점점 자라나는데
나는 점점 작아지는데
가시는 무엇을 무서워할까요

가시 틈새로 따스한 바람이
불어와요
보이지 않는 따스한 바람이
가시를 녹여낼 것만 같아요

따스한 바람으로
나를 두르면 될 것 같아요

아~
내가 마스한 바람이 되는 게
더 좋겠어요
- 「가시 울타리 넘어가는 법」 전문 『아름다운 신문』 2017. 5월호(중동교회 신문)

　인간은 감성을 통해 느껴지고 이성을 통해 생각해 낸다. 그러기에 인간만이 감성과 이성으로 정서가 형성되고 이해하는 능력이 이루어진다. 그러나 그 이해의 방법과 내용은 감성과 이성이 서로 큰 차이를 보인다. 그러면 두 개의 영역을 살펴보자. 먼저 이성은 대상에 대한 분석과 객관성을 토대로 이해하려는 세계다. 그 예로 '물은 두 개의 수소와 하나의 산소로 결합된 물질이다.' 이런 객관성을 지니고 있기에 강한 능력이 발휘된다.
　그렇다면 감성의 경우는 어떠한가. 주관적인 토대에서 객관성을 지닌 세계다. 이 세계는 감정의 자극에 의하여 감정과 지각의 작용이 일어난다. 그 느낌은 사람에 따라 각기 달라진다. 그 예로 한숨과 눈물에서 동정과 사랑의 귀한 덕목도 이루어지기도 하고 가시에서 이 시처럼 병으로도 또는 독설로도 견딜 수 없는 아픔과 고통 등으로도 각기 다르게 해석할 수 있다.
　이러한 원리에서 김인자 시인이 쓴 「가시 울타리 넘어가는 법」이란 시를 살펴보자.
　사람은 누구나 깊숙이 자리 잡은 정신세계를 들여다보면 하나의 콤플렉스를 발견하게 된다. 이렇듯 김 시인에게도 의식 속에 갇혀 있는 관념의 세계가 시에서 보인다. 보이지 않는 가시 울타리가 바로 그것이다. 가시는 시적 자아를 마구 찌른다. 병이 심히 괴롭힌다는 뜻이다. 그런데도 보이지 않는다는 의미는 병을 치료할 수 없다는 말이다. 현대 의학이 최고조로 발달했을지라도 아직도 치료할 수 없는 병이 있으니 답답한 체

병은 나날이 짙어만 가고, 몸은 점점 쇠약해져 간다. 이를 2연에서 말해주고 있지 않는가?

그런데 시적 자아는 위기에 이르러 절망 대신 희망의 끈을 꽉 붙들고 있다. 이를 말해주고 있는 것이 뒤에 이어지는 3연이다. "가시 틈새로 따뜻한 바람이/ 불어와요/ 보이지 않는 바람이 따스한 바람이/ 가시를 녹여낼 것만 같아요" 시인은 교회 권사다. 믿음으로 주님을 바라며 말씀을 상고했을 것이다. "내 평생에 선하심과 인자하심이 반드시 나를 따르리니 내가 여호와의 집에 영원히 살리로다."(시 23:6)라는 말씀을 시인은 굳게 믿고 의지하고 있는 자세다. 믿음(바람)은 험한 가시(병마)도 두려워하지 않았어요라고 했으리라 믿는다. 맨 마지막 연을 보자. "아~/ 내가 따스한 바람이 되는 게/ 더 좋겠어요" 이는 믿음으로 더욱 승화시키겠다는 굳은 결심이라고 보고 싶다.

박수민 「두물머리 물」

양평 두물머리*
남쪽 들녘을 지나온 물과
북쪽 산골을 흘러온 물이 만난다
남과 북의 다른 산야를 거쳐 왔지만
낯가림하며 당황해하지도 않고
내 편 네 편 가르며, 으르렁거리지도 않으며
얼싸안은 한몸 되어 흘러간다
시시비비하지 않고
이기려는 마음 없이
더 깊고, 더 넓은 물 되어 평화롭게 흐른다
품 속에 사는 것들 안고서
방해물은 돌아서 언덕은 뛰어 내리며
주기만 하고 받을 맘 없이
아래로 아래로 거침없이 흘러간다
모두에게 인사하며
넓은 곳 바다를 향해 넘실대며 간다.
　　　　－「두물머리 물」전문 시집『부활연습』(창조문예사, 2015)
　　*양수리를 지칭 : 북한강과 남한강이 만나는 곳

「두물머리 물」은 평화통일을 염원하는 우리 민족의 절절한 심리가 담긴 시(詩)라고 하겠다. 특히 이 시의 주제를 상징적으로 표현한 '물'은 곧 '생명을 지칭한다.' 물이 있는 곳에 생명이 존재함 같이 '평화통일이 이루어질 때 우리 민족의 생명이 약동하게 되니' 이 얼마나 가치 있는 시인가?

실재의 삶 속에서 이루어지고 있는 불합리한 삶을 우리가 희구하는 삶의 가치로 이루고자 할 때 더 깊고 높게 드러내 놓고자 한다. 이러한 심리를 프로이드는 그의 심리학에서 잘 말해주고 있다. 잠재의식인 불안, 절망, 부조리, 구원 등등의 심리가 근본심리인 몽리(夢裡)의 세계와 결합해서 이루어질 때 새로운 의식세계가 이루어진다. 이런 심층적 사고가 바로 그것이다. 또 아리스토텔레스 시학에서 말했듯이 자기가 직면한 고뇌 따위를 밖으로 표출함으로써 강박관념을 해소시킴은 물론 심리적 사고를 더 깊이 드러낸다는 점에서도 이와 같지 않을까.

"양평 두물머리/ 남쪽 들녘 지나온 물과/ 북쪽 산골을 흘러온 물이 만난다"

'남쪽의 들녘'은 무엇을 말하며 '북쪽의 산골'은 무엇을 말함인가. 또 흘러온 물이란 어떤 의미를 지니고 있을까. 여러 가지로 풀이할 수 있고 해석할 수 있다. 그 하나를 말한다면 남쪽은 곡창지로 식량이 넉넉한 곳이요, 북쪽은 광물질 즉 지하자원이 풍부한 곳이다. 식량이 풍부한 곳에는 삶의 기쁨과 즐거움을 주는 것이요, 광물은 과학을 융성하게 일으키는 원동력이니 식량과 광물이 만남은 한없이 인간의 삶을 복되게 하는 것이다. 또 지나온 물과 흘러온 물은 무슨 의미일까? 거저 흘러온 물이 아니다. 하나하나 더듬고 새기면서 흘러온 것이니 거기에는 생명의 약동도 미래의 융성도 다 발전을 기약하는 것이다. 이 시에서 표현한 물의 만남이 바로 이것이다. 그러기에 남과 북의 만남은 지상천국의 만남이니 곧 통일은 이상세계인 유토피아(Utopia)를 이룸이 분명하다. 이 얼마나 우리 민족이 바라고 원하는 소원인가. 그런데도 지금까지 통일이 이루어지지 아니했으니 그 한(恨)을 풀어보려는 시심(詩心)이라 하겠다.

"남과 북의 다른 산야를 거쳐 왔지만/ 낯가름하며 당황해하지도 않고/ 내 편 네 편 가르며, 으르렁거리지도 않으며/ 얼싸안은 한몸 되어 흘러간다. (중략) 더 깊고 더 넓은 물 되어 평화롭게 흐른다. (중략) 넓은 곳 바다를 향해 넘실대며 간다."

조국이 남과 북으로 갈라진 지 지금으로부터 어언 80여 년의 긴 세월이 흘러가건만 그래도 따뜻한 민족 심리는 조금도 식지 않고 더욱 불붙듯 통일을 염원하고 있다. 그 갈망했던 통일이 이루어질 때 우리의 심리와 이상세계는 무한의 번영과 발전이 이루어질 것을 이 시는 말해주고 있다. 그 시구를 다시 한번 음미해 보자 "얼싸안고 한 몸 되어 흘러간다. 넓은 곳 바다를 향해 넘실대며 간다." 이것이 우리 민족이 가야 할 미래의 모습이라고 시인은 말하고 있다 하겠다. 다시 말하지만, 이 시는 통일을 염원하는 민족의 심리를 그대로 묘사한 시라고 하겠다.

박종윤 「양달과 응달」

장갑 낀 손끝이
살바람에 아리다

길가 새끼 언덕
북쪽에는 눈이
그 나머지에는
햇볕이 쨍

벤치 밑 그림자에는
어두운 눈
비켜 간 주위는
햇살이 그득

응달과 양달의 거리는
거기가
거긴 듯 보이는데

부모 삶 온도차로

응달 자식들이
힘겨워 한다.

- 「양달과 응달」 전문 『발자국마다 고인행복』(문예사조, 2022.)

이 시에서 말하는 「양달과 응달」은 무엇을 말함일까. 평자는 동양철학에 기반을 둔 의미로도 볼 수도 있고 한반도의 남과 북의 현실적 상황에서 본 바를 시로 묘사했다고 여길 수도 있다. 시는 작가의 손에서 떠나면 그때부터 독자의 시(詩)라고 흔히 말한다. 백인백색(百人百色)이란 말이 곧 그것이다. 그만큼 독자는 주어진 시에 대하여 자유로이 상상을 펼 수 있다는 말이다.

운동경기를 흥미롭게 관람하려면 경기의 룰(rule)을 잘 알아야 한다. 이렇듯 시도 감상과 이해를 제대로 하려면 작가에 대한 기본적인 이해가 필요하다. 평자는 작가와 10년이 넘도록 고등학교에서 두 차례나 만나 머리를 맞대며 학생들을 가르쳐 왔고, 또 대학 강단에 서기도 했다.

시 창작에는 일반적으로 기본적 관점에서 벗어나지 않는다. 문학의 성취를 위해서는 시의 구성의 원리와 여러 가지 요소들을 인식해야 한다. 시점의 선택부터 시작하여 화자와 청자, 이미지와 묘사, 역설과 상징과 비유 등으로부터 새로운 의미 창출에 이르기까지 독보적으로 작품을 창출한다. 이럴 때 시의 내용은 풍부해지고 높은 수준의 질로 독자들을 감동시켜 삶을 더욱 더 풍요롭게 한다.

이상과 같은 관점에서 「양달과 응달」의 시를 분석하고자 한다.

1연의 내용을 보면 "장갑 낀 손끝이/ 살바람에 아리다" 이 의미는 아무리 준비를 잘 하고 대비를 철저히 해도 혼란함은 여전하다는 말이다.

2연을 보자. "길가 새끼 언덕/ 북쪽에는 눈이/ 그 나머지에는/ 햇볕이 쨍"이라 했다. 첫 행에 길가 새끼 언덕이라 했는데 새끼의 본 의미는 무엇을 의미할까. 직설적 의미로 본다면 좁은 샛길이다. 그렇지만 무한한 상상의 세계로 인도하는 조형의 언어로 보며 뒷말을 이어볼 때 '새끼'의 의미는 두 자식을 상징한 언어다. 한반도에는 남쪽의 자식이요 또 하나는 북쪽의 자식으로 보고 싶다. 또 여기서 '언덕'의 의미는 '힘겹게 살아간다.'로 풀이하고 싶다. 결코 무리(無理)가 아니라 여겨진다.

3연을 보자. "벤치 밑 그림자에는/ 어두운 눈/ 비켜 간 주위는/ 햇살이 그득" 여기서는 '어두운 눈과 햇살이 그득'이라고 비교해 놓았다.

그러면 4연을 보자. "응달과 양달의 거리는/ 거기가/ 거긴 듯 보이는데" 여기서 말하는 거기는 실제의 거리로 아주 가깝다는 뜻이다. 남과 북은 38선의 한계만 있을 뿐이다. 한계 이외에는 비무장지대이니 거리가 얼마나 가까운가.

5연을 보자. "부모의 삶 온도차로/ 응달 자식들이/ 힘겨워한다."로 이 시는 끝을 맺는다. 여기서 '부모의 삶'은 통일된 조국의 삶으로 보고 싶고, '온도 차'는 사상(思想)의 차이다. 여기서 말하는 사상은 절대가치를 지니고 있다. 자기의 생각이 옳다고 여길 뿐 아니라 그 생각이 전 민족이 옳다고 여기는 그 생각을 위해서 자기 한 목숨을 초개같이 바치는 그러한 굳건한 생각이 곧 사상이다. 자기만이 옳다고 여길 뿐 남의 의견을 무시하는 그 생각은 응달진 삶이다. 그러기에 힘겨워 한다는 것이다. 참된 내일의 기쁨을 맞이하기 위해서 우리의 염원이자 숙원인 통일을 이룩하자 하는 암시적 의미가 있기에 평자는 '통일을 염원하는 시'라고 보고 싶다.

서상옥 「영혼의 노래」

영혼의 맑은 노래가
그리워온다
악마가 호흡을 정지하고
눈물 적시는 신(神)의 노래가

붉은 피 삭혀 백혈구 만드는
심장의 순환작용이
우리들 마음의 노래로
피어 나와야 한다

비바람이 헝클어져 올 때
태양은 구원의 천사라 한다

이제금 태양이 그립다
검은 밤 스치는 가슴을
화알짝 열어주는 붉은 태양

그 맑은 이야기 나누어 주는

아침 햇살이
죄악을 씻어주는
영혼의 노래가 그리워 온다.
　　　－「영혼의 노래」 전문 『연화정에 피는 우정』(북매니저, 2023)

"인간의 영혼은 영원불멸한 것이다"라고 '플라톤'은 말했다. 이 이론으로 볼지라도 「영혼의 노래」는 종교성이 짙은 시(詩)라고 하겠다. 이 시 마지막 연을 봐도 그렇다. "죄악을 씻어주는/ 영혼의 노래가 그리워 온다." 죄악을 씻어주는 것도 첫 연에서 "악마의 호흡을 정지하는 것"도 절대자 이외에는 그 역할을 해낼 수가 없다.

과연 그렇다. 생사화복(生死禍福)을 주장하시는 분이 바로 절대자뿐이기 때문이다. 영혼과 육체가 분리될 때 육체만 흙으로 돌아가고 영혼은 바람처럼 본향으로 돌아간다. 그러나 갈 바가 없는 영혼은 허공에서 떠돈다는 '샤만'의 이론이다. 영혼은 영원토록 존재하는 것이다. 이것이 종교의 원리요, 가치가 아닌가.

인간은 영혼과 육체로 구성될 때 존재의 가치가 주어진다고 본다. 인간의 마음을 움직이게 하는 것은 영혼이다. 진선미(眞善美)에 대한 감성도, 행복과 불행에 대한 인식도 영혼에서 흘러나온다. 사랑의 마음도 괴로움도 위험도 느낀다. 철학자들이 영혼을 무시할 수 없는 것은 온갖 감성이 존재하기 때문이다.

2연 1행을 보자. "붉은 피 삭혀 백혈구 만드는"이라 했으니 '붉은 피 삭혀'는 적혈구의 역할이 아닐까? 적혈구는 우리의 몸 밖에서 들어온 산소를 구석구석까지 운반하는 역할을 한다. 그렇게 한 치의 오차도 없이 세포 안의 대사조직을 일으킬 때 백혈구가 왕성해져 그 임무를 수행할 때 건강한 몸으로 이루어진다는 뜻이다. 이러한 의미로 이 시는 "우리들 마음의 노래로/ 피어 나와야 한다."고 했다.

3연과 4연을 보자. "비바람이 헝클어져 올 때／ 태양은 구원의 천사라 한다／／ 이제는 태양이 그립다."고 했다. 현실을 검은 밤으로 비유했기에 '밝은 태양이 그립다'는 뜻이다. 앞에서도 언급했듯이 이러한 상황에서 죄악을 씻어줄 분은 오직 절대자뿐이라는 믿음을 노래하고 있다.
　이 시인은 시적 자아를 통해 얼마나 절대자를 신뢰하고 의지하는가를 잘 보여주고 있다. 평자는 언뜻 성경 시편 23편 3절이 떠오른다.

　　"내 영혼을 소생시키시고 자기 이름을 위하여 의의 길로 인도하시는도다."

　우리 인간은 죄악 된 현실에서 살아가기에 죽을 수밖에 없는 게 영혼이다. 영혼은 죄악 된 현실 속에서는 존재할 수 없다. 다시 소생시키려면 깨끗해야만 한다. 절대자의 죄 씻음을 받아야만 의의 길로 인도할 수 있다는 뜻이다. 의의 길은 영혼의 소생이다. 영혼이 소생되어 육체와 결합될 때 완전한 인격으로 성장시킬 수 있다. 죄악으로 죽어간 영혼을 소생시키시는 이유가 여기에 있다.
　다시 말하지만 한 인간의 완성은 영혼과 육체로 이루어진다. 이 둘 중의 하나가 없어진다면 인간의 가치가 주어질 수 없다. 육체에서 영혼이 떠날 때 육체는 주검이다. 만일 최상의 의학에 의하여 의식 없이 숨은 쉬고 있다고 하자. 과연 그는 인간의 존재가치가 있을까? 그러기에 내 영혼을 소생시키시는데 자기(절대자)의 의를 위하여 의로운 길로 인도한다는 의미이다. 이는 믿음의 가치가 얼마나 존귀한가를 말해주고 있다고 하겠다. 시인은 이러한 의미에서 「영혼의 노래」를 부르고 있지 않는가 싶다.

신규철 「저절로는 없다」

저절로 나는 새는 없다
낮게 몸을 웅크리고
쉴 새 없이 날개를 퍼덕거려야
하늘 높이
날아오를 수 있다.

저절로 피는 꽃은 없다.
땅속에 뿌리를 박고
빛으로 어둠을 빨아들여야
바람 속에
꽃을 피울 수 있다

세상에 저절로는 없다
어둠 속 깊은 곳에서
눈물과 한숨이 들끓어야
길은 길에서 완성된다

세상에는 저절로는 없다.
　　　- 「저절로는 없다」 전문. 『그냥 걷다』(열린나무, 2021)

이 시를 읽으면 읽을수록 얼마나 생명의 가치가 얼마나 소중한가를 조용히 음미하게 된다. 지금 평자는 책상에 앉아 있음에도 생명체를 곰곰이 생각하고 있음은 이 시가 철학적 의미로 이루어졌기에 그렇다.

세상에 쉴 새 없이 이루어지는 생명체는 누구의 힘에 의해서 무엇의 작용으로 이루어지고 생동하는가. 이 시의 맨 마지막 끝 연이자 끝 행에 의하면 "세상에 저절로는 없다"고 했다. 이 시를 쓴 시인의 의도는 무얼까. 철학이나 신학으로 풀 수밖에 없기에 인간의 힘으로는 단언하기가 힘들다는 의미에서 이렇게 말하지 않았을까. 오직 절대자에 의해서 이루어지고 있기 때문이다. 태어남도, 활동함도, 죽음도 모두 그렇다.

"욕망은 삶이요 성취는 죽음"이라고 'R. 데멜'은 말했다. 인간의 삶 자체가 끝임 없는 욕망의 덩어리가 아닌가. 모든 생명체도 마찬가지다. 그 활동을 멈추면 그 시간부터 죽음이다. 죽음 뒤의 성취는 우리 인간의 눈으로는 볼 수 없기에 절대자의 은혜라는 의미로 R. 데멜은 말했을 것이다. 그렇다. 옳은 말이다. 그리고 "세상에 저절로는 없다."는 시인의 말도 삼라만상의 이치에서 볼 때 정확한 말이 아닌가.

하루하루 맞이하는 자연의 현상을 보자. 저절로 이루어진 듯하나, 어느 하나 그냥 움직이는 것이 없다. 창조주의 위대한 힘으로 이루어진다. 단 한 가지 이루어짐도 그렇다. 그 하나의 예를 보자. 저절로 이루어진다면 우리가 맞이하는 새날의 역사도 자연스럽게 인간이 요구한 대로 이루어져야 한다. 그런데 놀고 있고, 자고 있으면 저절로 이루어지는가? 가난이 도둑처럼 올지라도 밝은 내일을 맞이할 수 없다. 자연의 역사도 인간의 역사도 모두 그렇다.

이러한 의미에서 「저절로는 없다」의 시를 분석하고자 한다.

본 시는 위에서 밝힌 바와 같이 생물의 생태계를 철학적 의미로 이루어 놓았다. 그 방대한 의미를 124자의 글자로 형상화해 놓았다는 것은 시인의 예리한 눈과 관찰의 감각이 남달랐기에 그 많은 의미를 내포했다고 본다.

그 예로 새가 날개를 퍼덕이며 공중 높이 날 때의 몸의 형태를 생생하게 독자의 마음에 전달했다는 것은 어떠하며 꽃이 저절로 핀 것이 아니라 빛으로 어둠을 빨아들이는 구체적인 상황을 생생하게 그렸다는 점도 그렇다. 새가 공중을 날고자 하고, 꽃이 피고자 하는 것도 모두 본능적이기는 하지만 그 본능에도 날고 싶고, 피고 싶은 욕망이 내재해 있기 때문에 모진 역경을 인내로 극복한 것이다. 그래서 시인은 "세상에 저절로는 없다"고 거듭 말하며 끝을 맺은 지도 모른다. 참으로 의미 깊은 시(詩)라고 하겠다.

오성건 「나룻배」 외 1편

1)
아스라한 질곡의 세월
모진 굽이 휘돌아와
바람 부는 나루터까지 왔습니다

해질녘 어스름 선창
아득히 멀고 먼 본향
돌아갈 배를 기다리고 있습니다

혼자 왔다 또 황량이
홀로 외롭게 가는 길
타고 갈 배가 언제 올지 모릅니다

한 뼘 남은 붉은 노을
저리도 피를 토하니
배는 분명 우레처럼 올 것입니다

― 「나룻배」 전문

2)
나의 영혼을
주께
맡기나이다
받아 주소서

이 한마디가
내 생애
마지막 말로 멎게
하옵소서

주님!
　　　　　　　　－「소원」 일부 『한세상 사노라면』 (교음사, 2020)

1) 「나룻배」
　어느 누구나 인생의 석양은 찾아온다. 우리가 원하든 원하지 않든 그 시기가 닥쳐올 때면 한 번쯤 자신이 살아온 삶을 회고해 보면서 다가올 미래를 심오한 경지까지 연상해 보는 것이다. 피안의 세계까지 생각해 보는 그 심리는 어디에서 오는 것일까? 아마 허무한 인생임을 느끼면서 회의에 젖은 시간이 아닐까 여겨진다. 위 시 「나룻배」를 쓴 시인도 여기서 조금도 벗어나지 아니할 것이다. 그러면 본 시 「나룻배」 1연을 보자.

"아스라한 질곡의 세월/ 모진 굽이 휘돌아와/ 바람 부는 나루터까지 왔습니다."

　시인이 살아온 역사적 상황을 '아스라한 질곡의 세월'에 비유했다. 1930~1940년대 살아온 세대는 혹독한 일제강점기 시대의 탄압에 못 이겨 몸부림치면서 겨우 생명을 지탱해왔다. 그러다가 1945년 연합군의 승리로 8·15광복을 맞이했는데도 3년간의 미국의 신탁통치로 무정부 상태가 지속되었다. 1948년 대한민국 정부가 수립되었으나 민주주의 대 공산주의 사상적 대립으로 혼란의 와중이 지속되었고 1950년 6·25 전쟁이 발발하여 서울이 완전히 잿더미 화된 상황이었다. 1960년 4·19 이후 5·16, 12·12사태, 5·18 광주민주화운동 계엄령 선포 등 온갖 난리를 다 겪은 상황에서 '보릿고개'의 배고픈 역사까지 전부 겪었다. 당시의 삶은 아슬아슬했고 위태위태한 험한 세월이었으니 이 시에서 말한 "아슬아슬한 질곡의 세월"이 아닐 수 없었다. 얼마나 잘 표현해 놨는가. 불과 아홉 자로 30~40년대의 참상을 압축시킨 시어(詩語)로 묘사했다. 2연과 3연의 시를 다시 살펴보자.

"해질녘 어스름 선창/ 아득히 멀고 먼 본향/ 돌아갈 배를 기다리고 있습니다// 혼자 왔다 또 황량이/ 홀로 외롭게 가는 길/ 타고 갈 배가 언제 올지 모릅니다"

시인이 바라본 본연의 인생을 깊이 회상해 본 연이라고 하겠다. 어느덧 본향으로 돌아갈 연령에 이르고 보니 마냥 황량하게 느껴진 인생길이다. 가는 길마저 홀로 외로운 길임을 느끼며 타고 갈 배를 기다리는 시적 자아의 심정을 그대로 드러내 놓고 있다. 또 4연을 보자

"한 뼘 남은 붉은 노을/ 저리도 피를 토하니/ 배는 분명 우레처럼 올 것입니다"

1연에서 3연까지의 '아스라한 질곡의 세월, 본향으로 가는 황량하고 쓸쓸한 길'임을 표현했다면 마지막 연은 기독교인의 장엄한 자세로 감동의 명판을 보여 주고 있다. 참으로 수준 높은 시적 묘사가 아닐 수 없

다. 더욱 빛을 나타내고 있기에 그렇다. 그러면 4연의 이 시적 묘사를 분석해 보자.

　이 세상 인생의 시간과 해질녘이 얼마 남지 않았음을 '한 뼘'으로 묘사했다. 또 '붉은 노을'에 비유했다. 자연의 모습인 '붉은'의 상태를 그대로 표현했지만 다음 행에서 피로 묘사했다. 분명히 피는 생명이다. 힘찬 생명이요, 화려하고 장엄한 생명이다. 그 배가 우레처럼 올 것이라고 했다. 무슨 의미인가. 시적 자아가 타고 갈 배는 어느 누구도 상상할 수 없으리만큼 장엄한 고동 소리를 내는데 그 소리를 우레처럼이라고 비유했다. 우레는 천지를 진동하는 소리다. 참으로 장엄한 소리다. 일국의 대통령이나 수상이 오는데도 요란한 팡파르가 울려 퍼지는데 어찌 천지를 진동한 우레에 비유할 것인가? 만인이 부러워할 영광스러운 배에 타야 할 자는 시적 자아임이 틀림이 없다. 언제 올지 모르는 배이지만 분명 배에 탈 손님은 존귀한 분이다. 고귀한 가치를 지닌 분이다. 이 배는 천국으로 입성함을 암시해 주고 있다. 얼마나 만인이 부러워할까?

　이 시의 저자는 진실한 기독교인이다. 장로의 직분을 맡아 힘써 주님을 섬기는 신자다. 그러기에 이 시적 세계를 성경 말씀에 비춰 보고자 한다. 고린도전서 15장 58절 말씀이다. "항상 주의 일에 더욱 힘쓰는 자들이 되라. 이는 너의 수고가 주 안에서 헛되지 않을 줄 앎이라" 했다. 그리고 또 요한계시록 14장 13절 말씀을 보자. "성령이 이르시되 그러하다. 그들이 수고를 그치고 쉬리니 이는 그들의 행한 일이 따름이라 하시더라." 이 말씀을 가슴에 새겨온 자만이 소유할 수 있으니 분명 본시의 저자가 아닐까 여겨진다.

　2)「소원」
　3연과 4연을 조용히 음미해 보자.

"나의 영혼을/ 주께/ 맡기나이다/ 받아 주소서// 주님!"

간곡히 부르짖는 그 음성이 지금 이 순간도 생생히 들리는 것 같아 필자는 이 시평을 쓰면서 역시 눈시울을 적시고 있다. 그 부르짖는 호소의 음성은 맨 마지막 연, 한 행인 "주님!" 하는 그 외마디의 느낌표가 생생하게 음성으로 전달해 주고 있는 듯하다.

저자는 생사가 오고가는 위중한 수술을 두 번이나 받았다. 그때마다 기도에 응답해 주신 주님의 은혜에 감격하여 감사함을 잊지 않고 있다. 이 「소원」의 시(詩) 역시 주님께 '나의 영혼을 맡아 주소서'라는 간곡한 메시지를 맨 마지막 '주님께' 간절히 요청하고 있다. 이같이 주님께 온전히 맡기는 그 믿음의 기도는 헛되지 않았다. 야고보서 5장 15절의 말씀을 보면 "믿음의 기도는 병든 자를 구원하리니 주께서 일으키시리라." 그 말씀을 이루신 것이 현재 자신의 생명이라고 느끼고 있으니 늘 감사의 생활에서 이 시가 마음을 통해 우러나왔기에 '1)과 2)'의 시를 썼을 것으로 사료된다. 이 시를 믿음의 눈으로 바라볼 때 은혜가 넘치지 않을 수 없다.

이명옥 「그루터기에 축복이 피어나다」

그루터기에 불쑥 날아든 풀씨 하나
척박한 틈새에 터를 잡았다

길 잃은 씨앗 하나 다독여
햇살과 바람과 손잡고
너 그루터기,
그렇게 우주를 품었구나

그 여린 잎사귀,
조곤조곤 전하는 이야기에
어느새 나는
무릎을 꿇듯 옷깃을 여민다
-「그루터기에 축복이 피어나다」 전문 (2023 서울시(詩) 지하철 공모전 당선작)

　식물의 씨앗이 생명체로 피어남은 우주의 원리이자 가치(價値)다. 살아갈 터전에 햇살과 바람과 습기를 한결같이 공급받음은 축복이요, 뿌리 속에 감추어진 생명력의 활력을 계속 이어 받아 성장함도 축복이며 우리의 가슴을 활짝 열어 생명의 소중함을 느끼게 함도 축복이다. 이런 축복을 시인 이명옥은 노래하고 있다. 1연을 보자.

그루터기에 불쑥 날아든 풀씨 하나/ 척박한 틈새에 터를 잡았다

한 생명이 어디에 뿌리를 내렸느냐에 따라 성장과정이 달라진다. 물론 옥토에 내렸다면 퍽 순조롭겠지만 그것은 생명 그 자체가 선택할 수 없다. 오직 절대자의 뜻이다. 이것은 인간의 삶도 마찬가지다. 이를 인간은 운명이라고 부른다. 2연을 보자.

길 잃은 씨앗 하나 다독여/ 햇살과 바람과 손잡고/ 너 그루터기,/ 그렇게 우주를 품었구나

우주를 품었다는 것은 한 생명이 피어났다는 말이다. 우연일까? 결코 우연히 아니라 필연이라는 것이다. '햇살과 바람과 손을 잡고'의 의미는 자연의 도움을 받았기에 길 잃은 씨앗이 그루터기에 자리를 잡고 우주를 품은 것이다. 모든 생명체의 운명은 절대자인 자연의 도움에서 이루어진다는 뜻이다. 또 3연을 보자.

그 여린 잎사귀/ 조곤조곤 전하는 이야기에/ 어느새 나는/ 무릎을 꿇듯 옷깃을 여민다

여기서 눈여겨봐야 할 단어가 있다. 2행에 쓰인 '조곤조곤'이다. 말하고자 하는 바를 '하나도 빼놓지 않고 부드럽게 전한다는 뜻이다. 만일 타고난 운명이 불평으로 바꿔진다면 어찌 조곤조곤 전하겠는가. 운명은 극복할 의지가 주어져야만 이루어진다는 뜻이다. 다음 행을 보자. 시적

자아는 "어느새 나는/ 무릎을 꿇듯 옷깃을 여민다"고 했다. 아마 어린 잎사귀로부터 이미 주어진 환경을 기어이 극복할 수 있는 굳은 의지를 암시적으로 들었기 때문에 무릎을 꿇듯 옷깃을 여몄을 것이다. 의지의 생명력이 주어질 때 풍성해지는 것이다.

 식물의 생명은 뿌리에 있다. 뿌리는 연약한 듯 보이나 바위를 뚫는 힘이 있다고 박인로(朴仁老)는 그가 쓴 시조에서 말했다. 중장을 보자. "풍상(風霜)에 불변(不變)하니 찬지(鑽之)에 더욱 굳다." 이를 현대어로 풀이하면 '시린 찬바람과 된서리에도 굳건히 생명을 지켜온 뿌리는 변할 줄 몰라 생존을 위해서 바위를 뚫는다.'이다. '그 의지를 어찌 상상이라도 가능한가?' 생명으로 결집된 굳은 의지가 아니면 불가능하다.

 생존의 의지는 상상을 초월한다. 상상을 초월할 만큼 축복도 피어난다. 진정 축복의 원리를 67자의 시어로 우리에게 상징 또는 암시적으로 보여주고 있다. 참으로 많은 독자들의 가슴에 오래도록 남을 시(詩)라고 평자는 보고 있다.

이혜숙 「그리움」

그 언젠가가 언제인가
솜털 같은 하루하루가 쌓여
옛날이 되는 미명의 시간
꿈에 나왔는가
꿈은 어디에 있는가

아스라한 갈래 길
방울방울 떨어지는 낙숫물에
그리움을 흘려보내고 또 흘려보내도
담담한 마음 한켠이 시릿함은
그리움이 마음속 깊이에
메아리로 남아있어

언젠가 다가올 그날
그날을 기다리며
그대를 그리는 그 소망으로
살아왔고 그게 꿈이었다고
큰 그리움으로 사무치게 그리운

그 그리움으로 그날을 기다린다고

　　　　　　　　　　　　　　　　　－「그리움」전문

　이 시는 문향이 그윽하면서도 깊은 생명력을 담고 있다. 시어에 담긴 심오한 서정성과 시간과 공간의 배경 속에 풍부한 감성이 시정을 이룬다. 어쩌면 차안의 세계에서 피안의 경지에 이르기까지 또 하나의 그리움이 생명처럼 피어나고 있음을 볼 수 있다고 풀이함이 옳을 것이다. 그러면 이 시를 살펴보자.

　'그리움'은 이 시의 제목이요, 주제요, 영원한 가치다. 그리움은 시적 화자와 청자 사이에서 절절히 피어오른다. 그 그리움이 담고 있는 의미는 수사학에서 말한 역설법과 중의법으로 묘사한 작품이다. 차안의 세계에서 피안의 세계로 이어지고 있으니 무한한 경지를 이룬다.

　1연 첫 행과 그다음 행을 보자. "언젠가가 언제인가/ 솜털 같은 하루하루가 쌓여"라고 했다. 그 하루하루는 시인의 절절한 심정을 토해낸 것이다. 그이의 마음을 다음 행에서 표현했는데 솜털로 비유했다. 그처럼 부드럽고 아늑했는데라는 뜻이다. 그런데 "하루하루가 쌓여"라고 했다. 이별의 그 순간이 이토록 쌓여만 간다는 의미이리라. 나는 그대를 보내지 아니했는데 어찌해서 그리움만이 자꾸자꾸 쌓여 간단 말인가,라는 의미다. 다음 4~5행을 보자. "꿈에 나왔는가/ 꿈은 어디 있는가"라고 했다. 꿈에서라도 보고 싶은 그 절절한 심정을 토해낸 것이다. 이러한 나날의 심정을 "옛날이 되는 미명의 시간"이라고 했다. 그 시간을 헤아려 보면 그리운 심정은 어제 오늘이 아니라는 뜻이다.

　또 2연을 보자. 1행에서 "아스라한 갈래 길"이라 했다. 우리가 인식할 수 없는 멀고 먼 미지의 저 세계로 이어진 그 갈림길이다. 그곳으로 사랑하는 임을 보내었기에 잊으려 해도 잊을 수 없는 심정을 4~6행에서 잘 보여주고 있다. "담담한 마음 한켠이 시릿함은/ 그리움이 마음속 깊이에/ 메아리로 남아 있어"라고 했다. '담담한 마음 한켠'은 사무친 그리움을 역설적으로 표현한 것이다. 그 하나의 예로 유치환의 「그리움」이다. '진종일 헛되이 나의 마음은'이라고 했다. '헛되이'를 글자 그대로 정치법으로 풀이하면 '아무런 보람 없이'란 의미다. 이는 공리적인 생각의 발단이다. 어찌 유치환의 시심(詩心)이 이같이 한 단어에 국한하여 풀이하겠는가. 다음 행을 보자. '공중의 깃발처럼 울고만 있나니'라고 했다. '공중의 깃발은 깃대에 묶여 있다'는 뜻이니 이생의 몸은 오직 생각일 뿐 저생의 뜻을 조금도 행할 수 없다는 뜻이다. 이렇듯 이혜숙 시인의 심정도 그렇다. '담담한 마음 한켠이 시릿함은'의 담담함이란 아무리 많은 세월 동안 씻어내고 또 씻어냈을 지라도 '사무친 그리운 마음은 잊을 수 없어 끝내 마음 한켠이 시릿함으로 남아 있기에'라고 해석함이 시인의 마음이다. 그러기에 다음 행을 보자. '그리움이 마음속/ 깊이에 메아리로 남아 있어'가 자연스럽게 연결된다.

 마지막 3연을 보자. 첫 행에 '언젠가 다가올 그날'이라고 했다. 그날은 시인 자신이 맞이할 운명의 그날이라고도 할 수 있고 또는 피안에서 상봉하는 날이라고도 해석이 가능하다. 이 외에도 여러 가지로 풀이할 수 있다. 이처럼 풀이가 가능함은 중의 혹은 상징법으로 표현했기 때문이다. 맨 마지막 행 "그 그리움으로 그날을 기다린다"고 했다. 한 번 맺은 인연은 변할 줄 모르기에 '그리움으로 그날을 기다린다.'로 이 시의 끝을 맺었다. 그리움은 작가의 영롱한 가치의식이요 영원한 미소다. 이를 잘 형상화 시켰기에 그리움의 씨앗은 시가 되고 그 씨앗은 영원한 가치로 이어질 것이라고 평자는 사료(思料)된다.

임병용 「충분히 쓸쓸했음으로」 외 1편

1)
숨이 끊어지면
그뿐
그 어디에도
혼령은 없었다
햇살도 바람도 안개도 구름도 더 이상 그에게
손을 내밀거나
눈웃음조차 보내지 않았다
사람들만이
살아남은 자들만이
혼령을 얘기할 뿐
혼령들끼리는 눈길조차 주지 않았다
혼령은 조용히 그리고 충분히
쓸쓸했음으로
인간들의 제사상祭床에서…

　　　　　　　　　　－ 「충분히 쓸쓸했음으로」 전문

2)
단풍은

고승의 붉은 사리
　　자신의 몸이
　　불붙어
　　활 활 타오르는지도 모른 채
　　죽어간…
　　　- 「단풍은」 전문 『아침을 사랑하는 새』(휴먼컬처아리랑, 2022. 5)

　위의 두 시는 죽음과 깊은 연관성을 지니고 있다. 1)은 인생과 관계를 맺고 있고 2)는 식물의 최후와 연관성을 지니고 있다. 이들은 다 같이 생명을 마치고 난 뒤의 과정을 시화(詩化)했다. 그런데 위 시와 아래 시의 수사법은 다르다. 1)은 '역설'로 2)는 '은유'로 표현하여 시의 의미를 효과적으로 살리기 위함이다. 이 시 모두 매우 뜻깊은 정신적, 수직적 이미지를 형상화하고 있다고 본다.

　2) 시는 얼른 생각하면 무신론적 입장에서 본 바로 여기기 쉽다. 그러나 자세히 시어를 살펴보면 '혼령들끼리 눈길조차 주지 않았다'와 '혼령은(중략) 쓸쓸했음으로' 또는 '일찍 자리를 떴다' 등의 의도는 분명히 '혼령이 존재하고 있음'을 뜻한다. 그런데 서두에서 보면 '혼령은 없었다.' 그리고 '살아남은 자들만이 혼령을 얘기할 뿐'으로 엮여 있는데 이는 서로 상반되어 독자에게 전달하려는 뜻이 제대로 이루어지지 않는다. 역설적으로 풀이해야만 시의 뜻이 빛나고 시적 가치가 돋보인다.

　이 시의 제목부터가 그렇다. 「충분히 쓸쓸했음으로」라고 했으니 어떻다는 이야기일까? 시 뒷부분에 '혼령은 조용히 그리고 충분히/ 쓸쓸했음으로/ 일찍 자리를 떴다'고 표기했으니 분명 혼령은 살아 있음을 말해주고 있기 때문이다. 이렇게 앞뒤가 연결되어 의미가 해석됨은 역설적 의미로 해석함이 '옳다'라는 증거가 아닐까?

　이와 같이 역설적으로 해석해야만 시적 감성을 일으키는 시가 있다. 바로 김소월의 진달래꽃이다. 이 시 구절을 살펴보기로 하자. "나보기가 역겨워/ 가실 때에는/ 죽어도 아니 눈물 흘리오리다" 이 시구를 정치법으로 풀이한다면 '죽어도 눈물을 흘리지 않겠다.'라는 시인의 앙칼진 마음을 그대로 표현한 까닭에 '시'로서 가치가 없고 산문의 형식을 시로 옮겨 놓았을 뿐이다. 그러나 역설법으로 풀이한다면 '나보기가 싫어서 가실 때에는 나는 죽도록 눈물을 흘리겠습니다.'라고 해석된다. 이러할 때 감흥이 치솟아 우리의 가슴을 찡하게 울리게 한다.

그뿐인가. 시어의 종결어미를 보면 '혼령은 없었다.' '보이지 않았다.' '주지 않았다.'에서 과거시제인 '었' '았'으로 표기되어 있다. '었'과 '았'은 이미 지난 시간을 말해주고 있다. 그러므로 시인은 과거에는 그렇게 보았을 뿐 현재는 다를 수도 있다는 해석으로 풀이해 볼 때 역설적 의미로 봐야 함이 합당하다는 또 하나의 증거다.

2) "단풍은/ 고승의 붉은 사리"라고 했으니 '단풍은 고승의 고운 영혼을 의미한다.' 성자의 유골에서 나온 구슬을 '사리'라고 하니 '승화된 영혼' '고운 영혼'을 은유로 표현한 것이다. 이는 신과 인간의 수직적 관계로 이루어졌다. 다시 말하여 "활활 타오르는 지도 모른 채"라고 했으니 진정 불심이 맹렬히 타오르던 중에 죽음을 맞이하는 그 의미라고 봐야 옳겠다.

이 얼마나 훌륭한 상황을 시로 엮어 놓았는가. 동적인 상상력과 형태적 상상력을 시의 언어로 마음속의 느낌을 나타냈다는 것은 누구나 표현할 수 없는 문학적 자질인 지성적 의미를 독자에게 드러내 보였다고 함이 정확한 해석일 것이다. 다시 말하여 이 모든 기법을 사용함은 흥미를 진지하게 이룩하기 위함이다. 이것이 문학의 근본이 아닌가.

누구나 운동경기를 흥미롭게 관람하기를 원한다. 그러기 위해서는 경기의 룰(rule)을 잘 알아야 한다. 잘못 이해할 때 제대로 관전할 수 없다. 엉뚱하게 달리 풀이될 수 있기에 시평도 그런 의미에서 썼을 뿐이다.

정소빈 「굴포천 물결」

아가야 이리 온
물결 따라 흘러가자
새아씨 곱디고운 머릿결처럼
넘실넘실 흘러가자

아가야 어서 이리 온
이리저리 둘러보자
갈대밭 지나 움푹 패인 고랑을 지나
매끄러운 이끼 길을 지나
둥글게 둥글게 둘러가자

금빛 물결 고이 번져 색색빛깔 물들일 때
밤하늘의 별도 반짝반짝 수놓는다
아가야 이리 온 우리도 물결 따라 정답게 흘러가자
  - 「굴포천 물결」전문 『문학수』 2020. 1·2월호(통권 제1호)

참으로 청순한 호소 같기도 하고 어쩌면 훈훈한 정을 느끼게도 한다. 좀 더 맑고 좀 더 열띠게 그리고 자연의 섭리에 맞게 살아가려는 열망이 서려 있는 시(詩)라고 하겠다. 그러면 이 시를 분석해 보자.

1연에서 "아기야 이리 온"은 무엇을 의미하며 어떠한 음성일까.

아이는 순진무구함이요, 청순함이요, 미래의 꿈이다. 이런 아이를 향해 이리 오라고 한다. 참으로 순수함이 물씬 풍기는 호소력이 담긴 따뜻한 부름이다. 다정함이 흥건히 고인 부름이다. 아기를 향한 엄마의 정겨움이 가득 담겨 있고 사랑이 피어오르는 부름이다.

"물결 따라 흘러가자." 함은 또 어떠한 뜻이 담겨 있을까.

자연의 이치를 거스르지 말고 물결이 순응하며 흐르듯 그렇게 살아가자. 넘실거리듯 흥겨움으로 살아보자라고 엄마는 아기에게 간절히 당부하는 의미가 담겨 있다. 귓가에 은은히 들리는 그 음성, 참으로 아기가 맛보는 엄마의 정겨운 음성이다. 그윽한 사랑의 음성이기에 아기의 마음 저 깊숙한 곳에 흐르기를 간절히 기대하는 엄마의 바람이다.

2연을 보자. 1~2행에서 시적 자아인 엄마는 아기에게 이리저리 둘러보자고 권한다. 그리고는 3~5행으로 이어진다. "갈대밭 지나 움푹 패인 고랑을 지나/ 매끄러운 이끼 길을 지나/ 둥글게 둥글게 둘러가자"고 했다. '갈대밭'은 무엇을 의미할까. 마음이 자주 흔들리는 무리를 가리킴이 아닐까. 이기적인 욕망에 부딪혀 마음이 자주 혼란을 일으켜 안정을 잃은 사회에 얽매이지 말고 둥글게 둥글게 둘러가자고 했다. 이는 믿음과 신뢰가 오고가는 따뜻한 삶, 원만한 삶으로 이어가자는 간절한 소망이 담긴 엄마의 바람이다. 자식을 위한 간절한 바람이다.

3연은 또 어떠한가. 2행을 보자 "밤하늘의 별도 반짝반짝 수놓는다"라고 했다.

칠흑 같은 밤하늘엔 반짝이는 것이 오직 별빛이다. 맑은 밤하늘이기에 찬란히 빛나는 것은 오르지 별빛뿐이다. 그런데 여기서 주목할 점은 '별도'라는 단어다. '별도'는 그 앞 혹은 뒷말이 더 깊은 뜻을 지녔다는 의미를 암시해 주고 있다. 그러면 그 의미의 언어는 무얼까. 어머니다. 그도 어머니의 마음이다. 그 증거로 다음으로 이어진 3행을 보자. "아기야, 이리 온."이라 부른다. 엄마의 부름이다. "우리도 물결 따라 정답게 흘러가자."고 제안한 이도 엄마다. 그러니 어머니가 아니고 누구이겠는가?

  우리가 살아가는 오늘의 현실은 어떠한가. 훈훈한 인격과 인격끼리, 따뜻한 피부와 피부끼리, 부드러운 정서와 정서끼리 엉키어 사는 사회인가? 몹시 그립다. 못내 아쉽다. 우리의 현실을 보라. 경쟁과 경쟁의 의식끼리, 냉정한 계산과 계산끼리, 적대의 경계와 경계의 의식끼리 뒤엉킨 사회로 만연되어가고 있기에 사회는 고독의 병으로 이루어지고 있다. 참으로 큰일이다. 과거의 고독은 사람이 없어 고독했다면 오늘의 사회는 마음을 터놓고 이야기할 대상이 없기에 고독한 것이다. 고독한 군중은 불안의 의식으로 이어지기에 그의 의식은 사람을 병들게 하는 것이다. 그 하나는 오늘 우리의 사회에 만연되어가는 우울증이 아닐까? 몇 년 전 우리나라의 통계 숫자만 봐도 60%가 넘었다고 하니 얼마나 고독에 멍들어가고 있는가.

  「굴포천 물결」의 시는 엄마가 아기에게 당부하는 내용으로 된 시다. 아무리 정이 메마른 현실일지라도 엄마의 따뜻함은 아기에겐 평화의 터전이요, 희망을 열어가는 산실이다. 심리까지 치유하는 시가 아닐까? 비록 정서에 호소하는 한 편의 시일지라도 분명한 것은 아기에게만 아니라 엄마의 따뜻한 호소가 현대인들의 얼어붙은 심리까지 따뜻이 녹여내었으면 좋겠다는 평자의 바람이다.

최석산 「이 가을에」

이 가을에
사랑하고 싶습니다
서로가 사랑으로 익어
풍성한 열매가 맺을 수 있도록

이 가을에
높고 높은 하늘처럼
넓고 넓은 바다처럼
서로의 사랑이 꽉 채워지도록

이 가을에
우리 서로 사랑으로 채워져서
하늘을 바라보는 결실의 가을 풍경처럼
서로가 협찬의 세상을 살고 싶습니다.

이 가을에
이와 같은 사랑으로
나의 가슴과 너의 가슴에

우리 모두의 가슴에 열매 맺기를 바라본다
　　　－「이 가을에」 전문 『수필문학』 권두수필(2022. 9월호)

「이 가을에」의 시는 열매 맺는 자연의 가을로 생각할 수 있고, 이 시어(詩語) 속에 담겨 있는 민족의 염원인 서로 간의 사랑으로도 볼 수 있다. 이 같이 다양한 의미로 해석이 가능한 것은 응축된 시어로 쓰였기 때문이요, 이처럼 중의적인 기교의 이미지로 표현함은 시의 우수성을 말해주고 있다. 이렇게 볼 때 '한 민족 뿌리의 사랑이요, 배달겨레의 이상인 높고 넓은 사랑이 꽉 채워지도록' 하고픈 것이 이 시인의 염원이다. 그러기에 '나의 가슴과 너의 가슴이 하나가 되어' 서로가 협찬의 세상을 살고 싶어 하는 시인의 강렬한 의지의 염원으로 보인다.

　시는 예로부터 백인백색(百人百色)이라고 했다. 시 한 편을 읽고 나면 의견이 제각기 다르다는 뜻이기에 한 번 발표된 시는 작가의 손에서 벗어났기에 그때부터 독자의 것이 된다. 독자의 마음대로 해석한다는 뜻이다. 시인과 작가의 심리교류가 활발히 이루어진다는 근거다.

　「이 가을에」의 이 시는 파아란 하늘에 어디를 향해 가고 싶어 한다. '갈대의 몸부림,' 그렇다. 이 시인의 마음이 보인다. 마치 유치환의 「깃발」처럼 느껴지는 그런 의미라고나 말할까? 깃발은 깃대에 매달려 있다. 조금도 마음대로 훨훨 날을 수 없다. 이같이 일제의 강점기에는 총칼로 위협하기 때문에 민족의 염원인 아픔의 소리, 고통의 소리를 조금도 낼 수 없다. 이처럼 남과 북은 한 가족끼리 서로 얼싸안을 수 없는 정치적 현실이기에 '갈대처럼 몸부림쳐도 뿌리가 땅을 움켜쥐고 있기에 파란 이상을 향해 한 발짝도 나갈 수 없음'을 말해주고 있는 듯하다. 시퍼런 일제 치하의 총칼 앞에서도 당해보지 못한 그 서러운 삶을 살아가고 있기에 시인은 더욱 복받치는 울분을 쏟아 내는지도 모른다. 유치환의 깃발과 같다는 이유도 여기에 있는 것이다.

　통일은 우리 민족의 이상이요, 염원이요, 몸부림이요, 이니 퍽 안타까움이다. 「이 가을에」 시를 다시 한번 더 음미해 보면 이 시의 깊은 뜻을 헤아릴 수 있으리라 본다.

황영순 「친구」

그가 가까이 왔다
신작로 하나만 건너면 그의 집이다
그가 이쪽을 바라보며 하얗게 웃는다
나도 따라 웃는다
우리는 그렇게 웃으며 나이를 먹는다
정을 조금씩 쌓아간다
한 번쯤 건너올 수 없느냐고
어느 사이 스무 해
한 길, 한 뜻의 지기인데
(중략)
사뭇 멀리 달아나면서
금 그어놓고 금 그어놓고
신작로 하나만 건너면
손잡을 수 있는데
긴 강을 앞에 하고 커피를 마신다
전화로만 전화로만 커피를 마신다.
　　　　　-「친구」일부『네가 내 사랑임에랴』(마을, 2001)

한 인간이 살아가면서 누구나 맞이하는 사춘기에서 느낄 수 있는 예민한 감성을 노래한 시라고 하겠다. 1행과 2행을 보자.

그가 가까이 왔다/ 신작로 하나만 건너면 그의 집이다.

'그'는 시적 자아의 상대방이다. '가까이 왔다'는 다음 행에서 신작로 하나의 거리는 아주 가까운 거리다. 시적 자아와 화자는 가까이 살고 있다는 것이다. 2행에서 말하는 '신작로'는 19세기 말에서 20세기 중엽에 이르기까지 이루어진 '도로명'이다. 이 도로가 있기 이전 당시 우리나라 도로 사정을 보면 폭이 몹시 좁았다. 대도시를 제외한 우리나라 대부분 도로가 아무리 크다 할지라도 마차가 두 대가 비껴갈 정도였다. 산업이 발달되어 수송해야 할 물량이 많음에 따라 도로를 넓혀야겠기에 자동차가 양방향으로 마음 놓고 달릴 수 있도록 넓혀 놓은 도로명이 '신작로'다. 이 시가 쓰인 시대를 암시해 주고 있다. 다시 3행에서 5행까지를 보자.

그가 이쪽을 바라보며 하얗게 웃는다/ 나도 따라 웃는다/ 우리는 그렇게 웃으며 나이를 먹는다/

천진무구한 풋사랑 시기였다는 뜻이다. 풋사랑은 어려서 사랑의 깊이를 잘 모르나 이성에 대한 막연한 그리운 심리로 사랑의 감정이 싹이 트고 지각이 막 일어나는 시기다. 이러한 때는 감수성이 극도로 예민하기는 하나 새싹이 순수하듯이 사랑의 깊이를 깨닫게 되는 첫 단계이다. 이러한 사춘기 시기는 그리움이 가장 많이 피어오른다.

이성에 대한 애정과 그리움은 항상 아름다운 것이다. 그 아름다운 꽃에서 향기와 색채에 이끌리면 마음이 부드럽고 아늑해지는 것이다. 이러한 감성에 젖어 들 때면 이성이 그리워지고 자신도 모르게 웃음이 피어나는 것이다. 아름다운 순화인 것이다. 다음 행을 보자.

  정을 조금씩 쌓아간다/ 한 번쯤 건너올 수 없느냐고/ 어느 사이 스무 해/ 한 길, 한 뜻의 지기인데

 순결한 웃음이 강물처럼 흐르다가 어떤 계기에 이르면 의식세계로 나타나듯이 자주 그리움으로 번지는 순간 정은 조금씩 쌓아간다고 했다. 웃음이 정으로 심화되었다. 그리움이 찰싹거리는 물결보다도 더 눈부시게 가슴 속으로 여며온다. 가슴엔 듯, 눈엔 듯, 어쩌면 핏줄인 듯, 솟아오르고 도단도란 속삭이다가 어느 사이에 스무 해에 이르렀던 것이다.
 한 길, 한 뜻은 무엇을 의미할까? 서로 간의 한 길이요, 한 뜻이라는 것이니 마음이 소통하는 과정임을 말하고 있다고 봐야 옳다.

  (중략) / 사뭇 멀리 달아나면서/ 금을 그어 놓고 금을 그어 놓고/ 신작로 하나만 건너면/ 손잡을 수 있는데 / 긴 강을 앞에 하고 커피를 마신다/ 전화로만 전화로만 커피를 마신다.

 앞 행과는 사뭇 다르다. 자기 자신을 책임져야 할 연령이 이르렀다는 뜻이다. 상대방이 싫어서가 아니라 먼저 자신의 미래를 탄탄히 구축하자는 의미다. '금을 그어 놓고, 금을 그어 놓고'를 반복적으로 강조한 것도, 신작로 하나만 건너면 손잡을 수 있는 가까운 거린데, 그러나 강물 앞에서 커피를 마신다고 했다. 전화로만 커피를 마신다고 했다.
 금을 그어 놓고 보다 강물 앞에가 더 심화된 심리를 나타낸 것이요, 커피를 마신다 역시 행을 바꿔 가면서 반복하고 있다.
 커피를 마신다의 깊은 뜻은 무얼까? 그 예화를 보자. G.P.R 제임스는 "한 나라의 국사(國事)를 결정할 때, 때때로 커피에 의해서 결정된다."고

했다. 그만큼 커피는 각성제 성분이 함유되어 있어 한순간일지라도 정신을 맑게 해 줄 수 있기에 이런 말이 나온 것이다.

　밝은 미래가 주어질 때 행복이 보장된다는 뜻을 상징적으로 보여주고 있다고 하겠다. 이런 안목에서 볼 때 시의 세계는 진정 문학의 가치를 한층 높여준 본보기라 하겠다.

김계숙 「꿈」

어젯밤에
꿈을 꾸었어

훨훨훨
하늘을 날으는 꿈을
어찌나 신나던지

엄마가 말씀해 주셨어
"키가 크려고 꾼 거란다"라고

야호!
내가 키가 큰단다
나의 꿈이 큰단다

쭉쭉쭉 컸으면 좋겠다
하늘 높이 컸으면 좋겠다

- 동시 「꿈」 전문 『문학수』(2023. 11·12월호)

천진난만한 아동들이 꿈을 소재로 쓴 동시다. 평상시 잠잘 때 자주 꾸는 아동들의 꿈을 통하여 그들에게 이상세계를 펼치게 하려는 작가의 의도는 매우 바람직한 발상이라 여겨 이를 높이 평가하고 싶다. 그러면 다시 작품을 살펴보자.

"어젯밤에/ 꿈을 꾸었어// 훨훨훨/ 하늘을 날으는 꿈을/ 어찌나 신나던지// 엄마가 말씀해 주셨어/ 키가 크려고 꾼 거란다"라고

여기까지 1~3연은 어젯밤의 꾼 꿈을 엄마에게 말하고 엄마는 대답하는 형식으로 이루어져 있다. 진솔한 대화이다. 그러나 4~5연은 그 의미가 사뭇 다르다. 비록 어린 나이라 할지라도 엄마의 이야기를 듣고 자기의 뜻을 펼쳐 나가려는 동심의 세계로 이어지는 형식으로 이 동시가 구성되어 있다. 다음 4~5연을 살펴보자.

야호!/ 내가 키가 큰단다/ 나의 꿈이 큰단다// 쭉쭉쭉 컸으면 좋겠다/ 하늘 높이 컸으면 좋겠다"

이 내용은 4연 1행에서는 엄마의 말을 듣는다. 2행은 엄마 말을 유추하여 자기가 이루고자 하는 꿈으로 받아들이고 있다. 그러니 야호! 감탄이 나오지 않겠는가. 5연을 보자. 쭉쭉쭉 컸으면, 하늘 높이 컸으면 좋겠다고 어린이의 마음을 말하는 형식으로 이 동시는 이루어졌다. 여기서 말하는 꿈은 수사법으로 볼 때 중의법(衆意法)에 해당한다. 한 단어에 두 가지 이상의 뜻을 지닌 수사법이니 하나는 잠잘 때의 꿈을 말하고 또 하나는 이상의 뜻을 말하는 꿈이다. 비록 압축된 시어이지만 이 시어는 어린이들에게도 능히 이해할 수 있어 시인의 의도를 충분히 헤아려 의식의 변화를 일으킬 수 있을 것이다.

그리고 이 '동시(童詩)'의 기본 요소인 리듬이 잘 이루어지고 있어 어린 독자들이 노래하듯 흥미롭게 읽어 가는데 조금도 부족함이 없다고 여겨진다. 또 시어에 어려운 단어가 없고 까다로운 리듬이 없이 퍽 부드럽고 따뜻한 느낌을 준다. 어머니의 품속처럼 포근함을 느끼게 하는 '동시'다. 이렇게 평자는 보고 있다.

남창현 「처녀치마꽃 앞에서」

묵은 잎
온 영양분을 모아서
긴긴 겨울 추위 이기고
꽃 피우고 열매 맺고
늙어가네

새잎 보고
내년에
꽃 피우고 열매 맺는 일을
너에게
부탁한다고 하네
　- 동시 「처녀치마꽃 앞에서」 전문 『아름다운 신문』 2018. 6월호(중동교회신문)

　이 동시를 읽으면 호머의 말이 떠오른다. "낙엽은 이듬해 새잎들의 밑거름이 되는 것"이라고 했다. 옳은 말이다. 위대한 하나님의 창조원리도 자연의 이법도 담긴 내용의 말이기 때문이다.
　식물에서의 잎은 참으로 중요한 역할을 하고 있다. 잎이 태양광선을 받아 뿌리에서 빨아올리는 수액과 함께 탄소동화작용을 일으켜 만든 자양분을 다시 뿌리로 내려 보낸다. 그 자양분으로 나무를 성장시키고 꽃 피고 열매를 맺게 한다. 이것이 잎의 임무요 역할이다.

꽃의 아름다운 빛깔도, 탐스러운 열매를 맺는 것도 잎의 역할이다. 보라. 봄부터 가을에 이르기까지 화창한 날이 많아 잎이 태양광선을 맘껏 받을 때와 날씨가 우중충하여 잎의 기능을 못 했을 때, 꽃의 빛깔과 열매를 비교해 보면 확연히 다르다. 물론 수분도 절대적으로 필요하다. 그렇지만 잎의 역할도 이에 못지않다는 말이다.

본 동시는 2연으로 구성되어 있다. 1연은 시인이 말하고자 하는 핵심을 담고 있고 2연은 1연의 부연으로 이루어졌다. 그러기에 1연만 살펴봐도 시인의 의도를 짐작할 수 있으리라 여겨진다. 다시 1연을 살펴보자

"묵은 잎/ 온 영양분을 모아서/ 긴긴 겨울 추위 이기고/ 꽃 피우고 열매 맺고/ 늙어가네"

1행과 5행을 보면 '묵은 잎'과 '늙어가네'는 동일하게 단풍잎을 말해주고 있다. 가을이 되면 잎이 그간 만든 자양분을 나무가 다 흡수할 수 없기에 필요한 만큼 뿌리로 내려 보내고 남은 그 양분이 이파리에 남아 고운 빛깔로 우리의 육안에 보이는 것이 곧 단풍이다.라고 남 시인은 말해주고 있는 듯하다. 그리고 호머가 말한 것처럼 새잎들의 밑거름이 된다는 것도 이 시의 주된 표현이니 정말 쉬운 표현에서 깊은 의미를 담은 '동시'라고 하겠다.

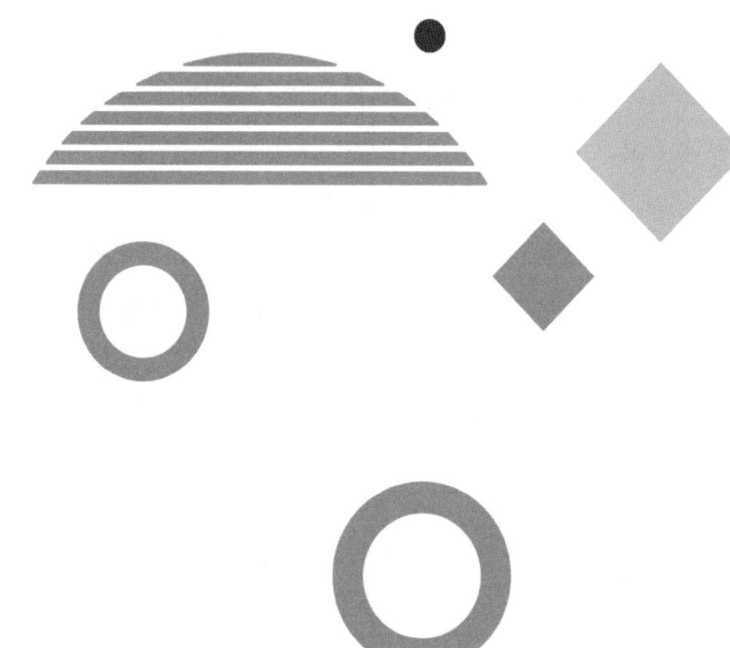

수필평론

IV

수필의 정체성과 작품에서 본 작가의 의식세계

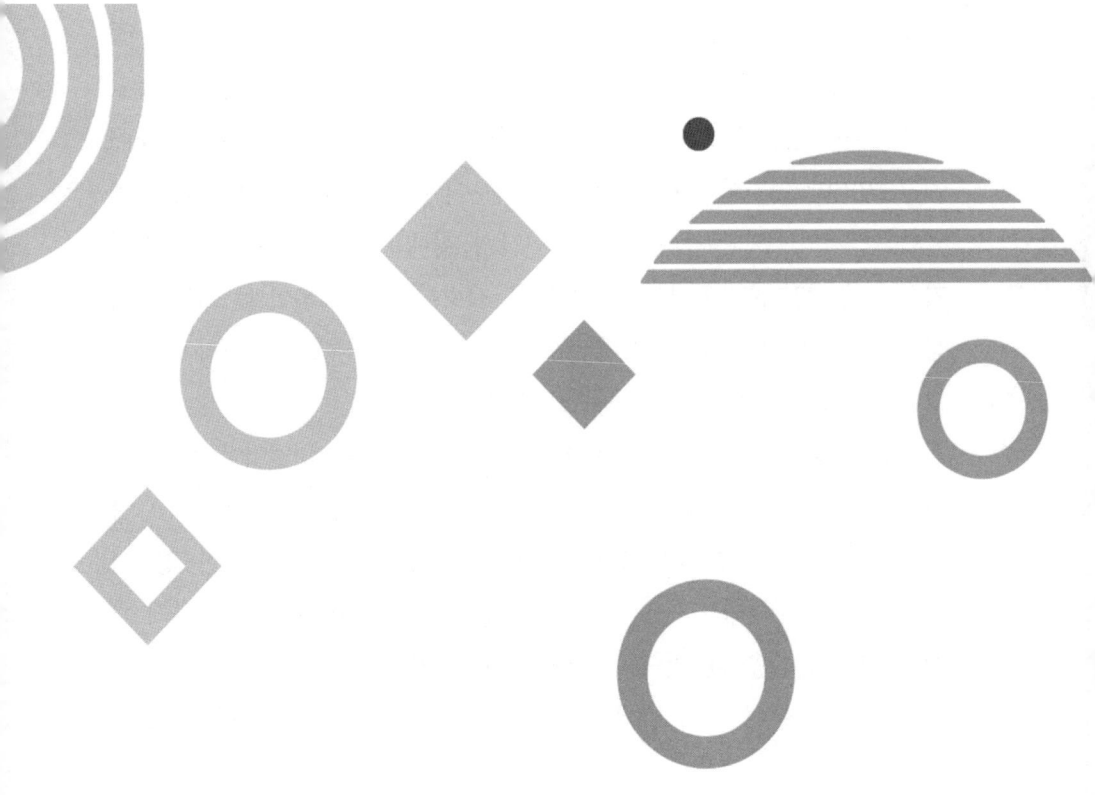

수필은 정(情)이 담긴 문학이다

　정(情)은 인생의 최고의 가치요, 생명의 근본이다. 그러기에 채근담(菜根譚)에서 "천지의 기운이 따뜻하면 생명이 돋아나고 차가우면 시들어 죽게 된다."(天地之氣暖則生 寒則殺)고 했다. 어찌 보면 자연의 원리를 그대로 말해 주고 있는 듯하다. 물론 모든 생명의 원리는 자연의 순리에 이루어지고 있지만 여기서 말하는 '천지의 기운이 따뜻함'이란 정을 말함이 아닐까. 천지의 주체는 인간이기에 인간의 삶에는 정이 있어야만 인생의 가치가 주어진다는 뜻이리라. 정은 곧 사랑이요, 그리움이요, 애정의 아름다운 감정이다. 이러한 정이 우리의 삶 속에 풍성이 이루어져야 한다고 그의 기록은 우리에게 말해주고 있다.

　수필은 삶을 형상화한 문학이기에 거기엔 정이 담겨 있어야 한다. 그것도 넘치도록 담겨 있어야 한다. 정이 있는 곳에 삶이 풍요롭고, 그 풍요로움 속에 삶의 가치와 맛이 이루어진다. 정에는 인간에 대한 정, 사물에 대한 정, 국가와 사회에 대한 정 등이 있는데 이러한 정을 글의 소재나 제재로 삼을 때 반드시 흥미를 일으키기 마련이다. 비록 비판적인 글이라도 그 안에 정이 담겨 있지 않으면 그 작품은 실패작이 되고 만다. 정은 부드러운 감정이다. 정의 만남이 곧 문학이다. 그러기에 정과 문학은 절대성을 지닌다.

 수필도 이와 같지 아니한가? 문학 중에서 유독 수필을 '생활문학'이라고 명명한 것은 무슨 까닭인가. 수필처럼 우리의 생활을 그대로 반영하여 구상화해 놓은 문학은 없다. 그러기에 우리와 가장 가까이 있는 문학이 곧 수필이라고 말할 수 있다.

 수필을 대별한다면 서정적 수필과 서구적 수필인 에세이로 구분한다. '수필'은 '정이 담긴 내용'이라고 한다면 '에세이'는 '지적인 경향이 짙은 내용'이다. 어느 것을 택하여 쓰든 작가의 마음이다. 그러나 혼용해서 쓰면 안 된다. 나의 삶을 중심으로 주관적 세계를 펴놓다가 지적 중심의 객관적 세계를 묘사한 에세이 형식을 취하면 안 된다는 것이다. 그런데 여기서 유의할 점이 있다. 서정적 수필이라 해서 전혀 지적감성을 담지 말라는 것은 아니다. 지적논리라 할지라도 개인의 정서에 융합하면 가능하다. 그러면 본지 124호에 실린 수필을 살펴보도록 하자.

김영례 「북촌마을」

 이 작품은 기행문 형식으로 쓰였는데 서울 북촌 한옥마을을 돌아보고 느낀 바를 쓴 수필이다. 한옥은 대대로 이어온 우리의 전통가옥으로서 옛 문화가 숨 쉬고 있다. 참으로 소중한 가치를 지닌 가옥이다. 그런데 우리는 그 가치를 잊으며 살아가고 있다. 본 수필은 그 진가를 새롭게 일깨워 주고 있지 않은가. 집 구조 하나에도 담에 기왓장과 돌들로 무늬를 놓음도 개성이 있고 이채로운 이념이 자리 잡고 있기에 소중한 우리의 문화다. 이를 소개하는 일이야말로 문화를 빛내는 일이기에 참으로 소중하다.

 또 이 수필은 우리 민족의 그윽한 인심을 이곳 찻집 주인의 정겨운 차(茶) 대접을 통해 소개하고 있다. 따뜻하고 훈훈한 우리네 인심이다. 이를 외국인들에게 보여주고 있기에 더욱 흐뭇하다. 마치 짐승들이 세찬 비바람을 능히 이겨낼 수 있도록 생태구조가 이루어져 있는데도 궂은 날씨만은 웅크린 채 활동을 멈추고 있다. 그러나 햇볕이 따뜻하고 포근할 때면 그들이 활발하게 활동을 재개하듯이 우리의 인심도 이와 마찬가지다. 본래의 심성이 착한데 위축받을 때도 있지만 따뜻한 정은 사라지지 아니하고 또 다시 피어나기 마련이다.

수필은 무엇을 주제로 삼아 그를 소개하느냐에 따라 독자들이 인식하는 바가 크게 달라진다. 작가의 사상이 내포되어 있기 때문이다. 그러면 이 작품을 살펴보자

> 서울의 북촌마을엔 오늘도 관광객들로 가득하다. 언제부터인지 한옥마을이 관광코스로 유명세를 타고 있다. 외국인은 물론 국내인들의 발길도 끊어지지 않고 밤낮 붐비고 있다.(중략)
> 온 동네가 아담한 한옥으로 들어서 있는 이곳은 일제시대인 1930년대에 지어진 집들이다. 그냥 중산층이 살기에 알맞은 작은 한옥들이 대부분이다. 기와지붕이 서로 맞닿아 있어 그 모양이 무척 이채롭고 아름다웠다. 돌을 쌓아 만든 담장과 기와조각을 박아 쌓아올린 담장, 여러 모양을 넣어 개성 있게 만든 담장도 재미있다. 어느 집은 談笑亭(담소정)이라 길게 써서 대문기둥에 걸어 놓은 집도 있고 醉綠濟(취록제)라 쓰인 현판이 걸린 집도 있다. 이런 현판글자를 음미해보니 슬며시 미소가 지어진다. 대문 앞에 놓인 작은 해태 조각상 한 쌍이 술 취한 주인을 반길 것 같다. 어느 집이나 담장 밖에 화분 몇 개가 놓여 있다. 틈새의 여유로움이다.(중략)
> 골목마다 이야기가 숨어있고 정겨움이 가득한 북촌마을엔 오늘도 아름다운 추억 한 장 담아가는 많은 사람들로 활기가 넘친다. 지나간 사람들이 잠시 머무르는 곳에서 나도 추억하나 담아 본다.
> － 「북촌마을」 작품 중에서 『한국문인』(2020. 10·11월호)

이 작품의 서두에 "서울 북촌마을엔 오늘도 관광객들로 가득하다. 언제부터인지 한옥마을이 관광코스로 유명세를 타고 있다. 외국인은 물론 국내인들의 발길도 끊어지지 않고 밤낮 붐비고 있다"로 되어 있다. 결미는 "골목마다 이야기가 숨어있고 정겨움이 가득한 북촌마을엔 오늘도 아름다운 추억 한 장 담아가는 많은 사람으로 활기가 넘친다. 지나간 사람들이 잠시 머무르는 곳에서 나도 추억하나 담아 본다."로 끝을 맺는다.

이 글 전체를 읽지 아니하고 서두와 결미만 읽어 봐도 서울 북촌 한옥마을이 얼마나 관광지로 유명세를 타고 있으며 정겨움이 넘쳐나는 곳인지를 넉넉히 느낄 수 있다. 독자들은 나도 한 번 시간을 내어 가 보고 싶다는 호감이 넘칠 정도이니 얼마나 필력이 대단한가?

이러한 문장은 어떤 형태의 글이든지 다 환영을 받는다. 특히 오늘날처럼 바쁜 생활을 하는 사람들에게는 '시간은 황금이다'(Time is money)란 말이 저절로 나온다. 이처럼 바쁜 시대에 사는 우리들에게는 절실히 필요한 문장이다. 이러한 문장들은 흔히 신문기사에서 그 실례를 찾아 볼 수 있는데 독자들은 제목과 결론 부분을 읽고는 다 봤다는 말을 한다. 이는 내용을 다 파악했다는 의미다.

모든 문장에는 글의 중심사상인 주제(Thema)가 선명해야 한다. 아무리 미사어구를 잔뜩 늘어놓는다 해도 의미가 통하지 아니하면 휴지통에 버려지게 된다. 「북촌마을」은 주제가 뚜렷하여 읽으면 읽을수록 흥미롭다. 여기서 흥미롭다는 말은 재미있다는 이야기보다는 전통문화를 깊이 생각해 보게 한다는 의미다. 표현이 적절하게 구사되었기 때문이다. '기와지붕들이 서로 맞닿아 있어 그 모양이 무척 이채롭고 아름다웠다'라든가 '대문 앞에 놓인 작은 해태 조각상 한 쌍이 술 취한 주인을 반길 것 같다.'는 표현, 그리고 '틈새의 여유로움'도 그렇고 '처음 서울살이 할 때 집주인이 전형적인 서울 양반이기에 깔끔하고 엄했으나 지금 돌이켜 보니 그렇게 지냈던 시간도 참 유익했다.'는 표현 등이다. 언뜻 보기에는 지극히 평범한 듯 보이나 씹으면 씹을수록 맛을 더해가기 때문이다. 이 같은 수필이 많으면 많을수록 독자들은 수필문학을 애호할 것이다.

김형애 「70년 만에 귀환」

이 수필은 액자구성으로 이루어져 있다. 6·25의 피맺힌 참상을 상기시켰다. 그러면서 다시는 '후손에게 넘겨줄 대한민국을 굳건히 지켜야 한다'는 작가의 강인한 호소로 이루어진 작품 구성이다. 6·25전쟁 당시 장진호 전투에서 참전했던 전사한 147명의 영령들이 70년 만에 조국의 품에 돌아와 봉환식이 거행되는 장면을 보고 쓴 수필이다. 1950년 6월 25일 북한은 평온한 일요일을 틈타 남한을 침공했다. 그런 무방비 상태에서 전쟁에 임할 수밖에 없었다. 그러기에 우리는 서울을 빼앗겼고 거침없이 낙동강까지 밀려 풍전등화의 위기에 이르렀다. 그때 유엔 참전국 16개 나라의 도움으로 서울을 탈환했고 그 여세를 몰아 북진하여 전쟁은 한국의 승리로 끝날 그 무렵, 중공군이 북한을 도와 인해전술로 처참한 상황에 이르렀다. 그때 유엔군 사망, 부상, 실종자가 1백 50만 명 이상, 한국군 전사자만도 12만 2천6백9명이다.

이러한 처참한 역사적인 상황을 결코 잊어서는 안 된다고 강력히 호소하고 있다. 여기서 작품에 나타난 작가의 피맺힌 호소를 살펴보자.

서울 공항에 귀환한 6·25전쟁의 영웅들은 70년 만에 조국의 품에 안겼다.
유해는 태극기에 싸여 말없이 7,000Km를 날아와 빗속에서 후배들의 가슴에 안겼다. 6·25 한국전쟁 당시 장진호 전투에서 전사한 147명의 영령이다. 이들을 위한 봉환식이 그들이 타고 온 비행기를 옆에 두고 거행되었다. 1950년 6월 25일 북한의 기습적인 남침으로 인하여 평온한 일요일을 맞고 있던 남한은 무방비 상태에서 이 전쟁에 임할 수밖에 없었다. (중략) 북한

김일성은 소련 스탈린의 허락을 받고 나서야 남침을 결정하고 전쟁을 일으켰다. 스탈린은 무려 48번이나 김일성의 남침을 거절하였고 전방위주의 게릴라전만 허용하였다 한다. 하나 김일성의 강력한 의지를 꺾지 못하였다.

유엔군 1,500,000명 이상의 사망, 부상, 실종, 행방불명으로 집계되었다. 보지도 못하였고 알지도 못하는 한국인들을 위하여 피부도 다르고 얼굴 모습도 다른 그들이 자신의 목숨을 내놓은 것을 생각하면 가슴이 먹먹한 통증과 함께 고마움의 눈물만이 흐른다. 한국의 전사자도 122,609명이나 된다.

오늘의 이 자리에 영령으로 돌아온 6·25전쟁의 영웅들에게 부끄럽지 않는 대한민국을 우리는 후손들에게 넘겨주어야 한다. 생명을 바쳐 조국을 지킨 이 나라의 젊은이들이 아닌가. 그들이 지금 우리를 바라보고 있다.

(중략)

아아 잊으랴 어찌 우리 이날을 조국의 원수들이 짓밟아 오던 날을 맨주먹 붉은 피로 원수를 막아내어 발을 굴러 땅을 치며 의분에 떤 날을/ 이제야 갚으리 그날의 원수를/ 쫓기는 적의 무리 쫓고 또 쫓아/ 원수의 하나까지 쳐서 무찔러/ 이제야 빛내리 이 나라 이 겨레(중략)

그분들의 고귀한 희생이 헛되지 않도록 대한민국의 자유민주주의를 우리는 굳건히 지켜야 하겠습니다.

고맙고 감사합니다. 영면하소서! 평안하소서!

　　　－「70년 만에 귀환」수필 중에서『한국문인』(2020. 10·11월호)

탄탄한 작가의 필력은, 통탄스러운 6·25 참상을 읽어가는 독자들의 가슴을 후비고 있다. 작가의 감정이 분출된 이 작품은 결론에 또다시 '장진호 전투에서 70년 만에 돌아온 6·25전쟁의 영웅들에게 부끄럽지 않는 대한만국을 우리는 후손들에게 넘겨주어야 한다.'고 강한 어조로 우리에게 호소하고 있다. 그러면서 '조국을 지키기 위해 생명을 바친 젊은 영웅들은 지금 우리를 지켜보고 있다'고 했다. 불꽃같은 영(靈)의 눈으로 우리를 향하고 있으니 생각해 보라. 사람의 눈은 속일 수 있으되 영의 눈은 절대 속일 수 없지 않는가.

한반도는 아직도 휴전이 아닌 전쟁 중이라고 했다. 지난날 '천안함 폭침'과 '연평도 폭격', 그리고 금년 6월 16일 개성에 설치된 '남북공동연락사무소 폭파'는 그 증거가 아닌가라고 했다. 그러면서 작가는 6·25 노래를 목청껏 3절까지 부르고 또 부르는 것이다. 불타는 애국의 의지가 강하게 표출된 작가의 심리임을 엿볼 수 있다.

"전쟁의 목적은 평화다."라고 일찍이 아리스토텔레스는 그가 쓴 윤리학 논저에서 밝힌 바 있다. 그런데 김일성이 일으킨 6·25전쟁은 어떠했던가? 파괴의 앞잡이요, 악의 산실이며 비극의 눈물이었다. 전쟁의 목적이 마치 포악에 있는 것처럼 잔인했다는 의미다. 민족상잔의 역사가 그를 말해주고 있지 않는가. 이를 일일이 열거하려 하니 피맺힌 한이 울컥한 마음을 진정하지 못한 채 작가는 이 작품을 썼기에 눈에 이슬이 맺힌다고 했다. 다시는 이 악랄한 전쟁은 없어야겠다. 그리고 6·25전쟁이 일어날 당시처럼 무방비 상태는 결코 없어야겠다. 철통같은 국방력으로 평화로운 대한민국을 지켜야겠다는 의지가 작품 곳곳에 스며 있다.

박수민 「비교될 수 없는 가치」

이 수필은 참으로 따뜻하다. 그러면서 철학이 담겨 있는 글이기에 더욱 알차다. 지난 1980년대 대부분의 지성인들은 누구나 할 것 없이 한 번쯤은 탐독했고 더러는 멋을 부리기 위해서라도 손에 들고 다녔던 수필집을 떠오르게 한다. 김형석 수필집과 안병욱 에세이집은 많은 철학성을 지녔기에 「비교할 수 없는 가치」란 작품을 읽을 때 그때의 생각이 자연이 떠오르는지도 모른다.

그 두 분의 수필집과 에세이의 공통점이 있다면 읽어도 또 한 번 더 읽고 싶을 정도로 독자의 마음을 사로잡고 있다. 이처럼 「비교할 수 없는 가치」 역시 그와 흡사한 내용이다. 뿐만 아니라 이 글을 쓴 작가의 인품이 그윽이 밀려오는 수필이라고 해도 조금도 부풀림이 없는 말이라고 여겨지기도 한다. 아무튼 이 작품을 읽기 시작하면 눈을 뗄 수 없으리만큼 유혹에 휘말려 끝까지 읽었다는 독자도 있으니 말이다. 그만큼 섬세한 묘사로 이루어진 작품이라 하겠다. 그러면 작품을 살펴보자.

　　우리 아파트 옆에는 유치원이 있다. 병아리 같은 꼬마들이 마당에서 뛰노는 모습을 보면 마음이 흐뭇하다.
　　모두가 예쁘고 귀엽다. 눈이 작은 놈은 작아서 눈이 큰 놈은 커서 귀엽다. 얼굴이 긴 놈은 길어서 둥근 놈은 둥글어서 예쁘다. 웃는 놈은 웃어서 우는 놈은 우는 모습이 귀엽다. 모두가 좋다. 거기에는 우열의 기준이 없기에 비교에서 차별할 수 없다. 하나하나가 천진하고 순수한 자기만의 가치를 지녔기 때문이리라. 이러한 것은 초등학교나 중고등학교 교정에서도 느낄 수 있을 것이다. 자라나는 천진한 청소년들을 석차를 정해 평가한다면 얼마나 잘못된 교육인가 하는 생각을 했다. 이러한 것은 어른 사회에서도 적용되지 않을까? 사람들은 외모나 재능이 다양하고 취미도 각각 다르다. 그리고 그 재능에 따라 다양한 직업과 다양한 활동을 하며 살아가고 있다. 사람은 그 하는 일에 따라 그만이 풍기는 위엄과 아름다움이 있고 그것은 무엇과도 비교할 수 없고 우열을 가릴 수 없는 그만의 소중한 가치일 것이다. 창조주 하나님께서도 이러한 세상을 보면서 "보기에 좋았구나" 하실 것 같다.
　　'너희 한 사람 한 사람은 온 우주보다 소중한 존재다.'라는 그리스도의 말씀을 다시 한번 음미해 본다. 그런데 안타까운 것은 현실의 사람들은 주관적인 고정된 가치관으로 사람들을 평가하는 경우가 너무 많다. 외모나 재능, 가문이나 재산, 지위나 학벌 같은 것으로 우열을 정하고 이웃을 폄하하기도 하고 추켜세우기도 한다.(이하 생략)
　　　　－「비교될 수 없는 가치」수필 중에서『한국문인』(2020. 10·11월호)

"철학은 회의(懷疑)로부터 비롯된다."고 '소크라테스'가 말했다. 철학은 인생의 최고 이념이기에 외적인 것보다 내적으로 충실해야 한다. 마치 건강은 외관(外觀)에 있지 아니하고 내부에 결집되어 있는 것과 같다 하겠다. 이렇듯 이 작품의 발상은 회의에서부터 시작했으나 내면의 세계로 이어진 것이라고 보아야 옳다.

이 작품은 "우리 아파트 옆에는 유치원이 있다. 병아리 같은 꼬마들이 마당에 뛰노는 모습을 보면 마음이 흐뭇하다. 모두 예쁘고 귀엽다."로 서두가 시작되었다. '왜 저리도 한결같이 예쁘고 귀여울까?'라는 작가의 회의에서부터 착상이 이루진 것이다. 생각해보니 원생들은 물론 초·중·고등학생들은 어느 누구나 평등한데 석차를 정해 개개인을 평가한다는 것이 얼마나 모순된 교육인가를 생각하게 된다. 이러한 것은 어른 사회에서도 적용되지 않을까? 이렇게 생각하다보니 전날에 「웨스트포인트」라는 미국 영화에서 보았던 사관학교 졸업식 장면이 떠올랐다.

시상식 순서가 됐다. 성적이 우수한 생도들이 시상대에 오르고 그 뒤 꼴찌인 흑인 생도도 시상대에 오르는 것이다. 이 정경을 지켜본 작가는 다소 의아한 마음으로 스크린을 응시해 보았다는 내용이다. 우리의 시상 기준과는 너무도 다르기 때문이었을 것이다. 그런데 꼴찌인 흑인 생도가 시상대에서 상을 받는 모습이나 얼굴의 표정, 그리고 태도가 너무도 당당했다. 그뿐인가? 그곳에 참석한 모든 사람들 역시 다른 시상자들보다 더 뜨겁고 열렬한 환호와 축하를 보내주고 있었다. 저들은 왜 저럴까? 곰곰이 생각해 보지 않을 수 없었다.

그 의미를 정리해 볼 때 학교에서 정한 성적의 석차 순과 학생 개개인이 지니고 있는 가치는 별개였음을 깨닫게 되었다. 이렇듯 성인들에게도, 모든 인간에게도 마찬가지다. 다른 사람들이 범할 수 없는 소중한 소질과 창의력 그리고 각기 다른 심성을 지니고 있음을 그들은 본 것이다. 심안(心眼)으로 보고 높이 평가한 것이다. 우리가 흔히 천성 혹은 천직이란 말을 쓰면서 상대방의 직업이나 성품을 높이 평가하는 것과 같은 의미다. 이러한 품성은 인간만이 지니는 그윽한 향기다. 온 누리에 퍼져 행복감을 느끼게 하는 것도 이 때문이리라.

"너희 한 사람 한 사람은 온 우주보다 소중한 존재다."라고 성경은 우리에게 말씀하고 있다. 이 말씀을 우리도 마음속 깊이 새겨 실천에 옮겨야 한다고 본 작가는 작품을 통하여 암시해 주고 있다. 얼마나 소중한 의미인가? 훌륭한 수필은 우리의 삶의 현장에서 보고 느낀 바를 진솔하게 표현해 놓은 문학이기에 독자들이 수필을 선호하는지도 모른다.

배대균 「김덕형 옹 이야기」

배대균의 「김덕형 옹 이야기」 수필을 읽는 동안에 불현듯 "불은 쇠를 단련시키고 역경은 사람을 단련시킨다."라는 'L.A 세네카'의 말과 "역경보다 나은 교훈은 없다"는 'B 디즈레일리'의 말이 떠오른다. 이 말의 의미를 뼈저리게 느끼며 살아온 세대가 불과 얼마 전이었다. 적어도 60~70년대의 삶이 그러했기에 구태여 앞에서 말한 그 의미를 설명하지 않아도 되리라.

특히 역경을 딛고 살아온 우리 역사의 질곡이 얼마나 많았던가. 이 수필에서 말하는 1945년 이후만 보더라도 우리의 삶은 험난한 가시밭길이었다. 한(恨) 많은 인생길이었다고나 할까? 그만큼 역경에 시달리며 눈물 속에서 살아온 한 시대의 역사를 이 작품에서 보는 듯했다. 불과 200자 원고지 12~13매 정도의 분량으로 역사의 한 단면을 생생히 기록했다는 것은 대단한 필력이라 하겠다. 그러면 이 수필을 살펴보자.

남해읍에 '미공군전공기념관'이 있다. 생소한 이 기념관은 사연이 깊다. 생명을 담보로 했던 김덕형 옹의 이야기다. 남해읍의 앞산 망운산(780m) 중턱은 1945년 8월 7일 이른 새벽, 큰 폭음과 함께 불길이 치솟았다. 새벽의 김덕형 옹(당시 31세)은 이 장면을 생생히 바라보았다. 아침 일찍 그곳으로 향했는데 현장은 놀라웠다. 산산조각난 비행기와 시신들이 사방에 널려 있었다. 이 비행기는 승무원 11명의 미공군 B-24 폭격기이며 여수시의 '일본 군사시설'을 폭격하려던 중 대공포에 맞고 망운산에 추락했다는 이야기였다.(중략) 김 옹은 결심했다. 이곳의 시체들을 수습하고, 훗날 고국으로 돌아가야겠지.

김 옹은 일꾼들과 함께 그곳에 도착했다. 하루 이틀 사이 현장은 놀랍게 변했다. 비행기 잔해들은 간 곳 없고(중략) 인부들은 소스라치게 도망가고 김 옹도 넋을 잃었다. 가까스로 인부들은 11구의 돌무덤을 만들었다.

김 옹은 진주 주재소(오늘날의 경찰서)에 끌려갔다. 그때 2차대전 말기, 일본군은 태평양 전쟁에서 패배를 거듭하고 그 분노를 엉뚱하게 식민지 조선 사람들에게 강제징용과 여성도우미 몰이를 더해가고 김 옹에겐 더한 고문이 있었으니 그들은 실탄을 장전한 장총을 입에 물리면서 미국의 첩자임을 강요했다. 현장에서 사살할 참이었다.

세상사는 기적이라는 것이 존재하는가. 조선 사람들의 36년간 식민지 압박은 그칠 줄 몰랐는데 어느 한순간에 자유의 나라가 되니 이름하여 8·15 광복의 기적이었다. 조선 사람들은 죽음의 날들로부터 해방되고 여기 김 옹은 바로 그중의 한사람이 되었다.

김 옹은 고향 땅 남해로 돌아오고 바로 즉시 망운산 미공군 기념비 건립을 시작했다. 시골 살림의 어려움 속에서 10년이 걸려 완성되고, 가게 위층은 미공군 11명의 장병 사진과 함께 기념관을 만들었다. 이 낌새를 알아차린 미국은 미국 시민 최고의 공로훈장을 수여했다. 김 옹은 소원을 말하라는 미국 측의 권유를 조건 없이 뿌리치니 1965년 남해대교가 준공되었을 때 미국의 원조가 있었는데 김 옹의 덕분이라고들 전하고 있다.

- 「김덕형 옹 이야기」 수필 중에서 『한국문인』(2020. 10·11월호)

1945년 8월 7일, 해방을 불과 8일 앞둔 날 미공군 B-24 폭격기가 여수시에 있는 '일본 군사시설'을 폭격하려던 중 일본군 대공포에 맞고 추락했다. 비행기는 산산조각이 났고 승무한 미공군은 모두 전사했다. 김덕형 옹은 전사한 11구 유해만이라도 수습하여 훗날 고국에 있는 부모형제에게 돌려보내겠다는 고운 마음씨로 각각 돌무덤을 만들었다. 이것이

발단이 되어 김 옹은 진주 주재소에 끌려갔고 미군의 첩자라는 누명으로 모진 고문을 받은 뒤 곧 사살 당할 뻔했다. 그 순간 8·15 광복을 맞아 구사일생으로 살아났다. 김 옹은 당시 31세의 젊은 나이로 곧바로 고향에 돌아가 남해읍에 기념비를 세우고 시골 살림의 어려움 속에서도 10년에 걸쳐 '미공군전공기념관'을 건립했다는 내용이다.

뒤늦게 알게 된 미국은 김 옹에게 미국 시민 최고훈장을 수여했고 "당신의 소원을 말하라" 할 때 조건 없이 뿌리쳤다. 그 뒤 1965년 남해대교가 준공되었을 때 미국의 원조가 있었는데 김 옹 덕분이라고들 전하고 있다고 했다.

이 수필의 결미에 "망운사 추락현장은 외롭지 않다."고 했는데 "당시 초대 이승만 대통령은 자필로 쓴 기념비를 세웠고, 김대중 대통령은 전적지를 다시 손질해 주었으며, 훗날 김영삼 대통령은 다녀갔다"는 내용이다. 이같이 정부에서도 그 의미를 인정해 주고 평가해 주는 '미공군전공기념관'이었다.

이 수필은 우리에게 큰 의미를 암시해 주고 있다. 과거 피로 얼룩진 상처의 역사를 가슴에 안고 그 아픔을 소중한 체험으로 여겨 '새 시대의 역사, 찬란한 역사로 이룩해 달라.'는 작가의 간곡한 염원이 담겨 있다.

신문웅 「두견주(杜鵑酒)의 반기(叛起)」

수필은 다른 문학 장르보다 특이하게 다른 점이 있다. 작가가 직접 등장하는 특징을 가지고 있다는 점이다. 그러기 때문에 수필에는 작가의 사상이나 감정이나 철학 그리고 생활의 숨소리까지도 들을 수 있다고 하겠다. 이러한 면에서 신문웅의 「두견주의 반기」에는 생활의 향기가 그윽이 풍겨 나온다. 인생의 생명감과 정신의 행복감까지도 자아내는 그의 수필은 얼마나 싱그러운가?

물론 인생에는 희로애락(喜怒哀樂)이 존재한다. 그리고 풀과 꽃같이 짧은 인생임도 부인할 수 없다. 그러기에 어떻게 사는 것이 보람 있고 즐겁게 사는 길인가, 하는 것을 두견주를 통하여 우리에게 말해주고 있다. 일찍이 몽테뉴는 그의 수상록에서 "인생의 효용은 그 길이에 있지 아니하고 그것을 사용하기에 달려 있다. 짧게 살고도 오래 사는 자가 있다"고 말했다. 어쩌면 삶의 깊이를 잘 말하고 있는지도 모른다. 여기서 「두견의 반기」를 살펴보자.

나는 두견주(杜鵑酒)를 좋아한다. 내가 좋아하는 두견주는 일 년에 꼭 한 번 이른 봄날에 마신다.(중략) 초대한 손님들이 자리를 잡고 모두가 앉으면 맑은 소주가 하얀 종이컵에 따르고 그 종이컵에 진달래꽃 한 송이를 띄우면 훌륭한 두견주가 된다. 소주잔에 꽃잎을 넣어 띄우면 그 종이컵은 금방 연분홍빛이 종이컵에 반사되어 아주 아름다운 연분홍빛 두견주가 되어 향내 또한 그윽하다. 참석자 모두가 그 희한한 고운 빛깔에 감탄하면 나는 호기 있게 잔을 들고 제의를 하면서 모두에게 "내년 이맘때 죽지 않고 다시 만날 이 두견주를 위하여…!"라고 소리를 높여 외치며 잔을 들며 두견주 파티의 하이라이트(high-light)가 이루어진다.
이때 마시는 술맛은 정말 최고의 술맛이 된다. 따스한 봄볕이 내리는 정원 뜰에서 새로 맞이하는 초봄의 상큼한 냄새와 가슴속으로 파고드는 따뜻한 봄날과 겨우내 추위와 실내에 갇혀 있던 속박감에서 해방되어 맞이하는 화안한 즐거움과…!
이제 한창 피어오는 춘록(春綠)의 봄기운과 녹음이 한없이 무성하여 짙푸른 숲을 기다리는 마음이기에 그 두견주는 가슴이 활짝 열리는 한결 풍성한 즐거움과 상쾌한 마음이다.
때로는 사람의 소박한 삶 중에서 인생의 즐거움과 행복의 쾌감을 만끽하고자 하는 마음의 여유를 갖고 싶어 한다. 생명의 귀중함을 스스로 발견하게 되고 마음속 깊은 곳의 영혼이 오히려 더 아름다운 세상에 밝게 비쳐진 삶이 나를 온유(溫柔)하게 한다. 그러한 아름다움은 자유로운 정신적 사유(思惟)의 세계로 인도될 것이기에 두견주의 심오한 철학이 여기에 있다.

- 「두견주와 반기」 수필 중에서 『한국문인』(2020. 10·11월호)

「두견주(杜鵑酒)의 반기(頒起)」를 읽으면서 음풍농월(吟風弄月)을 즐기던 옛 선비의 멋이 되살아 난 듯한 느낌이다. 이른 봄, 따뜻한 한 날을 택하여 정원에 제일 먼저 핀 진달래꽃 십여 송이를 따다가 두견주를 만들어 주연(酒宴)을 폈다는 이야기다. 주연장에서 이루어진 대화며, 대화 속에 얽혀진 분위기, 그 분위기를 이루기 위한 표현 하나하나가 어쩌면 그렇게도 옛 선비들의 그윽한 멋을 닮았을까?

주연이라고 하니 거판한 술잔치를 연상할지 모른다. 그러나 주연 장소는 "마당 야외에서 사용하는 자리"라고 했으니 마당에 놓은 널찍한 평상쯤이 아닌가 싶고, 두견주는 맑은 소주에 한 송이 진달래꽃을 띄워 하얀 종이컵에 따른 술이며, 안주는 김치와 주연의 장소에서 직접 숯불에 구운 등심에다 야채를 곁들인 정도이다. 비록 그런 소박한 주연일지라도 이 수필의 결미에 "자연은 우리에게 삶의 즐거움을 주고 때론 진달래가 인생의 멋을 한껏 주니 마음은 하늘을 날고 세월은 풍성하게 쌓여만 가네 그려 허허…" "벗들이여, 어서어서 주선(酒仙)이 되어 쌓이고 쌓인 풍진의 번뇌나 잊고 덧없는 세월이나 농하세."라고 쓴 의미는 옛 선비들의 풍류에 조금도 뒤지지 않는 향연의 의미다.

이 수필은 마음과 마음을 나누는 귀한 수필이다. 어찌 보면 두견주 화회(花會)는 이미 30여 년을 이어져 오고 있다고 했으니 이토록 정(情)을 소중히 여기는 저자의 인품이 마냥 돋보인다. 끝으로 이 글은 진솔한 삶의 모습을 개성 있게 표현한 문장력은 정말이지 뛰어나다. 부디 건필을 빈다.

수필은 사유문학이다

　수필을 사유문학이라 함은 작가의 체험을 통해 인생관과 세계관을 표현해 놓았다는 점이다. 물론 다른 문학도 그런 요소가 다분히 담겨 있다. 그러나 수필이 특이하게 다른 바는 작가인 '나'가 중심이 되어 지성적이고 사색적인 정신세계를 진솔하게 형상화해 놓았기에 그러하다. 다시 말한다면 수필은 담담한 작가의 생활 속에서 얻어진 실상에다 삶의 의미를 부여시켜 독자에게 공감대를 형성해 주는 문학이다.
　여기서 말하는 '진솔'은 소설에서 말하는 진솔의 의미와 확연히 다르다. 소설은 허구로 이루어진 문학이기에 진솔의 의미는 있음직한 이야기이지만 수필은 사실 있는 그대로 형상화한 문학이다. 문자 그대로 진실하고 솔직함이란 뜻이다. 이런 관점에서만 봐도 수필이 사유문학임을 쉬 알 수 있다.
　문학에는 흥미 즉 맛이 있어야 한다. 시는 소화를 잘 시킬 정도로 꼭꼭 씹을 때 맛의 진가를 느낄 수 있고, 소설은 씹으면 씹을수록 맛을 느끼게 되며, 수필은 후루룩 마셔도 혀끝의 미각에 자극을 주어 맛을 감지할 수 있다. 이같이 문학은 맛을 낸다. 그 맛이 조금씩 다르기에 독자들은 구미에 맞는 것을 골라 선택하면 된다.

　동서고금을 통하여 인간의 진솔한 삶, 거기에는 사랑이 절대적으로 필요하다. 문학에서 사랑이 대주제가 되어온 것도 그 때문이다. 여기에 인생의 철학도 삶의 가치도 영혼으로 통하는 길도 열린다. 사랑을 표현하기 위해 문학에서 상상의 세계가 절대적으로 필요하다. 상상의 세계, 이 요소는 문학의 본질이다.

　그렇다면 수필이 진솔한 삶을 형상화하는 문학이라고 했으니 그 안에 어떻게 상상의 세계가 낄 수 있겠는가라는 의문점이 있겠지만 수필에는 상상의 세계가 풍부히 들어 있다. 사실을 진솔하게 표현해 놓고 작가의 생각을 덧붙이면 훌륭한 상상이 된다. 예를 든다면 "친구가 나를 다급하게 부른다. 무슨 큰일이 났을까. 무슨 일이기에 숨이 넘어갈 정도로 저리 다급하게 부른단 말인가. 불결한 생각까지 든다." 여기에서 '친구가 다급히 부르다'는 표현은 '진솔'한 것이다. 그 다음 "무슨 일이 났을까~불결한 생각까지 든다."는 작가의 생각인데 이는 '상상의 세계'다. 구태여 상상이라 해서 수필에 픽션(fiction)의 세계를 펴 놓는다면 소설과 수필의 차이가 무엇인가? 수필은 수필다운 고유한 맛이 있을 때 그 진정한 의미와 가치가 있다. 이 짧은 예에서 맛도, 긴장감도 느낄 수 있지 않는가? 소설의 구성 단계인 위기와 다를 리 없다.

　그러면 본지 125호에 실린 「이달의 수필」을 살펴보자.

민봉기 「서민 속 명의(名醫)」

　이 수필은 사명의식이 얼마나 값지고 보람된 삶인가를 분명히 보여주는 작품이라 하겠다. 반면에 헌신짝처럼 사명을 내동댕이친 채 물질에 얽매인 생활이 인생을 병들게 하는가를 잘 보여주고 있다. 'H, 발자크'는 '가문(家門)'이란 글에서 "사명을 잘못 세우면 인생의 모든 것이 퇴색

된다."고 했다. 정말로 옳은 말이다. 물질과 인간은 불가분의 관계에 있기에 사람들은 행복을 물질에 의지하고 있다. 그러나 사실상 물질이 가져다 주는 것이란 단지 감관(感官)을 자극하는 향수일 뿐이지 귀한 지각을 상실케 한다. 물질은 유동성이 많기 때문이다.

이 수필에서 작가의 아내가 수년 전 교통사고로 허벅지 뼈가 유리조각처럼 산산조각이 났다. 다행히 몸에 인공뼈를 넣은 수술이 잘 되었다. 그런데 수술이 끝나자마자 하루에 두 번 있는 회진 시간마다 의사는 퇴원하라고 했다. 이 수필의 부분을 살펴보자.

나는 애원했다. 아직 일어서지도 못하는 중환자를 어디로 가야 되느냐고 애원을 해도 소용이 없다. 더 기막힌 말은 "여기가 인보복지 사업을 해주는 구호소가 아닙니다. 우리도 돈을 벌어먹고 사는 영업장이라 다른 환자를 받아야 먹고 살 것이 아닙니까?"라고 얼굴색 하나 변하지 않고 퍼부었다.

회진할 때마다 들어야 하는 말에 피가 거꾸로 솟고 울분이 머리끝까지 치밀었으나 항변이라도 할 만한 힘도 없는 나약함이 원망스러웠다. (중략) 퇴원하라는 등쌀에 혼자서 일어나지도 못하는 아내를 휠체어에 걸식하는 걸인처럼 이 병원 저 병원을 찾아다니면서 사정을 해도 자기 병원에서 수술을 안 한 환자라고 칼로 무 자르듯 받아주지도 않았다. (중략) 온 세상이 칠흑과 같았다. 마음은 이미 천 갈래 만 갈래 찢어지는 분노와 증오가 치밀었다. 쥐구멍에도 볕이 든다더니 마침 새 동네 모 정형외과에서 고맙게 받아주어 완치될 때까지 안도와 희망을 갖고 고마운 눈물을 양식으로 알고 참을 수 있는 시간들이었다.

구암 허준은 의술에는 3가지 덕목이 있다고 하며 의술(醫術)은 인술은 인술(仁術)이라며 첫째 덕목이 약물치료보다 마음부터 다스림을 원칙으로 해야 된다고 했다. 허준은 병자를 대할 때 빈부나 고하를 구별하지 말고 긍휼이 여기는 초심을 잃지 않는 자세가 참된 의원이라고 했다.

금년 7월 7일 아침에 이발소에 갔다가 어지러워 비틀거려 쓰러지는 것을 이발사 내외가 부축하여 세웠으나 한 발도 걷지 못했다. 이발사는 이발을 멈추고 집에까지 모셔다 준다고 부축하여 나왔으나 극구 사양하고 집으로 전화하여 아내를 오라 했다. 아내의 부축으로 걷다 쉬고 걷다 쉬기를 반복하다가 일요일이라 병원을 갈 수 없었다. 하룻밤을 간신히 넘기고 이튿날 조엔황 이비인후과를 찾았다. 한 시대를 풍미했던 사람도 권력을 거머쥐었던 영웅호걸도 병들면 몸은 고양이 앞에 생쥐꼴이 되고, 마음은 절인 배추가 된다.

  운 좋게 배경희 원장님을 만났다. 시술을 반복적으로 했다. 치료가 계속되던 어느 날 원장은 '우리 집 옆에 산다면 퇴근 후에도 정성을 다하여 완치시켜 놓고 싶다'며 이사를 오라고까지 했다. 그 한마디만으로도 다 나은 듯했다. 이런 훌륭한 의사가 있구나. 감동 자체였다. 보답이라도 해 줄 수 있는 것은 아무것도 없었다. 나를 시험용으로 활용하여 새로운 의술을 개발하여 나같이 까탈스러운 환자 치료에 도움이 되라고 하는 말이 전부였다.
                                      – 「서민 속의 명의」 중에서 『한국문인』(2020. 12·1월호)

이 작품을 독자들이 읽고 어떻게 생각할까?
  동의보감의 저자인 허준의 말을 인용하면서 병을 낫게 하는 기술에는 인술(仁術)과 의술(醫術)이 있고 했다. 첫째 덕목인 인술이 의술보다 앞서 환자의 마음을 다스려 놓고 의술을 발휘해야 참되다는 의미다. 얼마나 귀한 말인가. 또 허준은 동의보감에서 "큰 뜻을 품은 자라면 의사가 되고 다음은 정치가가 되라"라고 했다. 의사나 정치가는 뭇 생명을 살려내는 귀한 존재다. 그중에서도 의사는 생명을 살리고 정치가는 복된 삶을 이룩하니 그 존재가 얼마나 존귀한 가치를 지니고 있는가를 잘 말해주고 있다. 돈벌이 의사가 아닌 사명의식에 불타는 의사였으면 참 좋겠다. 그래서 작가는 가슴이 아픈 사연이 담긴 돈벌이 의사의 예를 앞에 들어놓고 난 후 훌륭한 의사인 이비인후과 진료 과정과 그때의 심리를 솔직히 서술한지도 모른다. 작품에서 작가의 인품이 보인다. 수필의 가치가 여기에 있음을 은은하게 보여주고 있다고 하겠다. 작가가 유념해 둘 바도 있다. 이 작품에서 때로는 압축해도 손색이 없는 부분도 있음을 발견했다.

이 점 유의하기 바란다.

이보우「진달래」

　이 수필은 긴 세월에 얽힌 사랑의 마음을 심리묘사로 담은 작품이다. 서두는 작가가 그의 부음을 받고 빈소를 찾은 내용이다. 한평생 이루지 못한 고귀한 사랑의 마음을 회상하며 쓴 작품이니 독자의 마음까지 전달되는 듯하다. 그 절절한 심정을 헤아리며 읽다보니 숙연하기까지 한다. 이 작품은 극히 짧은데 그 이면에 흐르는 심리는 그칠 줄 모른다고나 할까. 참으로 작가의 마음까지 헤아리게 한다.

　이 작품의 서두 첫머리에 '뜻밖에'란 단어를 썼다. 이 말의 의미는 '의외롭다'는 뜻으로서 깜짝 놀랄 때 주로 쓰는 표현이다. 작가는 그와 통화한 지 한 달도 못되었기 때문이라고 했지만 작품 전체로 볼 때 그의 심리는 큰 충격을 받았기 때문이리라.

　전개 부문에서 작가는 그를 알게 된 것은 중학교에 입학하고 나서였다고 했다. 바로 다음 말에 '공학'이란 단어를 썼는데 이는 '남녀공학'을 뜻한다. 그렇다면 여기서 말하는 '그는' 여학생이었을 것이다. 사랑이 싹트게 된 것은 중 2학년 시절 봄날이었다고 하니 그때부터 죽음에 이르기까지 순결한 마음이 한결같이 이어진 고결한 사랑이란 뜻이다.

　"작가는 그의 영정 앞에 섰다. 전날에 내게 들려준 '그의' 말이 자꾸만 맴돌았다. 여기에 온 것은 '그냥 생각이 나서야'라고, 했다. 그때 단발머리는 아니었다. 머리카락이 목 언저리로 내려져 있었다. 그의 바로 곁에는 시집(詩集) 한 권이 놓여 있었다. 진달래꽃을 실은 작품집일 터다."

　여기서 눈여겨 볼 바는 '단발머리'는 중학생 시절이요, '머리카락이 목 언저리로 내려왔다'는 뜻은 성인에 이르기까지란 뜻이며 또 진달래꽃을 실은 작품집은 진달래꽃의 시를 쓴 김소월의 심정과 조금도 다를 바 없다는 뜻이다. 여기서 그 시를 살펴보자.

> 나 보기가 역겨워/ 가실 때에는/ 말없이 고이 보내 드리우리다./
> 영변에 약산/ 진달래꽃/ 아름 따다 가실 길에 뿌리우리다./
> 가시는 걸음걸음/ 놓인 그 꽃을/ 사뿐히 즈려밟고 가시옵소서./
> 나보기가 역겨워/ 가실 때에는/ 죽어도 아니 눈물 흘리우리다.

이 시는 전체가 4연으로 되어 있는데 김소월은 이 시 1연에서 '나보기가 싫어서 가실 때에는 말없이 곱게 보내드리겠다고 했다.' 그런데 4연에서는 '죽어도 아니 눈물'이라는 표현을 썼다. 이는 죽을 만큼 슬퍼한다는 뜻이다. 이같이 역설법을 사용한 것은 극에 달한 슬픈 심정을 드러낸 것이다. 만일 이러한 기법이 아니라면 한낱 이 시는 시로서 가치 없는 논리에 지나지 않을 것이 아닌가. 이처럼 작가는 그의 빈소를 찾아와 그의 심정을 이렇게 압축시켜 놓은 것이다.

어쩌면 이 수필은 한 편의 드라마요, 장편 서사시와도 같이 심리묘사를 노골화시켜 놓았다고 보아도 틀림이 없으리라 여겨진다. 정말 진솔한 심리를 수사를 통해 표현해 놓았다고 여겨 높이 평가하고 싶다.

- 「진달래」 『한국문인』 (2020. 12·1월호)

조효현 「예리성(曳履聲)」

소설 같은 수필이라고나 할까? 수필 속에 소설처럼 구성해 놓았다고나 할까? 좌우간 재미있게 읽었다. 이 작품을 다 읽고 난 뒤 언뜻 떠오르는 생각이 있었다. "희망이란 눈뜨고 있는 꿈이다."란 아리스토텔레스 말이었다. 우리의 삶을 가리켜 어떤 학자들은 거창하게 말할지 모르나 옛사람들이 말해온 것처럼 "인생은 한낱 꿈에 지나지 않는다."란 격언에 평자도 동의한다.

꿈은 영원히 간직하고 싶은 것, 그것은 아름답기 때문이다. 꿈처럼 아름다운 현실의 삶이 없기에 그렇게 동경하는지도 모른다. 역설적인 표현이기는 하나 꿈이 없다면 사랑도 아름답지 않다. 그것을 이루기 위한 삶이기에 사랑은 아름다운 것이다.

「예리성」 작품 중 전개의 한 부문만 보자.

아득히 흘러간 내 청춘 이십 대에 우연히 만났다가 연락두절(連絡杜絶)로 한 시절 오매불망(寤寐不忘)했던 여인과 덧없는 세월 반백년이 지난 황혼 칠십대에 극적인 해후를 했다.

그녀를 처음 만난 것은 푸른 제복을 입었던 시절이었다. 휴가를 나왔던 어느 해의 가을이었는데 문득 산으로 가고픈 충동이 있었다. 부랴부랴 배낭을 꾸려 메고는 혼자서(중략) 속리산에 도착하니 아침 안개가 자욱하게 끼어 있었다.(중략) 버스에서 내리며 차장에게 법주사로 가는 길을 물으니 야릇한 미소를 지으며 "저기 저 아가씨도 그 길을 묻기에 말해주었는데 같이 가면 되겠네요."하여 묘령의 아가씨에게 쫓아가서 어색함을 애써 감추며 말을 걸었다. 법주사를 가는 길을 물으셨다지요? (중략) 길동무가 되면 좋겠다 싶어 이렇게 달려왔습니다. (중략) 속리산에서 같이 등산을 하다가 끼니때가 되면 코펠에다 밥을 지어 둘이 나누어 먹었고 하산길이 저물어져서는 산속에다 텐트를 치고 밤하늘의 별을 함께(중략) 보며 다시 또 만나자는 약속을 서로서로 하였고 (중략) 헤어졌었다.

수많은 세월이 흘러 아련한 광음, 그 넘어 일이 되었으니 까마득하게 잊고 있었는데 뜻밖에도 서울대학교 정문 앞에 있는 관악산 등산로 초입에서 다시 또 극적으로 만났다. (중략) 이렇듯 그녀가 나에게, 내가 그녀에게 흥이 나도록 북을 쳐주고 장구를 쳐주며 관악산 정상으로 올라가 앉아 쉬다가 연주대로 가는데 그녀가 그만 발을 헛디며 낭떠러지 아래로 아득히 추락하면서 비명을 지르다가 깨고 보니 꿈이었다. 그렇다 한밤의 꿈이었다. 사실 꿈이 아니고서야 어떻게 또다시 만날 수 있을 것이랴.

- 「예리성」 중에서 『한국문인』(2020. 12·1월호)

윗글은 서두 부분과 전개 부분인데 전개 부분의 첫 단락은 현실의 세계를 묘사한 것이요, 다음 단락은 꿈의 세계다. 꿈길을 상상의 세계라고 할까, 현실의 세계라고 할까? 상상과 현실을 의인화해서 예를 든다면 상상과 현실은 한 형제이다. 그런데 동생인 현실이 아들이 없자 형인 상상이 자기 아들을 동생의 아들로 입양시켰다. 그때부터 법적으로는 엄연히 조카이지만 혈육으로 따지면 역시 자기 아들이 아닌가? 이처럼 꿈을 통하여 이상세계를 추구한 수필이다.

만일 '꿈이었다.'라고 분명히 밝히지 아니하고 '비명을 지르며 추락했다.'고 결말을 맺었다 하자. 이는 소설에서 말하는 진솔일 뿐이지 수필에서 말하는 진솔이 아니기에 소설은 될 수 있을지언정 수필은 결코 아니다. 이런 점에서 볼 때 수필이 사유문학임을 보여주고 있다.

수필은 겸허의 문학이다

 "겸손은 존귀의 길잡이다"라고 솔로몬은 말했다. '나' 자신을 깊이 깨닫는 지혜가 있을 때 겸손해지고 그로인해 존귀한 자가 된다는 의미다. 사람은 누구나 결점이 있기 마련이다. 특히 수필은 고백의 문학이요 나상의 문학이기에 인간성이 잘 드러난다. '나'가 주인공이 되어 현장에서 부딪히는 삶과 자신을 이끌어가는 정신세계 등을 형상화해야 하는 문학이 수필이기에 수필가는 더욱 겸허의 자세로 글을 써야 한다.
 솔직히 말해서 작가인 '나'의 존재가 얼마나 대단한가. 무엇이 뛰어나기에 오만해야 하는가? 독자가 있기에 글을 쓰는 것이다. 이에 김우종 교수는 「평범한 속에서 발견된 진리」란 수필쓰기 기법에서 "오만은 배제해야 한다."고 했다. "오만은 '너무 단정적인 것도 오만'이고 '너무 박식한 것도 오만'이요, '너무 난해하고 관념적인 것도 오만'이며 '지적(知的)인 경우를 강조할 때 오히려 오만이 매력일 경우도 있지만 대개는 오만'이다."라고 했다. 수필은 어디까지나 나의 취미, 나의 인생관의 세계라고 한다면 비록 자기 소신이 있다 하더라도 혹시 이런 것은 어떨까?라는 등 겸손한 표현이 단정보다 좋지 않을까라고 했다. 겸손하지 못한 오만이 제거될 때 수필의 품위가 산다.

　작가와 독자와의 감흥관계는 저절로 이루어지는 것이 아니다. '필자의 겸허한 자세로, 진솔한 안내자야 하고 생동감 있는 글이어야 한다.' 그럴 때 독자와 소통이 이뤄지고 교감이 형성되어 공유가 되는 것이다. 문학의 근본원리는 인간의 삶을 구상화한 것이다. 생동하는 삶의 여정을 진솔하게 표현하여 공감을 이끌어 낸다는 점에서 볼 때 수필은 문학의 진수가 아닐 수 없다. 그러지 아니한가. 그러면 본지 126호에 실린 수필을 살펴보도록 하자.

김한호「초록 볼펜」

　누군가를 사랑한다는 것, 더구나 아름다운 추억이 깃든 물건을 평생토록 간직하고 있다는 것은 행복한 일이다. 군대에 갈 때 사용하라고 선물로 준 녹색 볼펜을 지금까지 간직하고 있다. 그 볼펜을 초록색, ROTC 반지와 함께 내게 소중히 여기는 물건 중의 하나이다.

　군대에서 힘든 훈련을 받는 동안에도 그녀가 준 초록색 볼펜으로 편지를 썼다. 그녀는 정성을 다해 답장을 보내왔다. 그녀의 편지는 괴로움의 골짜기와 아픔의 벌판을 헤매다 지친 영혼을 위로해 주는 사랑의 메시지였다 깊은 산속에서 한 달간 받을 훈련을 받을 때엔 낙하산 보급품과 함께 실려 온 편지는 베스트셀러보다도 더 아름다운 글이었다.

　군대생활을 하면서 그동안 주고받던 편지와 함께 그때 사용했던 볼펜을 모아두었다. 제대 후 볼펜을 모아두기 시작하여 40여 년 동안 1000여 자루의 볼펜을 모았다. 그중에서 특별한 볼펜을 가려 뽑아 전시회를 두 번이나 열었다. 볼펜을 수집한 까닭은 언젠가 손으로 쓰는 필기도구가 사라지고 기기로 문자를 입력하는 시대에는 지금처럼 흔한 필기도구가 귀중한 유물이 될 것이라고 생각했기 때문이다. (중략)

　필기도구는 다양하게 변천해왔다. 동양에서는 중국 진시왕 때 만리장성을 쌓은 '몽염'이 붓을 발견하였으며 서양에서는 1780년 영국의 '해리슨'이 강철제 펜을 만들어 사용하였다가 1884년 만년필이 만들어졌다. 그 후

1938년 헝가리 신문기자 '라슬로 비로'가 볼펜을 발명했다.
　최근에는 디지털의 발달로 전자펜이 발명되고 문자문화시대에서 전자문화 시대로 바뀌면서 종이책 시대의 필기구가 아닌 기기로 입력하는 시대로 되었다. (중략)
　젊은 날의 애틋한 사연이 담긴 편지와 볼펜을 간직하고 있다는 것은 지나간 날들이 행복했기 때문이리라 세월이 흘러 황혼이 찾아오면 초록 볼펜으로 쓴 그리움의 연서를 손주들과 함께 읽어 볼 것이다. 그러면서 한 생애를 살아오는 동안 내 삶의 뜨락에 꽃피우고 열매 맺는 아름다웠던 그 세월을 생각하리라.
　　　－「초록 볼펜」 중에서 『한국문인』(2021, 2·3월호)

「초록 볼펜」은 추보식 구성의 형태를 띤 수필이다. 이런 글을 읽는 독자들은 한 사건에 연유된 궁금증이 풀리기까지 계속 읽는다. 이 수필이 그렇다. 서두부터 의문점에 사로잡혀 결미까지 읽지 않을 수 없다. 그만큼 필력이 대단한 글이다.

작가는 20대 초반 군에 입대할 당시 ROTC 축제 때 만난 첫사랑의 여인이 자기에게 편지를 쓰려면 사용해 달라 부탁과 함께 선물로 준 '초록색 볼펜'을 반세기에 가깝도록 소중히 간직했다 한다. 이는 대단한 사랑의 결정체다. 왜 첫사랑의 사연을 이렇게 공개할까. 그 의문점이 풀리기까지 독자들은 계속 읽어 나가다가 결미 부문에 이르러 첫사랑의 여인이 곧 아내라는 사실이 밝혀지므로 긴장감이 풀리게 된다. 이같이 독자의 눈을 꼭 붙잡고 이끌어 가고 있다.

또 앞을 내다보는 수필가의 안목이 대단하다. 볼펜을 40여 년간 수집해 왔다 한다. 그 까닭은 '언젠가는 손으로 쓰는 필기구가 사라지고 기기(機器)로 문자를 입력하는 시대가 올 것'을 예측하고 군대 제대 후부터 수집했다 한다. 지금은 볼펜이 흔하지만 훗날에는 귀중한 유물이 될 것이라 생각되어 국내는 물론 외국에 나갈 때마다 특이한 볼펜이 있으면 구입했다. 그렇게 구입한 볼펜이 지금은 천여 자루가 되어 두 차례나 전시회를 열었다는 데 이 같은 통찰력은 미래문화를 꿰뚫는 안목이니 아무나 할 수 없다.

김호성 「Rolex 시계」

산수를 지내다 보니 나이가 늦둥이 아들을 장가보냈다. 마침 금년은 혼인한 지 50년이 되는 금혼식의 해이다. 1970년 12월 24일 크리스마스이브에 결혼을 하여 지난해까지 4반세기 동안 줄곧 딸만 시집보내다가 모처럼 외아들 막둥이를 장가보내어 며느리를 보게 되었다. (중략)

아들 부부가 신혼여행을 다녀와서 생각지도 않았던 선물을 받았다. 자기들 딴에는 새살림 신혼부부 노릇 한다고 아버지 어머니 결혼 50주년 기념으로 선물을 사온 것이다. 통 크게 큰 마음먹고 부부가 받은 축하금을 몽땅 털어서 사온 것이다. 아버지는 명품 시계, 어머니는 명품 가방이다. 아내도 며느리에게 처음 받은 선물이라 좋아하였지만 나는 더더욱 깜짝 놀랐다. 생전 끼어보지 못한 롤렉스 시계였기 때문이다

시계 중의 시계로서 누구나 가지고 싶은 시계다.

Rolex 시계 기원을 알아보았다. 1905년 독일의 한스 윌스도르프(Hans Wilsdrs)와 그의 사위 알프레드 데이비스(Alfred Davis)가 영국 런던에 설립한 회사이다. 무려 115년의 역사를 자랑하는 Rolex는 스위스 제네바에 본사를 두고 있다.

1914년 Rolex는 항해용 시계에만 크로노미터 인증을 수여하던 영국 큐 천문대로부터 손목시계 최초로 A등급 크로노미터 인증을 받았으며 1926년 세계 최초의 방수·방진 시계로, 1945년에는 최초로 시계 다이얼에 날짜를 표시하였다. (중략)

고급시계는 어울리는 사람이 끼어야 제격이다. 아무리 좋은 명품 시계라도 이틀만 팔에 끼지 않으면 멈춘다. 시계 체면을 봐서라도 롤렉스를 낀 사람은 바쁘게 돌아다녀야 한다. 움직이지 않으면 시계가 죽기 때문이다 사람도 마찬가지다. 움직이지 않으면 쉬 죽는다. (중략)

항상 움직여라! 그리고 일을 즐기고 사랑하라. 아무리 Rolex 명품이라도

움직이지 않으면 멈춘다는 것을 명심하라. 이것을 모른다면 시계를 벗어 던지듯 삶을 포기하라.

　그렇다고 선물인 시계를 벗어 던질 수 없다. 그렇다고 도로 아들에게 돌릴 수 없다. 그래서 생각한 것이 산수가 지나면 손자에게 선물하고자 한다.

　손자에게 물려주면서 할아버지가 교훈을 더 붙인다면 '아무리 명품 시계라 하더라도 움직이지 않으면 죽는다. 굴리는 돌은 이끼가 끼지 않는다.'는 교훈을 남기고 싶다.
　　　　　　　　　- 「Rolex 시계」 전문 『한국문인』(2021. 2·3월호)

　작가의 진솔한 삶을 통해 인생의 깊이를 생각해 보게 하는 수필이다. 경사가 겹친 해에도 자녀의 지극한 효심이 독자들을 부럽게 하는 글이라서 수필의 맛을 한층 더 느끼게 한다.

　현재 전 세계가 코로나19로 몸살을 앓고 있기에 어느 나라 어느 곳에도 갈 수 없고 무슨 모임도 가질 수 없는 처지였다. 이런 와중에 아버지의 결혼 50주년을 맞이했기에 아들과 며느리가 금혼식 선물로 롤렉스 시계를 선물했다는 내용이다.

　Rolex 시계는 120여 년간 명품시계로 유명해진 터라 일반시계에 비해 무려 400배나 높은 고가이다. 물론 선물을 값으로 따질 수 없겠지만 아버지에게 이만한 선물을 해야겠다는 자식의 마음이 얼마나 귀하고 값진 일인가. 결혼한 지 얼마 되지 아니한 젊은 부부이니 돈이 있으면 얼마나 있겠는가? 참으로 보기 드문 효심이다.

　그간 코로나로 집에만 있었기에 시계를 차지 않고 놓아두었더니 저절로 멈춰 선 것이다. 작가는 수필의 결말에 훗날 이 시계를 손자에게 물려주면서 '아무리 명품시계라 하더라도 차고 움직이지 않으면 죽는다. 굴리는 돌은 이끼가 끼지 않는다.'는 교훈을 남기고 싶다고 했다. 평범한 말인 듯하나 진리가 담겨 있어 새롭게 느껴진다.

목경화 「사람을 찾습니다」

일요일 오후 코로나로 집에만 있기 답답하여 근방 공원으로 산책을 나갔다.

공원에 마스크를 낀 사람들로 북적거려 거리를 두고 걷기도 좀 불편하였지만 한 시간 코스로 운동 삼아 걷기가 좋아 휴일이면 자주 이용하는 호수공원이었다.

공원에 소풍 나온 가족들 그리고 친구 연인들 사람들이 많았다

한참 걷기를 하고 있는데 공원 스피카에서 안내방송이 나왔다. 가만 들어보니 '사람을 찾습니다. 80세가량의 할머니를 찾고 있습니다.'라는 내용이었다. 00 할머니는 할아버지가 기다리고 있으니 화장실 앞으로 오라는 방송이다. 한참을 다시 걷고 있는데 방송을 또 하는 것이었다. 이번엔 좀 더 상세하게 '이 방송을 듣는 분은 주위에 80세가량의 할머니가 혼자 길을 헤매고 계시는 분을 발견하면 공원 안내실로 모시고 와 달라'는 방송이었다. 같이 산책 나온 할아버지께 핸드폰을 맡기고 화장실 다녀온다고 가셨는데 아무리 기다려도 오지 않아 화장실로 가 보니 할머니가 안 계신다는 그런 내용이었다. 기다려도 오지 않는 할머니 걱정에 할아버지께서 안내소로 가서 방송 부탁을 하신 것이다. 할아버지가 얼마나 애를 태우고 있을지 방송을 듣는 나도 걱정이 되었다. 공원 걷기를 하는 내내 만났을까? 그 할머니가 혹시 치매를 앓고 계시는 건 아닌가? 하는 걱정이 되었다. 10분 후쯤 또 한 번 아직도 못 찾으신 듯 안내방송이 나오고는 방송이 없었다. (중략)

아이들이 길을 잃었을 때 아니면 사람들이 많은 곳에서 엄마를 잃어 버렸을 때 부모들 전화번호로 연락하라는 의미로 만든 목걸이를 목에 걸어주곤 했는데 노인 인구가 많은 요즘 노인용 팔찌나 목걸이가 필요하지 않을까 하는 생각이 든다. (중략)

또 노인 인구가 많은 지금 어르신 화장실도 있으면 좋지 않을까? 하고 생각을 해 본다.

보호자가 동반하여 같이 사용할 수 있는 어르신 화장실도 있으면 오늘 같은 일도 생기지 않았을 텐데 하는 생각이 머릿속에 계속 맴돈다.

해가 기울고 노을이 지는 호수공원의 일요일 오후 5시.

아파트 불빛과 호수에 비친 노을이 우리들 삶의 경계선처럼 느껴져서 쓸쓸한 마음과 함께 집으로 가는 발걸음이 무거워 자꾸 뒤를 돌아보았다.
 — 「사람을 찾습니다」 전문 『한국문인』(2021. 2·3월호)

오늘날 노인문제가 심각해져 가고 있음을 잘 보여주는 수필이다. 작가는 집에만 있기가 너무 답답하여 공원을 산책하고 있는 중인데 공원 스피커에서 안내방송이 나온다. 80세가량의 할머니를 찾는다는 내용이다. 할아버지와 함께 산책 나온 할머니는 할아버지에게 핸드폰을 맡기고 화장실에 다녀온다 했는데 아무리 기다려도 오지 않아 가 보니 할머니가 없더라는 것이다.

같은 내용의 방송을 세 차례나 거듭한 것을 보면 할아버지의 애타는 심정이 고스란히 보여주고 있다. 요즘은 어린이들 화장실에 보호자가 함께 들어가 아이들이 힘든 일을 챙겨주듯 노인들에게도 그런 화장실이 있었으면 좋겠다고 했다. 또 어린이들에게 미아방지용 목걸이와 팔찌가 있듯이 노인에게도 그런 것이 주어진다면 어떨까. 이 제안은 아름다운 삶을 이룩하기 위한 작가의 일종의 상상이다. 이러한 상상은 따뜻한 마음씨에서 피어오른다.

수필은 고운 심정이 피어오르는 글이다. 직접 표현이든 상상의 세계든 진솔한 의미가 독자의 마음을 두들길 때 참다운 작품의 가치가 주어지는 것이요, 우리의 삶에 빛이 되는 것이라 하겠다.

박양근 「황색 애보리진」

20여 년 전, 한국과 반대쪽에 있는 호주에서 10개월을 산 적이 있다. 오래전이고 1년이 채 되지 않는 짧은 기간이지만 벌겋게 화상을 입어 평생 사라지지 않을 상흔처럼 그때를 잊지 못한다. 그곳에 있을 때 '거기'와 '여기'의 공간적 차이를 절감하면서 원시자연에 다시 빠져든다.

변했다. 매미 허물 벗듯이, 사람들은 누군가 일순간에 변하는 것을 두고 환골탈태했다고 한다. 그런데 나의 경우는 내 마음을 가리고 있던 허깨비 가면이 벗겨진 것이다. 문명이 베풀어 주는 타성과 사회적 직책이 주는 체면과 제임스 조이스가 그토록 벗어나기를 갈망한 가족과 교회와 국가의 족쇄에서 벗어나 홀가분해진 해방감이었다. 애보리진을 만났기 때문이었다. (중략)

내게 그들은 호주를 신화의 대륙으로 만든 문인들이었다. 예술가이면서 묵상의 종교인들이었다. 사막과 바다에서 펼쳐지는 경이로운 풍경을 지켜보면서 삶과 자연과 우주의 비밀을 풀어 나갔다. 하늘을 나는 독수리의 비상에 경탄하고 목을 축일 샘을 찾아낸 행운에 감사하였다. 그들은 내게 마음을 지켜보는 바위산 구멍에 사는 거인이 누구며 어두운 숲속에 사는 요귀가 아이들을 납치해 간다는 이야기를 들려주었다. 그리고 나지막한 어조로 "우리가 사랑하는 이들이 어디로 갔느냐." 하면서 죽은 피붙이를 기억하는 방법도 일러주었다.

신화는 본질적으로 상상이다. 상상력으로 짜인 신화는 인간의 삶을 체계화한 이야기로서 금세기의 현대인에게 조언을 주는 경전이자 탈무드이기도 하다. 지구의 종말의 그날까지 인간의 행복과 위안이 진정 무엇임을 이야기 한다. 울루루 바위틈에서 빠져나와 그들도 짐승을 잡고, 밭을 갈고, 아이를 낳고 죽는다. 직립 호모사피엔스의 삶을 신을 통해 신화로 바꾼 게 아닌가. (중략)

지금도 종종 불현듯 호주의 애보리진과 남미의 원주민과 중앙아시아의 유족민이 생각나면 바닷가로 달린다. 그곳에 오래 앉아, 부처처럼 앉아, 유랑족속들을 생각한다. 니체의 『인간적인 너무나 인간적인』 책에 나오는 잠과 꿈을 통해 우리들은 고대인의 생각을 읽을 수 있다라는 구절을 되살린다. 제 땅에 살고 있는 토착민을 회상하면 모든 인간이 나의 사촌이라고 믿게 된다.

난 흑인이 아니라도 그들의 사촌 같은 황색 애보리진이 되고 싶다.

― 「황색 애보리진」 중에서 『한국문인』(2021. 2·3월호)

깊은 사색을 요구하는 철학이 담긴 에세이다. 인생의 가치와 행복은 과연 어디에서 찾아야 할 것인가를 심도 있게 바라보는 내용이라서 독자들의 관심을 집중케 한다.

작가는 20여 년 전 호주에서 10개월간 산 적이 있다고 했다. 짧은 기간이지만 그때 인생을 바라보는 관점이 완전히 바뀐 듯하다. 이 글에서 밝혔듯이 "나의 경우는 내 마음을 가리고 있던 허깨비 가면이 벗겨진 것이었다."라고 했다. 착각에서 벗겨졌을 뿐 '환골탈태'가 아니라는 의미다. 또 "그곳에 있었을 때 그리고 돌아왔을 때 '거기와 여기'의 공간적 차이를 절감하면서 원시자연에 다시 빠져든다."라고 했다. '거기와 여기'란 중의적인 의미도 있겠지만 작가가 말하는 거기란 '문명 이전의 곳을 말함이요' 여기란 '과학문명이 극도로 발달된 현실'이다라는 점이다.

과학은 이 땅에 유토피아를 건설하겠다고 야심차게 인류에게 공언했다. 그런데 그 결과 오늘의 현실은 어떤가? 외면으로 보면 지상낙원을 이룬 듯 보이나 현실을 살펴보면 과학이 인간의 일자리를 모조리 빼앗아 가고 있다. 그 하나로 로봇의 등장으로 인간이 가장 선호했던 의사의 일자리 중 수술 부분을 빼앗아 갔고, 미국 노스웨이터 대학 연구진에 의하면 판·검사 역시 그 가능을 열어 놓고 있다고 한다. 이처럼 고급 일자리부터 식당의 음식 나르는 일까지 인조인간이 몽땅 빼앗아 가고 있는 실정이라서 정치인과 경제인은 그 해결책을 찾기 위해 고민이 깊다.

이 글의 결미 부분을 보면 박양근 교수는 "난 흑인이 아니라도 그들의 사촌 같은 황색 애보리진이 되고 싶다"고 했다. 그만큼 현대문명에 대한 저항의식이랄까 이곳에서 벗어나고 싶은 열망이 너무도 강하다. 인간의 행복은 오직 내면의식에 있음을 깊이 있게 다룬 글이다.

양재봉 「죽을 끓이는 남자」

겨울 바다가 보이는 집, 삭풍에 허연 파도가 밀려온다. 몸을 옹송그리게 하는 그 바람마저 잠시 숨을 고르는 새벽이다.

　벽을 넘어 들려오는 끙끙 앓는 신음이 가슴을 파고든다. 수술부위가 많이 아픈가 보다. 일어나 옷을 걸치고 부엌으로 갔다. 쇠고기와 미역을 넣고 죽을 끓인다. 어둠을 밀어낼 동살을 기다리며 따뜻한 죽으로 온기를 들일 아침을 기다린다. (중략)

　무럭무럭 자란 '와리'와 '지마'는 부부의 인연을 맺었다. 그간 두 번의 출산으로 열 마리의 강아지가 우리 같은 주인을 만나 입양되어 떠났다. 말이 입양이지 이별이다. 더욱이 '와리'와 '지마'에겐 생이별이지 않는가. 막내가 떠났을 때 3일 동안 음식을 거부하며 울었다. 나도 마음이 아팠다. 손등을 핥고 함께 뒹굴며 졸졸 따라다니던 녀석들이 그림자를 지워 갈 때 허한 가슴을 눌러야 하는 이별이 못견디게 괴로웠다. 보내고 나서 눈에 어른거려 입양을 취소하겠다는 연락을 기다리기도 했다. 우리 가족은 그런 이별을 삭이는 걸 힘들어했다. 다시는 아픈 이별의 빌미를 만들지 말자고 했다.

　독한 마음을 먹었다. 딸의 예약전화로 불임수술 날짜가 잡혔다. 낯선 두려움을 가득 담은 눈으로 바라보는 녀석을 수술실로 들여보냈다. 지금쯤 수술대 위에 누워 예리한 칼이 배를 가르고 있겠지 떠올리기만 해도 섬뜩하다. (중략)

　난 죽 끓이는 일에 최선을 다한다. 이러면 미안함을 얼마간 덜어낼 수 있을까. 보글보글 끓는 냄비 소리처럼 속이 아리다.

　　　　　－「죽을 끓이는 남자」 중에서 『한국문인』(2021. 2·3월호)

　이 수필을 통해볼 때 인간의 사랑이 얼마나 피폐했기에 가족회의에서 강아지를 '입양시키자'는 의견이 나왔을까? 이렇게 말하면 현실을 무시한 이상적인 사고라고 할지 모르겠다. 생각해보자. 동물에겐 사랑이 없고 본능뿐이다. 본능마저 사라져버린 인간의 삶이기에 본능의 정을 지닌 동물을 한 가족으로 입양시키겠다는 의식이 요즘 확산되고 있는지도 모른다.

　"벽을 넘어 들려오는 끙끙 앓는 신음이 가슴을 파고든다."고 했다. 수술부위가 많이 아픈가 보다. 이 한마디는 기르는 개를 얼마나 사랑하고 있는가를 잘 보여주는 대문이다. 그 개는 두 차례나 새끼를 낳아 모두 열 마리를 주인을 찾아 보냈다. '그 이별이 못 견디게 괴로워 독한 마음을 먹고 불임수술을 시켰다.'고 했다 수술을 마치고 돌아와 몸조리할 방에 이불과 전기 히터를 들여놓고 먹을 것을 준비했다.

죽을 끓이는데 "보글보글 끓는 냄비 소리처럼 속이 아리다."로 이 수필은 끝을 맺었다. 이런 인정이 얼마나 흐뭇한 마음인가. 문제는 인간의 삶이 메말라 가기에 퍽 안타깝다는 이야기다.

이미자「소풍길」

이 수필의 제목은「소풍길」이다. 소풍은 자연경관을 바라보면서 야외로 먼 길을 걷는 일을 말한다. 어찌 보면 인생의 길도, 죽음의 길도 모두 소풍의 길임에는 틀림이 없다. 혹자들은 아비규환에 비유하기도 하지만 극단의 생존경쟁의 상황을 의미한다. 네가 이기느냐 내가 이기느냐 하는 숨 가쁜 현실이 오늘의 삶이 아니냐고 할지 모른다. 그러나 인생은 꼭 그것만도 아니다. 정에 가치를 두고 생활하는 과정도 얼마든지 있다.

죽음의 길도 마찬가지다. 현생과 내생을 동시에 아울러 영혼의 가치까지를 인정하는 종교적 의미도 무시할 수 없다. 작가가 쓴「소풍길」도 이러한 것이다. 이 글의 서두를 보자.

> "올해는 유난히 단풍 색깔이 곱다. 명암저수지를 지나 상당산성 길을 오르다 보면 가을 끝자락인 듯 단풍도 나뭇가지에 매달려 떨어질 듯 위태롭다."

이 서두는 주제를 암시해주고 있다. "단풍도 나뭇가지에 매달려 떨어질 듯 위태롭다." 여기서 단풍은 주인공을 말하는데 이는 죽음이 임박해 가고 있음을 암시해 주고 있다. 더불어 이 서두는 독자의 마음을 자극시켜 눈길을 사로잡는다. 그뿐인가. 서두와 결미가 일치됨에 따라 작품을 읽는 독자들은 잠시나마 인생을 생각해 보게 한다. 이 점이 수필의 매력이 아닌가.

아버지의 위독한 병상을 간호하며 느낀 바를 애정의 필치로 기록해 놓고 있다. 오래 살지 못할 것을 예상하신 아버지는 가족 봉안묘지를 평장으로 조성할 것을 말씀하셨다. 이에 큰오빠는 그 추운 날씨에도 즉시 인부들과 함께 평장묘소를 단아하게 조성시켰다. 그리고 사진을 찍어 누워계신 아버지께 보여드렸더니 한시름 놓으신 듯 기뻐하시며 잘 했다고 칭찬하셨다.

그다음 날이다. 오빠로부터 급한 목소리로 전화가 왔다. 이불에 기대어 겨우 숨만 쉬는 아버지께 "아빠, 우리가 엄마를 잘 보살펴드리고 우리가 잘 할게~" 안심시켜드리는 순간 고이 돌아가셨다. 평생 자식을 위해 사셨던 아버지이셨기에 초상을 치르는 내내 가슴이 먹먹했다. 어제 조성한 가족 봉안묘지에 모셔드리고 집으로 돌아왔다. 평소 오빠의 효심에 감동하신 아버지께서 편안한 마음으로 피안의 세계로 소풍 가셨다는 생각을 하면서 위안을 삼는다. 해 질 무렵 셋째 남동생 승진 소식이다. 생전 아버지의 기도하신 덕이란 내용으로 끝을 맺는다.

이진이 「나의 교복 이야기」

최고조로 날씨가 덥던 어느 날 외출하다 어느 여학생의 교복이 좀 다르다는 느낌을 받은 적이 있다. 교복 길이가 길고 옛날 우리들의 학교 다닐 때와 비슷하다. 양재역 근방이었는데 어느 학교인가 궁금하기도 하였다. 요즈음 교복은 학교마다 다양하여 아이들은 치마가 길면 짧게 자르고 재킷도 너무 짧아 젊고 예쁘긴 한데 학생답지 못함 모양새에 눈살을 찌푸릴 때가 있었다. 내가 교복을 입던 시대는 중학교 때부터 약간의 변화가 있었다. 그전에는 까만 치마와 하얀 칼라가 주로 우리 뇌리 속에 자리 잡고 있었다. 그 시절 중학교 때는 약간의 변화를 주어 긴 까만 치마와 재킷은 티와

받쳐 입은 옷이었다. 그전 선배들에 비하면 많은 부분에서 변화가 있었다.

여고시절 때도 마찬가지였다. 양 갈래 땋은 모양은 어느 학교와 다름이 없었지만 예술학교라 다른 학교와는 교복이 차이가 확연했다. 나는 하얀 칼라를 여름 하복에서 입었고 겨울 교복에 입은 적이 없었다.

- 「나의 교복 이야기」 전문 『한국문인』(2021, 2·3월호)

추억이 없는 인생이 어디 있을까. 그를 회상해 보지 아니한 자가 또 몇이나 될까. 그렇다면 추억은 아름다울까 아니면 괴로울까. 이에 '키케로'는 지난날의 불행했던 추억마저 감미롭다고 했다. 어쩌면 이 말이 옳은지도 모른다.

작가는 서울 양재역 근처에서 단정히 교복을 입고 가는 여학생을 봤다. 과연 어느 학교 학생일까. 생각하는 동안 작가의 여고 시절 교복이 떠올랐다. 그때의 교복은 단정해야만 했기에 단속도 심했다. 교복은 시대에 따라 변천해 왔지만 요즘은 학교마다 다양하다. 그런데다 "아이들은 치마가 길면 짧게 자르고 재킷도 너무 짧아 젊고 예쁘기는 한데 학생답지 못한 모양새에 눈살을 찌푸릴 때가 있었다."고 했다.

작가는 작년 일이라고 했다. 남편 고등학교 동창모임에 같이 가게 되었는데 그곳엔 우리 어릴 때 추억을 고스란히 간직한 곳이었다. 7080시대를 총망라하여 수집한 근현대사 박물관이었다. 이곳 마네킹의 여학생은 양 갈래 땋은 머리였고, 모자를 삐딱하게 쓰고 교복을 입은 남학생 모습에 우리를 그 시절로 돌려놓았다. 지금 꼭 타임머신을 타고 과거로 날아온 느낌인데 모두가 그리움으로 옛 추억을 끄집어내고 있다. 참으로 뜻깊은 하루였다.

이화자 「마음에 쓰는 편지」 - 가수 김호중 님께 -

이 글은 편지의 형식을 띤 수필로 사람의 마음을 움직이게 하는 힘을 지니고 있다. 상대방에게 진심어린 마음을 담아 칭찬을 했고 자신은 겸허한 마음으로 편지를 썼기 때문이다.

"호중씨의 노래는 어느 때 어느 곳에서 어떤 노래를 들어도 사람의 마음을 움직이게 하는 큰 힘이 있습니다. 찬란한 아침햇살같이 희망을 주기도 하고, 저녁노을처럼 포근한 안식도, 첫눈처럼 설렘과 위로도 줍니다. 호중씨의 노래는 소리의 고운 색은 말할 것도 없고 하늘을 찌를 것 같은 고음, 폭포수처럼 쏟아내는 웅장한 성량도, 압권이지만 봄날 같은 달콤함도, 저음의 풍요로움도 일품입니다. 또한 원곡이 의도한 의미를 깊은 감성과 온 몸으로 표현해 내는 진정성에 감동하지 않을 수 없습니다."

직유법을 통하여 호중 씨의 노래를 극찬했고 리듬 있는 언어를 통해 찬사를 보냈다. 이 글은 만인 앞에 공개하는 수필이라서 누구나 이 노래를 들을 수 있고 감지할 수 있다. 조금이라도 과장이 끼어 있다면 독자에게 어필되겠는가. 표현의 기법이 풍부하여 독자에게 감흥을 준다.

질풍노도의 시기에 어린 제자의 아픈 마음에 음악적 재능을 일깨워 희망을 주고 사랑의 마음으로 길러주신 선생님은 이 시대의 참스승의 모습 (중략) 정말 아름다웠습니다. 나의 살아온 세월은 되돌아보게 했습니다. (중략) 30여 년 동안 내 손을 거쳐 간 제자들에게 진심어린 사랑을 얼마나 베풀었는가? 이렇게 자신의 과거에 던지는 물음표에 어느 것 하나 긍정적인 대답만은 할 수 없어 부끄럽습니다.
- 「마음에 쓰는 편지」 중에서 『한국문인』(2021. 2·3월호)

교육자는 사랑 없이 제자들에게 인격도야도 지식 함양도 일으킬 수 없다. 교육의 가치는 사랑이기 때문이다. 그런데 '사랑을 얼마나 베풀었을까.' 이런 작가의 마음은 겸손의 자세에서 연유된 것이다. 이 글에 이어진 내용을 보면 40여 년이 지난 지금도 제자와 연락을 주고받는다. 그간 사제 간의 끈끈한 정이 입증되는 증거다. 진심 어린 사랑에서 온 뜨거운 정이다.

임건혁 「인왕산 치마바위」

감회와 사색을 곁들인 일종의 기행수필이다. 작가는 인왕산(仁王山)에 얽힌 풍수지리설과 민담이 주는 의미를 되새기면서 인왕산 정상에 오른다. 치마바위에 이르니 경복궁 대궐지붕이 손에 잡힐 듯 가까이 보여 오백여 년 전 단경왕후의 애절한 눈물이 가슴을 심히 아프게 한다.

> 단경왕후인 신(愼) 씨는 13세에 당시 12세의 제9대 성종의 차남인 진성대군과 혼인하였는데 중종반정으로 연산군이 폐위되고 진성대군이 중종으로 추대되어 신(愼) 씨도 왕비로 추대되었다. 그러나 이 반정과정에서 신씨 아버지가 반정에 동조를 거부하자 그만 반정군의 칼날에 맞았다. 그들은 후한이 두려운 반정 공신들은 자신들이 추대한 19세의 임금을 겁박하여 등극 9일 만에 왕비 신 씨를 폐서인으로 만들어 쫓아냈다. 생이별한 중종은 신 씨가 그리워 날마다 궁궐의 누대에 올라 신 씨의 사저가 있는 인왕산 쪽을 바라보며 눈물을 흘렸고 이를 안 신 씨가 궁궐을 마주보는 인왕산 치마바위 위에 올라와 자신이 입던 붉은 치마를 걸어 놓고 눈물로 회답했다 한다. (중략)
>
> — 「인왕산 치마바위」 중에서 『한국문인』(2021. 2·3월호)

당시 중종이 19세요, 폐위된 신 씨가 20세였으니 이성에 대한 사랑의 감정은 생명을 넘어선 극치였기에 로미오와 줄리엣을 상상케 한다. 그러한 부부를 자기들의 정권 유지를 위해 생이별 시켰으니 가사내존재(可死來存在)란 말의 의미를 되새기게 한다. 죽음 뒤에는 반드시 내세가 온다는 의미이니 애절한 눈물은 이생의 눈물만이 아니라는 뜻이다. 230년 뒤 영조대왕은 이런 실정을 감안하여 양주에 묻힌 신 씨를 온능(溫陵)으로 옮기고 단경왕후 칭호와 능으로 추존했다.

최건차 「가을이면 회상되는 영화」

이 수필은 작가가 1959년 늦가을 「지붕」이란 흑백영화를 봤던 일을 회상하며 쓴 글이다. 이 영화는 대표적인 이탈리아 네오리얼리즘 감독 '비토리오 데 시카'가 연출했는데 제2차 세계대전에서 패전국이 된 이탈리아의 참상을 신사실주의(新寫實主義) 시각으로 그려 놓았다. 우리도 6·25전쟁을 겪었기에 그 처절한 상황과 너무도 흡사해 진한 동질감이 든 영화라 했다.

영화 「지붕(A Roof)」의 스토리 한 부분은 이렇다. '제2차 세계대전 패전국이 된 이탈리아의 비참한 현실 속에서 군복무를 마친 한 젊은 부부는 살 집이 없어 다섯 가족이 단칸방과 마루에서 생활하는 형님의 집에 끼어 산다. 아주 구차한 그들의 삶을 생생하게 그려놓았다.' 마치 6·25전쟁 직후 서울 판자촌에서의 삶과 비슷했다. 작가는 그런 환경을 바라보며 생활해 왔기에 그 영화를 본 지 70년이 넘도록 지금까지 잊지 못하고 회상에 젖어 있나 보다. 마치 상처는 다 나아도 흉터로 남아 있듯이 풍요 속에 가난은 아직도 아프게만 느껴진다. 특히 오늘날처럼 주택난이 심각한 상황이기에 더욱 지난날의 사연들이 뇌리에서 떠나지 못하나 보다.

- 「가을이면 회상되는 영화」 『한국문인』(2021. 2·3월호)

수필은 진솔한 삶을 형상화한 문학이자
수준 높은 상상의 세계다

　수필은 진솔한 삶을 형상화한 문학이다. 거기에 수준 높은 상상의 세계가 결합될 때 더욱 가치 있는 수필문학이 된다. 여기서 말하는 상상의 세계란 무얼까? 허구일까? 이 문제가 제기될 때마다 파장을 일으켰다. 허구와 상상을 동일시 보는데서 문제가 발생해왔다.
　동일시 보는 견해는 그 단어들이 한 어원에서 비롯됐기 때문이다. 영어로 허구인 픽션(fiction)과 상상에 해당하는 고대 라틴어 핑고(fingo)는 동일한 의미로서 '무엇을 빚어낸다.'는 뜻이다. 이같이 본래 같은 뜻이었기에 허구와 상상은 같은 의미에서 이루어진 것이다. 이러한 이유로 동일하게 봐야 마땅하다고 주장한다. 이에 반대론자들은 그 의미가 분화된 오늘의 현실에서는 볼 때 그렇게 봐야 할 이유가 없다고 반박하면서 국어사전을 그 예로 든다. 국어사전에서 '허구'는 '없는 사실을 있는 것처럼 꾸며낸 것'이라 했고, '상상'은 '이미 있는 사실이나 관념을 그리며 미루어 생각함'이라고 했기에 재론할 가치가 없다고 강조한다.
　이 양론이 정리될 무렵인 1995년 원로작가 김시현(金時憲) 님이 쓴 「수필의 구성과 꽁트의 구성」이란 글에서 "수필은 허구가 허용될 수 없다.

다만 상상 또는 창작이라는 범위 안에서 기법상 융통성이 허용될 뿐이다. 역사소설이 그 한 예다. 역사소설은 문학으로서의 임무를 위해 형상화하는 과정을 밟는다. 조선 시대 어떤 역사적인 사건이 있다고 하자. 그렇다면 '때와 장소', '인물', '사건의 진행', '원인과 결과' 같은 것은 당시의 사실을 그대로 표현해야 한다. 수필도 마찬가지로 체험의 사실은 그대로 내용이 구성되어야 한다. 그러나 역사소설은 역사적 사실만으로는 작품이 될 수 없다. '인물의 묘사' '환경의 묘사' '대화의 삽입' '사건과 사건 사이의 유기적 연결' 등에서 형상화 과정을 거치는데 그 과정은 상상의 세계로 이루어진다."고 했다. 보기로 "'주부가 시장에 가서 고등어를 사 가지고 집에 와 구워 먹었다'는 이야기를 수필로 썼다고 하자. 그 이야기만 쓰면 재미가 없다. 그래서 형상화가 필요하다. 이를테면 그 생선이 가게에 오기까지의 과정도, 바다에서 뛰놀던 고기가 하필이면 나와 무슨 인연이 있기에 등 이러한 상상으로 쓸 수 있다. 이같이 형상화한 것을 허구라 말할 수 없다. 이처럼 상상이 유기적으로 엮어서 통일성 있게 주제를 향해 재구성한다면 훌륭한 수필이 될 수 있다."고 했다. 필자도 이에 동의하면서 아직도 상상과 허구를 혼용한 자들이 있기에 제론 한 것이다.

김미정「참 다행한 일, 거기도 우리 땅이야」

반려견 '코코'와 날마다 산책을 한다. 여유로운 휴일이 건네는 봄기운에 평소보다 조금 먼, 산 입구 공원으로 향하였다. '산책가자!'란 말에 기뻐 폴짝거리며 코코가 목줄을 당기며 앞에 서 가다가 본능적으로 동족의 냄새를 탐색하느라 멈춰 선다. 나는 느긋이 녀석을 기다려주고 있다. 이때 정장 차림 중년의 남자가 '코코'를 바라보며 다가와 묻는다. 나이가 들어 뵈는데, 몇 살이지요? 반려견 견주들이 이따금 묻는 질문이다. 이제 열다섯 살이라고 대답해주자 아직도 활발하군요. (중략)

한 생명 마무리 준비, 그것은 가족과 다름없는 반려견에 대한 마땅한 책임이며 사랑이기에, 그리고 그것은 또한 지난해 내가 '진주'를 보낼 때의 화두였기에 그는 반려견의 죽음에 대해 여러모로 궁금해 하였다. 그는 겪어야 할 일에 대해 참 생각이 많고 두려워하는 마음도 짐작되었다. 그는 그가 치러야할 과제만큼이나 할 말도 남아 보였지만 나는 내 곁에 와서 얌전히 기다리고 있는 '코코'를 위해 먼저 인사하고 발걸음 뗐다. 그리고 다시 마주치게 된다면 '잘 보내주었다'는 소리를 듣고 싶다고 생각했다. (중략)

　나는 삼천 평이나 된다는 친구네 너른 땅에 진주의 마지막 안식처를 예전에 미리 약속받아 두었다. 그러나 막상 일이 다가왔음을 알리자 친구는 내가 보아둔 울타리 안의 우거지 수풀자리가 아닌 울 밖의 등산로 가장자리에 묻으라고 했다. 가 보지 않았지만 사람이 다니는 길가에 어찌 묻을쏘냐고 나는 말없이 다른 방도를 찾아 나섰다. (중략)

　그날 내가 새벽에 산을 다녀온 소식을 듣고 아들이 잠시 기다려 달라더니 이내 해결책을 알려왔다. 장인께 선산 한자리를 허락하였다는 것이다. 진주를 더 이상 사랑해주지 못한 것이 한없이 미안한 맘과 함께 다시는 볼 수 없는 아픔이 눈물로서 볼을 타고 내렸다.

　그로부터 해가 바뀐 엊그제다. 친구는 남편이 세상을 떠난 후 그 땅이 자신의 명으로 상속되었다는 말을 꺼내었다. 나는 망설이다 비로소 물었다. 왜 울타리 밖에 묻어라 했느냐고 나름으로 이해는 했지만 그래도 직접 들어보고 싶었다. 그러자 친구는 그날 대문 앞에서 삽을 준비하고 내가 오기를 한 시간이나 기다렸다며 "거기도 우리 땅이야"라고 말하여 나를 놀라게 했다. 울타리 안쪽은 천 평일뿐이고 나머지가 울 밖의 땅이라는 거였다. 그리고 집과 텃밭이 있는 울 안에선 오가며 눈에 밟힐 것 같아서라고 솔직하게 말했다. 나의 속단과 그녀의 짧은 말로 인하여 흔들렸던 마음이 다시 바로 서는 순간이었다. (중략)

　엊그제 내린 비로 벚나무 가지들이 봉긋봉긋 분홍 봄빛을 머금고 있는 양이 한결 희망차다. 나의 반려견 '코코'가 건강한 다리로 오래도록 나와 함께 산책을 할 수 있기를 바라며 나는 오늘도 국방의 의무처럼 녀석과 산책을 한다.

　－「참 다행한 일, 거기도 우리 땅이야」 전문 『한국문인』(2021. 4·5월호)

　이 수필의 제목은 「참 다행한 일, 거기도 우리 땅이야」라고 되어 있다. 표제는 곧 주제를 암시해 주고 있다. 비록 곡진한 애견과의 관계를 다룬다고 할지라도 그보다 더 소중한 것은 '친구와의 흔들렸던 믿음이 다시 회복되었다는 이야기'이다. 이 글의 핵심은 '동물의 사랑'이 아니라 '우정의 소중함'이다. 여기에 이 수필의 가치가 있다고 하겠다.

이 글은 첫머리에 "반려견 '코코'와 날마다 산책을 한다."로 시작한다. 이어 지난해 애견인 '진주'를 떠나보낼 때 마지막 안식처를 친구의 땅 우거진 수풀 자리로 삼아 미리 약속을 받아 두었다. 그런데 막상 당하고 보니 울타리 밖 등산로 가장자리인 그곳에 묻으라고 했기에 오해가 쌓인 것이다. 사람들이 다니는 길가에 어찌 묻을쏘냐고 하며 이곳저곳 다니다가 아들이 장인의 허락을 받아 그분의 선산에 마음 편히 묻었다는 내용이다. 그로부터 해가 바뀐 엊그제 그 친구를 만났다. 그때 '그만한 사정이 있었다고, 거기도 우리 땅이야라며, 그땐 마음이 좀 그랬지?' 나를 위로해 주었기에 그간의 오해가 전부 풀리며 무한 감사했다고 했다.

요즘 반려동물을 한 가족처럼 여겨 끝까지 책임지며 사랑한다는 것은 아름다운 인간의 정서다. 그러나 사람보다 동물을 더 사랑한다는 것은 정말 문제가 아닐 수 없다. 이런 면에서 동물에 대한 사랑보다 인간 우정의 소중함을 강조한 점이 인상적인 수필이라 하겠다.

장정식 「무등산 야생화」 - 달맞이꽃 옆에서

산이 좋아 사시사철 산과 대화하며 살아온 나는 은근한 자긍심에서 스스로 도인(道人)이 된다. 이것이 하찮은 야생화인 풀꽃 하나에도 관조(觀照)하는 마음이 깃드는 것이다.

백화난만한 황홀경을 이루는 눈부신 봄꽃이나 신록의 숲 향이 아니라도 무등산에는 사시사철 꽃피는 야생화의 암향에 취해 산다. 꽃피는 무등산은 백두산에 버금가는 야생화의 천국이라 한다. 무등산에서는 계절 따라 피는 꽃이 없을 때가 거의 없다. 특히 5~6월, 7~8월에 이르면 야생화의 만개함이 피크를 이룬다. 산기슭에는 야생화의 군락지가 수체화의 화폭처럼 산행인의 마음을 홀린다. 이 때 유독 달맞이꽃과 개망초꽃이 지천으로 피어서 오가는 산행의 눈을 즐겁게 한다. (중략)

　달맞이꽃에는 어느 야생화보다 안으로 비장한 꿀물이 많아서인가 역사(役事)하는 꿀벌들이 줄지어 들고난다. 예전에 미처 몰랐던 달맞이꽃에 대한 새로운 깨달음인가 마음이 더욱 거기에 다가갔다. 달맞이꽃은 노랗게 피면서도 그 색깔이 호들갑스럽게 야하거나 어연번듯 화려하지도 않은 수수한 꽃이다. 비유컨대 40대 중반의 한국의 여인을 닮은 살짝 그늘진 모습이다. 그래서 이를 가리켜 꽃이라는 개념과는 달리 처량하게 보인다고 했던가. 그런 정서에서 달맞이꽃은 그리움과 기다림, 애절함의 상징으로 시구(詩句)와 노래가사에서도 자주 이용되는 것이던가. (중략)

　달맞이꽃은 꽃으로서 사람의 눈을 즐겁게만 하는 것이 아니다. 제 몸 전체를 꽃부터 뿌리까지 인간을 위해 바친다는 것이다. 이는 겨우내 땅속에서 뿌리로 남아 있다가 봄맞이 잎을 내는 것들을 캐서 무치면 영양이 풍부한 봄나물 반찬이 된다. 7월 이른 아침 이슬에 젖은 이 꽃을 따서 여러 가지를 만들어 먹는다고 한다. 꽃잎을 소쿠리에 담아 통풍이 잘되는 그늘에 말려 유리병에 담아 두었다가 차로 만들어 마신다. 아침에 딴 꽃을 접시에 담아 샐러드로 먹기도 한다.

　달맞이꽃은 약용으로도 많이 쓰인다. 이것들의 뿌리를 잘라 말려두었다가 감기로 인후염이나 기관지염이 생기면 달여 먹는다. 피부염에는 7~8월의 꽃잎을 생으로 찧어 피부에 바르면 약효가 좋다. 여성의 생리불순에 특효가 있고 중년 이후 비만자들에게도 특효약이라고 한다. 10월 이후에 받은 꽃씨를 짜낸 기름을 아토피성 환자에게 바르면 치료가 되고 이를 복용하면 피를 맑게 하여 관절염 예방에 도움이 된다고 한다.

　이와 같이 달맞이꽃은 죽어서까지 자기 몸 전체를 인간의 건강 유지에 오롯이 바치는 인간을 위한 희생물이다

　한여름 어디에고 피어나는 하찮은 야생화, 그러나 이것들은 제 몸 모든 것을 인간을 위해서만 그 존재가치를 갖는다. 항차 인간들은 이들 생명체를 외면한 채 짓밟고 천대하고 있다.

이름하여 달맞이꽃은 인간의 건강을 위해서 제 몸 전체를 아낌없이 내주는 희생적인 모성(母性)이 넘치는 꽃이다.
— 「무등산 야생화」 전문 『한국문인』 (2021. 4·5월호)

수필은 서두와 결미가 작품의 성패를 좌우한다. 서두에서 유발해야만 독자들의 마음을 이끌게 되고, 결말에 여운을 남겨야만 독자들의 가슴에 받은 감동이 오래도록 남게 된다. 이처럼 서두와 결미는 매우 중요하다. 그리고 '서두'와 결미가 한 주제로 구성되었을 때 작가가 제시하려는 주안점이 선명하게 이루어짐으로 작품은 생동감을 일으키게 된다.

「서두」에서 작가는 산이 좋아 산과 대화하며 살아왔다고 한다. 특히 무등산은 백두산에 버금가는 야생화의 천국이라서 사시사철 꽃피는 야생화의 암향에 취해 산다고 했다. '결미'에 이르러서는 야생화인 달맞이꽃이 인간의 건강을 위해 제 몸 전체를 아낌없이 내주는 희생적인 모성(母性)이 넘치는 꽃이라고 했다. 이렇듯 서두와 결미만으로 이루어졌음에도 한 주제로 통일되었다.

'전개'에서 볼품없는 풀꽃 달맞이꽃인데도 섬세한 부분까지 잘 묘사해 놓았다. 먼저, 밤에만 피는 꽃이라 해서 월견초(月見草), 야화(夜話), 야래향(夜來香)이란 별명까지 조사한 부분이 인상적이다. 또한, 달빛에 피는 꽃이라서 한국 여성 고유의 정통성을 지닌 꽃이라고 성정까지 묘사했다. 뿐만 아니라 달맞이꽃은 봄나물에서부터 10월 이후 꽃씨에 이르기까지 제 몸 전체를 바쳐 우리의 건강을 위해 일곱 가지의 특효약을 제공해준다는 내용까지 섬세하게 담고 있다.

이 수필을 읽은 독자들은 무얼 생각할까? 서두에서 무등산이 백두산에 버금가는 야생화 천국이라 했기에 나도 한번 가고 싶다는 호감에 이끌리면서 전개와 결말에 이른다. 과연 달맞이꽃이 우리와 무슨 인연이 있기에 인간의 건강을 챙겨주는가? 곰곰이 생각게 하는 수필이다. 하찮은 야생화인 달맞이꽃, 이 글을 쓰기 위해 작가는 얼마나 세심한 데까지 관찰했는가. 그러기에 독자에게 호감과 잔잔한 감동을 주는지도 모른다. 참으로 대단한 필력이다.

정진문 「외손자와 할아버지」

셋째 딸의 아들인 외손자가 초등학교 1학년 때 할아버지 집엘 오면 그저 궁금한 게 많은가 보다. 이것저것 별걸 다 물어본다.

"할아버지 희망이 뭐예요?" "할아버지 희망은 너희들이 얼른 커서 잘 사는 것을 보는 것이란다."

"학교 선생님이 그러는데 너는 커서 무엇이 될 거냐 하고 물으시던데." "그래서 뭐라고 했어?" "그냥 모른다고 했어." "다른 애들은 뭐라고 해." "뭐 대통령이 된다는 친구가 가장 많고 여러 가지야." "그럼 너도 대통령이 될 거라고 하지!" "히히." (중략)

손자들과 이야기하다 보면 참 재미도 있다. 아이로서는 곤란하고 어려운 질문을 해보면 기상천외한 대답이 나올 때도 있다.

그 외손자는 친할아버지와 외할아버지를 딱 구분하고 친할아버지가 좋다고 한다. 맛있는 과자를 사다 앞에다 놓으니 얼른 손으로 집어가려고 한다.

"안 돼. 할아버지가 이야기하는 거 듣고 대답을 잘하면 줄게. 할아버지가 좋아? 외할아버지가 좋아?" 한번 넘겨짚어 봤다. "너 친할아버지 집에 가서는 그 할아버지가 좋다고 했다던데? 말해봐. 거짓말 안 하면 할아버지가 이거 맛있는 거 다 줄게."

눈을 살살 돌린다. 묵묵부답이다. 마룻바닥을 손바닥으로 긁으며 글씨 연습을 하는 척한다. 참 말하기 곤란한 게 분명하다. 그저 매일 봐도 귀엽다. 자식이 그리 귀여웠을까? 자식 키울 때 그리 귀여웠는지는 생각이 안 난다. 그저 잘못하면 윽박지르고 벌도 주고 했는데 손주는 그저 마냥 귀엽기만 하다. (중략)

이런 이야기를 외손자와 한 지가 엊그제 같은데 대학교를 휴학하고는 군대를 간다며 해병대를 지원했단다. "거기 가면 너무 힘들어 그냥 육군으로 가라." 했더니 "할아버지 나 벌써 거기 합격했어." 한다. (중략)

그 애가 벌써 6개월이 되어서 며칠 전 첫 휴가를 왔다. 거실에 서서 거수경례를 한다. "충성." 하 참, 늠름하기도 하다. "이놈아 할아버지한테는 큰절을 하는 거야." 하고서 자세히 보니 그 통통하던 애가 반쪽이 되어 왔다.
"그래 해병대 생활 할 만하냐?" "네. 다른 사람도 다 하는데요 뭐." 대수롭지 않게 이야기한다. 참으로 늠름하고 기특하기도 하다. 그 어려운 7일 잠 안 재우기를 통과했을 것 같다. 그러니 빨간 명찰을 단 게 아닌가? 선물이라며 고급 만년필과 양주를 한 병 가지고 왔다. 돈이 없을 텐데 어떻게 사 왔을까? 내내 궁금하지만 잘 먹는 고기만 실컷 먹어서 보냈다.
- 「외손자와 할아버지」 전문 『한국문인』(2021. 4·5월호)

이 수필을 읽으면 읽을수록 맛이 난다. 사람 사는 구수한 맛이다. 마치 한 편의 콩트를 보는 것처럼 흥미롭다. 그 흥미 속에는 인생의 참 의미가 담겨 있다. 외손자와 할아버지 간의 대화 내용인데 외손자가 어릴 때부터 시작하여 장성한 뒤 군에 입대하여 휴가 올 때까지 대화를 흥미롭게 잘 엮어 놓은 작품이다.

외손자가 초등학교 1학년 때의 대화다. 외할아버지는 어린 손자의 수준에 맞추어 척척 대답을 재미있게 한다. 학교에서 담임선생님이 저에게 물었던 질문을 할아버지에게 묻는다. "할아버지! 희망이 뭐예요?" "할아버지 희망은 너희들이 얼른 커서 잘 사는 것을 보는 것이란다." "할아버지 초등학교 때 희망이 뭐였어?" 등 학교에서 친구들과 대화 내용인데도 그저 마냥 귀엽기만 했다. 또 자가용에 태우고 가면서 "이게 뭔지 아니?" "응 나비" "이건 나비가 아니고 내비게이션이라고 하는 거야. 어떤 곳을 찾아갈 때 길을 모르면 이것이 안내해주는 거야. 이건 비싸서 너희 아빠는 못 달아" 하며 어떤 말을 할지 들어보고자 했다. "우리 아빠는 머리가 좋아서 이런 거 필요 없어." 펀치를 날리는 손주에게 제대로 한 방 먹었다.

어린 외손자와 이야기를 나눈 지가 엊그제 같은데 벌써 대학교를 휴학하고 해병대 입대하여 6개월이 되었다고 휴가를 왔다. 빈손으로 와도 괜찮은데 외손자는 선물이라며 고급 만년필과 양주 한 병을 내놓는다. "너 봉급을 얼마나 타니." "36만 원요." "뭐야? 36만 원?" "네." 내가 1967년 병장 때 봉급이 270원을 탔는데 도대체 몇 배가 오른 거야? 1300배가 넘는다. 그러니 50년이 지나면서 우리나라 국력이 그만큼 커진 것이다라며 끝을 맺는다. 이 수필 역시 흥미와 잔잔한 감동을 일으킨다.

정혜련 「마음 숲의 치유」

내담자를 처음 만나기로 한 날이다. 티포트에 물을 올리고 스위치를 누르자 그와 만날 시간까지 카운트를 시작하는 듯 파란 불이 켜졌다. 물이 데워지기 시작하며 티포트가 끓기 시작하자 전화로 울먹이던 그와 닮은 소리를 내기 시작했다. 잠시 후 '탁' 하고 스위치가 올라갔다. 밖에서 동료의 목소리가 들렸다. "선생님 내담자가 오셨어요." 나는 재빠르게 휴게실 문을 열고 나가 그를 맞이했다. 그늘진 얼굴이 눈에 들어왔다. 이렇게 나는 마음이 아픈 사람들을 만난다.

상담자인 나를 찾아오는 사람들은 아픔이 어느 정도 치유되면 상담이 종료된다. 특히 잘못을 저질러 법원의 명령으로 상담을 받는 사람들은 밖에서 만나도 아는 척하지 않는 것이 불문율이다. 하지만 청소년들이 멀리서 나를 발견하고 달려와 인사할 때는 가슴이 뭉클해지고 건강하게 잘 지내고 있다는 안심이 되어 감사한 마음이다.

아픔을 가진 사람들을 매일 만나다 보니 삶이 무엇인가 되묻는 것이 하루를 마감하는 질문이 되었다. 안정된 직업을 가지고 있거나 사회적으로 남부럽지 않은 사람들도 남에게 얘기하지 못하는 자신의 불안과 두려움을 털어놓는다. 최선을 다해 키운 자녀의 비행에 눈물을 짓는 부모, 배우자와 갈등으로 만신창이가 된 사람들, 분명히 피해자임에도 불구하고 열악한 처지로 권리를 주장하지 못해 괴로워하는 이들을 보며 삶이 무엇인지 반문해 본다.

상담을 하면서 그들을 주의 깊게 관찰하고 경청하게 되었다. 시간이 흐를수록 아픔이 더 많이 보여 역지사지(易地思之)하는 마음으로 정성을 다하여 보니 그들도 마음을 열어주었다. 법원에서 상담 명령을 받게 된 나를 만나러 온 부모는 제가 잘못해서 아이가 그렇게 된 것 같아요. 어렵게 한마디를 토해내고 고개를 숙였다. 며칠 뒤 만난 그들의 자녀는 "부모님께 제일 죄송해요."라고 한 후 시선을 떨구고 말이 없다.

이런 결혼은 지속할 수 없다고 찾아온 부부에게 "제일 원하는 것이 무엇인가요?"라고 물으면 그들은 같은 대답을 한다. "남편(아내)과 아이들과 행복하게 살고 싶어요." 그렇게 서로의 대답을 확인하면 부부는 말이 없어진다. 억울한 협박을 당하면서도 자신의 처지 때문에 숨어 있던 사람들에게 상담소를 찾아온 과정을 물으면 "더 이상 이렇게 살아선 안 될 것 같아서요."라고 힘주어 고백하고 눈물로 말을 대신한다.

그들의 마음 숲으로 깊이 들어가면 갈수록 나는 그들을 이해하게 되었다. 내담자들의 침묵을 따라 들어간 숲은 인적을 찾을 수 없거나 넝쿨이 뒤덮여 발을 딛기 힘들기도 하고 어떤 곳은 빛이라곤 찾아볼 수 없는 공포로 뭉쳐진 검은 숲일 때도 있었다. 어느 때는 숲길을 걸을 수 없는 공포로 뭉쳐진 검은 숲일 때도 있었다. 어느 때는 숲길을 걸어 들어가면 멀리서 들려오는 흐느끼는 소리에 나도 같이 눈물을 흘렸다. 상처로 인해 숲 어딘가 꼭꼭 숨어 있는 그들을 찾아 헤맬 때는 고통으로 가쁜 숨을 몰아쉬는 작은 소리 하나 놓치지 않기 위해 온 신경을 집중해야만 했다. 이런 경험이 한 번 두 번 횟수가 더해지며, 그들의 소리를 듣기 위해 내 소리를 줄여야 한다는 것도 깨닫게 되었다. 힘들게 숲에서 찾아낸 그들은 내가 처음 상담실에서 만났던 모습보다 훨씬 야위고 작고 연약했다. 겨우 만난 이들이 놀라지 않게 나는 그들 옆에 조심스럽게 앉는다. 그리고 그제서야 우리들의 치유가 시작된다.

캄캄한 어둠뿐일 줄 알았던 차가운 숲에서 바짝 말라 내팽개쳐져 있던 잔가지들을 모아 불을 피운다. 긴장과 불안으로 경직되고 우울함에 활력을 빼앗겼던 사람들은 그 온기에 기대어 쉰다. 모닥불은 어둠을 밝히고 차디찬 공기를 바꾼다. 그 온기로 자신을 위로하다 보면 희미하게나마 미소가 돌아온다. 지친 그들의 기억에 물으며 버려진 낡은 주전자와 이가 빠진 컵을 찾아낸다. 그리고 그 주전자와 컵을 흐르는 물에 깨끗하게 씻어 모닥불에 올린다. 내 주머니에 들어 있던 찻잎을 꺼내 주전자에 넣고 보글보글 끓이면 그들의 웃음소리처럼 즐겁다. 자기의 소명을 다한 찻잎을 걷어내고 컵에 차를 따라준다. 그러면 "선생님, 대체 이 주전자와 컵은 어디서 찾으셨어요?"라고 깜짝 놀라 묻는다. "당신의 숲에서 찾았어요."라는 대답과 함께 나는 잊지 않고 당부한다. "천천히 음미하며 마시길 바랍니다." 그러면 그들은 과거에 자신이 버렸던 그 컵을 귀한 보물처럼 잡고 차를 마시며 눈이 반짝인다.

모닥불로 따뜻해진 몸과 향기로운 차를 마시며 어둠을 함께 지내다 보면 그 시간은 삶의 음악이 된다. 음악이 끝나가기 시작하면 서서히 해가 떠올라 숲 전체를 따사롭게 비춘다. 루비가루처럼 부서지는 햇살에 그동안 보이지 않던 예쁜 꽃들이 별처럼 빛나고 향기가 눈물 대신 흐른다. 갖가지 새소리는 귀를 장식해준다. 푸른 하늘이 마음이 되고, 눈을 가리고 있던 것을 걷어내며 연약했던 몸을 일으켜 두려움에 지배 받던 것을 끊어낸다. 그들은 힘차게 일어나 숲을 뛰어 다닌다.

그렇게 헤어질 시간이 되면 그들의 꿈인 숲속에 핀 꽃 한 송이, 그들이 놓친 일상의 행복과 배려인 낡은 주전자와 컵을 손에 꼭 쥐어준다. 우리가 찾던 모든 것이 우리의 마음 숲에 있었다는 것을 잊지 않도록 말이다. 그곳에서 그들도 성장하고 나도 함께 성장했다. 고통스럽게 했던 삶의 괴로움들은 작은 것을 찾는 것으로 치유된다.

일상의 삶에서 푸념을 들어주고 고통을 함께 한다는 것은 무엇보다 중요하다. 사회적 명예와 성취, 타인과의 비교를 우위에 놓느라 버려졌던 그 일상이 우리의 생명이자 치유제이다. 이러한 긍정적인 경험이 반복될 때 우리의 삶은 더욱 풍부해지고 어떤 문제도 대처할 수 있게 될 것이다.

－「마음 숲의 치유」 전문 『한국문인』(2021. 4·5월호)

이 수필은 직설적으로 표현할 수 없는 상황이기에 때로는 상징으로 또는 비유로 혹은 이미지로 작가가 의도하는 바를 구사해 놓은 작품이다. 그렇다고 시처럼 밀도를 높이기 위해 정서와 함께 이루어진 이미지나 비유나 상상과는 좀 다르다. 비슷할 뿐이다. 또 삶과 무관한 환상적이며 공상적인 것도 아니다. 오직 말 못할 상황이나 심정을 형상화하기 위해서 구사해 놓은 절묘한 간접묘사다.

　상담자는 내담자의 극한적인 갈등으로 만신창이가 되어 불안과 공포와 초조와 분노와 번민 속에서 떨고 있는 모습을 보고 있다. 항상 죽지 못해 사는 자들이기에 그늘진 얼굴을 떨칠 수 없다. 이런 자들을 늘 만나 치유하는 업무이다. 그러다 보니 사명감 없이는 하루도 버티기가 참으로 힘들 것이다. 해맑은 얼굴을 대하며 일하는 사람들도 하루 일과를 마치고 나면 피곤한데 마음 아파 몸부림치는 이들을 매일 만나 치유하니 얼마나 몸이 지칠까? 이러한 일과들을 간접묘사로 쓴 수필이다.

　서두를 보자. 상담자는 내담자의 심리를 잠시 살피기 위해 사전에 '티포트'에 물을 올리고 스위치를 눌러 놓고 대략 살펴본다. 그리고 휴게실의 문을 열고 따뜻이 맞이한다. 내담자의 심리를 잠시 살펴본 연후에 친절하게 그의 말을 경청하며 계속 편안한 마음으로 대화할 수 있도록 유도한다.

　또 결말을 보자. 위에서 말하였기에 여기서는 약하지만 얼마나 가치 있는 풍부한 결론인가. 독자들은 이 수필을 통해 많은 것을 느꼈을 것이라 여겨진다. 특히 직설적으로 표현할 수 없는 상황이기에 아주 적절한 비유, 상징, 이미지 등의 표현으로 문학적인 면을 한층 높였으니 이 점도 높이 평가하면서 상담은 물론 문운이 창대하여 빛난 업적을 이루길 기대해 본다.

수필은 겸중문학(謙重文學)이다

　수필은 겸손하면서도 중후한 문학이어야 한다는 뜻으로 겸중문학(謙重文學)이라 명명해 보았다. 수필을 가벼운 마음으로 쓰는 것과 여과됨이 없이 마구 쓰는 것은 확연히 다르다. 여기서 수필을 가리켜 가벼운 마음으로 쓴다는 것은 부담 없이 있는 사실 그대로를 표현해 놓는 데도 문학적 가치 있는 글임을 의미하는 것이지 함부로 써가는 무모한 글이 결코 아님을 분명히 지적해 두고 싶다. 이러한 문장들이 그간 문예지에서 잡문이 수필 작품으로 더러 발표되어 왔기에 이르는 말이다.
　다른 한편으로, 아직도 수필과 에세이의 정체성과 본령을 분명히 모르고 있는 자가 있지 않을까 여겨 이를 다시 살펴보고자 하니 이 점 유념해두었으면 좋겠다.
　수필의 기본 형태를 대별한다면 정서와 철학성이 깃들인 서정수필과 논리성과 객관성을 지닌 에세이가 있다. 이 두 문장의 중심 부분은 같기에 공통점이 많다. 그러다 보니 둘을 구분하는데 혼란을 막을 수 없는 경우도 있다. 수필과 에세이를 하나로 묶어 수필이라 부름이 옳다고 최승범 교수는 그의 저서 『수필 ABC』(영설출판사 1965)에서 밝히고 있다. 현행 '국어사전'과 '한국문예사전'에서도 그의 정의를 하나로 보고 있다.

우리나라 수필의 효시라 일컫는 박지원이 쓴 열하일기 3권 「일신수필」과 영국의 베이컨이 1597년에 간행한 「The Essays」『학문(學問)』의 요점을 간략하게나마 비교해 보기로 하자.

정조(正祖) 4년(1780) 박지원은 연경(燕京)에 다녀와 열하일기 26권을 썼다. 그중 「일신수필」은 지금 보아도 한 편의 훌륭한 수필이 아닐 수 없다. 내용을 간략하게 요약해 보면 서두에는 "7월 15일 신묘(辛卯)년이다."라고 했고, 전개에 이르러서는 "우리나라 선비들이 연경에서 돌아오면 반드시 '제일 장관(壯觀)이 무엇이요?' 하고 묻는다. 제각기 본 바를 말하는데 '요동(遼東)천리가 가없이 넓은 벌이 제일 장관(壯觀)이요' 또 다른 관리는 '구 요동 백탑(白塔)이 장관이요' 등 다섯 관리들이 모두 그러했으나 상사(上士)는 추연히 '아무것도 볼 것이 없소.' 한다. '왜 없느냐?'고 하면 '황제가 치발(薙髮)이요, 장상·대신·백관 모두 치발이니 치발이라면 곧 되놈이요, 되놈이면 짐승과 다름이 없으니 무엇을 볼 것이 있으리오.'라면서 결말에 이른다. '나는 말한다. 기와조각과 똥 부스러기가 곧 장관이요. 기와조각은 담을 쌓을 때 좋은 무늬가 되어 우리의 정서에 유용하고 똥은 세상에서 더러운 것이지만 이를 밭에 내어 생산에 거름이 되니 (중략) 천하를 위하여 일하고자 하는 자, 진실로 백성에 이롭고 나라에 유조란 일이라면 (중략) 그러기에 나는 이렇게 말한다.'고 했다".(正音文庫. 熱河日記3)

베이컨이 간행한 「The Essays」『학문(學問)』을 살펴보자. "학문은 즐거움을 돕는데 장식용이요, 능력을 기르는데 도움이 된다."로 서두를 시작했고 전개 부분에서는 '약빠른 사람은 학문을 경멸하고 단순한 사람은 그것을 숭배하며 현명한 사람은 이를 이용한다. 즉 학문의 용도는 그 자체가 가르쳐주는 것이 아니라 그것은 어디까지나 학문을 떠난 초월한 관찰자로 얻어지는 지혜에 속하는 문제이기 때문이다. 독서는 충실한 인간을 만들고, 담화는 재치 있는 사람을 만들고,(중략) 학문은 머리털 하나라도 갈라 보려고 하는 치밀함이 있기에 각기 특수한 요법이 있는 것이다.' 최창호(崔昌鎬 번역)에서.

이 두 편의 수필과 에세이는 그 쓰인 연대와 시대의 의식이 크게 다르다. 그런데도 공통점은 '지적이요, 사색적이요, 객관적이요, 설득적이요 비판적이다.'라고 볼 수 있지 않는가? 이런 면에서 수필과 에세이는 비록 정체가 다를지라도 본령은 같은 것임을 말해둔다.

김정숙 「무딘 칼에 손 벤다」

"칼 갈아요. 가위 갈아요."
한 달에 두어 번 아직도 우리 동내에는 부엌칼이나 가위를 갈아주러 다니는 할아버지의 외치는 소리가 들린다.
연장을 실은 자전거 페달을 천천히 돌리며 동네 골목을 구석구석 돌아다니는 할아버지는 일감이 나타나면 아무 곳이나 그늘에 주저앉아서 칼을 간다. 처음에는 풀무처럼 손잡이를 돌려가는 기계에 초벌 날을 간 뒤에 이내 숫돌에 슥슥 날을 세운다. 햇빛이 반사되어 쨍하고 비치는 날을 확인하기까지 십여 분의 시간이 걸린다. 요즘에는 직접 소리를 지르지 않고 할아버지의 목소리를 녹음하여 스피커로 계속 틀어놓고 다니는 것 외에 예전과 다를 게 없다.
"할아버지 칼 가는 값이 얼마예요?"
담장 너머로 할아버지와 연배가 비슷한 할머니의 얼굴이 불쑥 솟아오르며 값을 묻는다.
"예 부엌칼은 오만 원이고 과도는 이만 원이요."
엑? 하고 놀라다가 이윽고 동그라미 하나를 더 얹어서 값을 부르는 게 할아버지 유머라는 걸 눈치 챈 노부인이 가만히 계셔 보시며 칼과 가위 과도를 들고 나왔다.
칼 가는 소리, 괴기 영화 속에서는 음산한 배경으로 깔리는 이 소리가 우리 동네에서는 할아버지가 안 계시면 사라져 버리는 그리운 소리가 되어 사각사각 골목길을 번져간다.

'밥줄'이라는 말은 참 절박한 단어다.

단지 먹고살기 위해 직업을 선택한 말, 어느 날 갑자기 자신의 직업이 더는 이 사회에서 요구하지 않게 되고 또는 나보다 더 실력 있는 누군가에게 밀리면 하루아침에 밥줄이 끊기게 된다. (중략)

할아버지께서 묵직한 칼을 건네 드리자 할아버지는 "어이쿠, 손 좀 다치셨겠네요?"라고 하신다.

"칼이 안 들으니 망정이지 잘 들었다면 손 많이 다쳤을 거예요."라고 하자 '무딘 칼에 손이 베이는 법'이라고 하시며 칼은 잘 들수록 안전하다고 한다.

급하게 칼질을 하다가 손톱을 몇 번 날린 적이 있었다. 그때마다 날카롭지 않은 칼날 덕분이라며 가슴을 쓸어내렸는데 오히려 무딘 칼날에 손을 베인다니….

생각해 보니 그렇다. 나는 무딘 칼을 사용하면서 칼을 겁 없이 대했다.

상대를 무시하면 신중함이 떨어진다. 신중하지 않으니 다칠 수밖에. 살면서 무딘 칼처럼 대접을 받은 적도, 남을 무딘 칼처럼 대한 적도 있었다. 며느리를 무딘 칼로 여기는 시어머니의 부당함에 화가 난 적도 있었다. 무딘 칼 같은 남편에게 답답함을 느끼기도 했다.

할아버지는 마치 도인처럼 칼을 다뤘다. 하긴 한 가지 일을 40년씩이나 했으면 도를 터득할 만하겠다. 잘 갈아서 반짝반짝 빛나는 칼을 할아버지께서 건네주신다. 조심스럽게 받아 놓았다.

나는 할아버지께서 오래오래 이 일을 하셨으면 좋겠다는 생각을 했다. 가끔은 지난날들이 무딘 칼처럼 뭉툭하게 차오를 때가 있는데 칼을 갈 듯 추억을 닦아 주시기 때문이다.

시원한 얼음물과 함께 수고료를 드리며 나는 할아버지가 건강하시기를 진심으로 원하였다.

– 「무딘 칼에 손 벤다」 중에서 『한국문인』(2021. 6·7월호)

"칼 갈아요, 가위 갈아요."란 이 수필의 서두는 리듬이 가미되었기에 할아버지의 정겨운 외침으로 들린다. 지금은 거의 사라져가지만 전에는 동네 골목길에서 자주 들었던 외침이다. 언뜻 듣기에는 구성진 가락이기에 흥을 돋우는 목소리인 듯 느껴지지만 생각해 보면 삶의 애환이 뒤엉켜 있어 어쩐지 듣는 사람의 감정을 서글프게 한다. 작가의 표현처럼 그 '일들이 밥줄'이라서 그런가 생각해 본다.

할아버지에게 갈아달라며 칼을 주니 "아이쿠 손 좀 다치셨겠네요. 무딘 칼에 손이 베이는 법이랍니다. 칼은 잘 들수록 안전하지요." 말한다. 생각해보니 그렇다고 여겨진다. 무딘 칼처럼 상대방을 무시하면 신중함이 떨어지는데, 내가 남을 대접함도 남이 나를 그리 대함도 없었는지 조용히 지난날을 돌이켜 볼 때 가슴이 뭉클함을 느꼈다는 내용이다. 작품에 이런 의미부여를 시킴은 대단히 중요하고 가치가 있다. 이 수필을 읽으면서 작가의 고운 심성까지 들여다보게 되니 수필의 진가를 보여주는 좋은 작품이라 여겨진다.

문장수 「사월이 오면 다시 살아 피어나는 꽃」

사랑하는 사람이 갑자기 세상을 떠나면 큰 슬픔에 잠기게 된다. 창자가 끊어지는 고통과 슬픔, 단장을 직접 겪은 어머니들은 말할 것 없다. 그럼에도 해마다 봄이 오면 온갖 형형색색의 꽃들은 매서웠던 긴 겨우살이를 이겨내고 다시 살아나듯 피어난다.

진나라 '환온'이 초나라를 정벌하려고 군사를 일으켜 배를 타고 가던 중에 '삼협'이라는 곳을 지나게 되었다. 그곳에서 한 병사가 새끼 원숭이 한 마리를 잡아왔는데, 그 어미 원숭이는 '환온'이 타고 내려가는 배를 쫓아 백여 리를 슬피 울며 뒤따라 왔다. 마침 배가 강기슭에 정박하자 어미 원숭이가 전광석화처럼 몸을 날려 배 위로 뛰어 올라왔다. 그러나 그 어미 원숭이는 새끼 원숭이를 보자 곧바로 죽고 말았다. 병사들이 하도 이상하여 죽은 원숭이의 배를 가르자 창자가 토막토막 끊어져 있었다 한다. 이토록 창자가 끊어질 만큼 자식을 잃은 애절함이 컸던 것이다.

펠리컨은 전설적인 새라고 한다. 펠리컨은 새끼들에게 먹이를 줄 수 없는 상황에 이르면 자신 목줄기 핏줄을 새끼들에게 맡겨 피를 마시도록 한다. 이러고도 부족하다 싶으면 목 안의 속살을 내주며 새끼들에게 먹이를 공급한다고 한다. 어미 펠리컨의 새끼에 대한 애틋하고 애절한 가없는 마음을 엿볼 수 있다. (중략)

십자가에 못 박혀 죽어 가신 외아들 예수님을 목전에서 지켜보며 바라보는 성모님은 애간장을 태웠을 것이며 그 어느 누구보다도 단장의 아픔이 컸을 것이다.

성경의 자비는 '크게 사랑하고 가엾게 여긴다.'로 자주 인용된다. 이 말은 그리스어로 '슬플랑크 조미아'인데 오장육부 겉 창자를 뜻하는 파생어이다. 어머니가 자식을 잃은 "애끊는 마음, 단장의 슬픔"임을 연상케 한다. (중략)

그리스도께서 죽은 아들 가운데에서 되살아나신 것처럼 우리도 새로운 삶을 살아가도록 해야 한다. 무엇보다 도움이 필요한 형제자매들 가난하고 헐벗고 굶주린 이, 병든 이, 불의와 불공정으로 인해 고통 받는 이들과 함께하며 우리 모두가 그들의 아픔을 나누어 가져야 한다.

그래서 국가와 사회, 각자의 자리에서 맡은 바 역할과 임무에 최선을 다하고 "가엾이 여기는 기도와 사랑의 실천"을 한다면 바로 해마다 다시 살아나는 부활의 증거가 될 것이며 우리 사회에 참다운 희망을 줄 것이라 생각해 본다.

- 「사월이 오면 다시 살아 피어나는 꽃」 중에서 『한국문인』(2021. 6·7월호)

이 글은 논리성이 가미된 일종의 에세이다. 서두 역시 독자의 눈을 끓기에 부족함이 없다. 어머니의 사랑을 단장의 슬픔에 비유하고 있다. 진나라 '환온'이 초나라를 정벌하려고 군사를 일으켜 배를 타고 가던 중 한 병사가 원숭이 한 마리를 잡아왔는데 어미 원숭이가 슬피 울며 끝까지 배를 따라오다가 백여 리쯤 해서 아주 신속한 동작으로 몸을 날려 배 위에 올랐다. 그 원숭이는 새끼 원숭이를 보자 곧바로 죽고 말았다. 이를 하도 이상하게 여겨 죽은 원숭이의 배를 가르고 보니 창자가 토막토막 끊어졌다. 창자가 끊어지도록 어미 원숭이는 애절함이 절정에 이르렀음을 일컫는 일화다.

이처럼 새끼에 대한 어미의 애틋함이 펠리컨의 전설에서도, 솔로몬의 지혜로운 판결에서도, 스페인 바르셀로나에 있는 가우디 건축물에서도 어머니의 큰사랑을 느낄 수 있다. 특히 예수가 십자기에 못 박혀 죽을 당시 그 어머니 마리아의 슬픔은 오죽했을까를 상기시키면서 세월호 참사 7주년을 맞아 자식을 잃은 부모의 심정을 헤아려 본 수필이다.

현대사 중 최악의 사태인 세월호 참사는 7주년이 지난 지금까지 진상이 확연히 밝혀지지 않고 있다. 그러기에 "그 부모의 아픔을 우리 모두의 아픔으로 여겨 기도와 사랑의 실천을 계속한다면 해마다 다시 살아나는 부활의 증거가 될 것이며 우리 사회에 참다운 희망을 줄 것이라 생각해 본다."로 결말을 지었다.

신소미「한강」

이 수필을 쓴 작가는 200자 원고지 팔·구매 정도의 짧은 글에서 능력을 맘껏 발휘하고 있는 것으로 보인다. 때로는 시적 묘사로, 때로는 산문적인 형태로 한강을 소개하며 노래하고 있다. 그리고 표현 면에서 볼 때 많은 수사법 사용으로 문장이 매우 화려하다. 그러면서도 한강의 역사적 사실에 대하여는 비판적이다. "신라와 백제, 고구려는 한강을 차지하면 한반도를 얻는다고 서로 이전투구를 하였다. 얻어서 무엇하고 잃어서 어떡하자는 것이냐. 돌아보면 모두가 허망할 뿐이다."라는 어조다. 그렇다면 짧게나마 그 이유를 독자가 이해할 수 있도록 친절을 베풀어야 한다. 이 점이 퍽 아쉽다. 이 작품을 쓴 작가는 독자들이 다 알고 있다고 여겨 그랬을지도 모르지만 이것은 작가만의 생각일 뿐이다. 독자 중심이 아닌 필자 중심의 수필은 자칫하면 독자들에게 외면을 당하기 쉽다.

다른 문학에서도 그러하겠지만 특히 수필은 가벼운 마음으로 누구나 이해할 수 있도록 쉬운 단어로 표현함이 좋다. 그런데 '침중, 오수, 조우, 이전투구' 등 어려운 단어를 한자도 곁들이지도 않고 마구 사용했다. 물론 한글 시대라 그랬을 것이다. 그러나 귀에 익은 단어가 아니라서 하는 말이다.

또 원고 양에 비해 수필가는 욕심을 너무 많이 부렸다. 한강을 노래하면서 역사적인 사실을 두 번이나 소개했으니 원고량에 비해 너무 벅차다. 그러니 나열된 소재에 비해 주제가 빈약할 수밖에 없다. 이 점을 유념했다면 얼마나 훌륭한 수필이 될 것인가?

윤홍은 「속리산에서」

여름 가을이 공존하는 9월이 되면 외로움과 쓸쓸함에 그리운 이가 무한정 보고파 가을 향을 코가 아닌 오감으로 느끼면서 가슴이 서늘해지게 된다. (중략)

생존 연수를 80으로 생각하고 계산하였을 때 나의 30 후반은 여름이었다. 가을을 맞이하는 9월 초부터 30대 후반은 여름 후반이었다. 참으로 서럽고 힘든 나날이었다. 준비되지 않는 자세로 끊임없이 흔들린다.

삶을 정리할까를 여러 차례 궁리하고 엄마의 궁핍한 얼굴을 바라보며 불안했던 아이들이 삶의 희망을 눈빛으로 가슴으로 간절히 전해오던 그런 인생의 여름 후반 가을을 아프게 시작하였다. (중략)

신은 자신이 이겨낼 수 있는 크기의 무게를 주는 것이라고 나는 이 정도는 자신이 이겨낼 수 있는 사람이라서 이런 고통이 주어지는 거라고 자위해 보지만 방법은 없었고 뉴스에서 사고사라는 보도가 나오면 나도 저렇게 되어서 아이들에게 경제적 안정을 주고 싶어졌다. (중략)

그러던 중 문득 20대에 우연히 오른 속리산 문장대 등반 동행자가 문장대에 세 번을 올라야 소원이 이루어지고 죽음이 편안하다고 했던 말이 떠오른다.

오후 시작점에 무턱대고 속리산 쪽으로 차를 몰았다. 법주사 입구 주차장에서부터 걷기 시작했다. 준비 없이 휴대폰만을 들고 몇 시간 산행이 될 것인지조차 계산하지 못하고 세심정 입구까지 걸었다.

세심정 입구부터는 산길로 들어섰고 혼자서 오르는 원거리 산행 두려움과 낯섦이 문득문득 가슴에 쳐들어왔지만 이미 잃을 것조차 없는 정신은 걷기밖에는 없었다.

두 개의 매점을 지나가고 물도 없이 오르는 오르막은 분노로 짧아진 호흡을 더욱 바짝바짝 조여 왔다. 앞을 올려 보고 또 올려 봐도 끝이 없는 돌계단뿐이다. 오르고 또 올라도 계단이다. 오르고 난 뒤 올려 보면 다시 또 아까와 같은 돌계단이다.

헉헉 아~ 내 삶과 같다.

내 삶은 왜 이렇게 어려운 건가!

앞이 보이지 않고 돌계단만이 있다. 저 끝없는 돌계단이 내 앞으로의 삶의 길인가 보다.

그냥 돌아갈까? 어차피 계속 오르막이고 이대로라면 돌아서는 것 현명한 것이 아닐까?

생각이 망각되고 망각되면서 호흡만이 남아 바라보지 말자. 그냥 가자. 걸어가자. 걷기만 했다. 앞을 보지 않기 위해 모자를 눌러쓰고는 가슴이 머리에게 일러준 대로 그냥 자박자박 걸었다. 주먹 안에 바람을 잡으려 해 보고 바람은 머리 위에서 내 몸을 휙 돌아 그냥 가 버리고 또 다른 바람이 왔다가 그렇게 가고 오고 가고 오는 인연 가는 인연, 세상에 만들어진 모든 것에 변해가는 이치가 알아졌다.

만산지경인 머리, 얼굴, 목, 가슴은 어느새 땀으로 씻어지고 있다.

봄과 여름 동안 앉은 찌든 먼지들이 씻어질 수 있도록 땀이 흐른다.

그렇게 자박자박 걸음은 나의 정신과 가슴을 담은 몸을 문장대에 얹어 놓았다.

문장대의 사통바람은 그냥 살아라. 그냥 살아라!! 그냥~~이라면서 속삭여 줬다. (중략)

후두둑 후두둑 떨어지는 상수리가 어서 가! 빨리 가! 여기 너 있을 곳 아니야! 하면서 쫓아내듯이 속리산에서 나를 밀어냈다.

후로, 앞을 계산하거나 짐작하거나 하는 등의 어리석음을 놓아 버리게 되었다. 잃은 것보다 가지고 있는 것이 아직 많다는 것이, 멀리 보려 하지 않고 조급해하지 않으니 보이기 시작하였다.
매년 찾아오는 가을의 열병이!
내 인생주기에도 이렇듯 열병으로 철들어 가게 되었다.
나는 이제 사랑하는 사람들을 바라보게 되었다.
그리고 번뇌가 찾아들면 문장대에 오르고, 문장대에 오르면서 그냥 살아 있음을 자박자박 걷기를 다시 공부한다. 무엇이 되려 하지 말고 그냥 살자.
그렇게 그냥 살아보니 이제 삶의 가을에 예쁜 단풍이 시작하려 한다.
- 「속리산에서」 중에서 『한국문인』(2021. 6·7월호)

인생철학이 담긴 수필이다. 특히 서두부터 독자의 마음을 끌어들이더니 끝까지 눈길을 떼지 못하게 한다. 참으로 서럽고 힘든 나날들, 끊임없이 흔들리는 심리 끝에 삶을 정리할까를 생각한다. 그러다가 속리산 문장대에 얽힌 속설이 떠올라 차를 몰고 그곳을 향한다. 끝없이 이어지는 문장대 계단을 오르고 문장대 정상에서 바람을 맞으며 삶의 이치가 바로 이런 것임을 깨닫게 된다. 마침내 결말에 이르러 승화시킨 인생의 가치를 되찾게 되는 내용이다.
후두둑 후두둑 떨어지는 '상수리'는 무엇을 의미하고, '어서 가! 빨리 가! 여기 더 있을 곳이 아니야! 하며 속리산에서 나를 밀어냄'은 무엇을 말해줄까? 상수리나무 열매는 '인생의 가치를 일깨워 주는 역할을 한다.' 그 한 알 한 알을 맺기 위하여 이른 봄부터 여름, 가을까지 긴긴 나날의 고초를 무수히 감내해 왔던가를 일깨워 주고 있다. 생각해 보라. 한기가 서린 꽃샘추위부터 험난한 폭우와 폭풍 속에서 간신히 수정되어 자리를 막 잡을 무렵 또 해충들이 얼마나 괴롭히는지, 그 악전고투를 모두 헤쳐내야 비로소 여문 상수리가 되어 종족 번식을 위해 땅에 떨어지니 얼마나 대견한 씨앗인가. 이것을 깨달았으면 어서 내려가라고 큰 소리로 강권하고 있다. 문장대에서 밀어낸다는 표현은 절망의 시간에서 헤어남의 시간으로 강렬하게 표출된 문장인데 정서적인 시적 가미가 두드러진다. 작가는 또 여기서 '!'느낌표를 사용했는데 아주 적절한 문장부호다. 이는 '감탄' '놀람' '부르짖을 때' 쓰는 문장부호이니 힘차게 외침이나 크게 깨달음을 의미하는 문장부호다. 아울러 같은 느낌표로 쓰는 ','쉼표는 부드러운 감정으로 속삭이듯 부를 때 쓰는 문장부호임을 아울러 여기서 밝힌다.

'내 인생의 주기에도 철들어지게 하였다'라고 솔직한 심정을 털어놓지 않았는가. 그리고 '자박자박 걷기를 다시 공부한다.'라고 작가의 심정을 숨김없이 표현함은 새롭게 인생을 시작한다는 의미로 들린다. 아무튼 갈등의 심리, 해소의 마음가짐을 숨김없이 작품화함은 수필의 진가를 그대로 보여주는 것이라고 하겠다.

이경영 「물꼬싸움」

물꼬싸움은 농촌에서 흔히 볼 수 있는 생존경쟁의 싸움이다. 농산물 중에 쌀이 생계를 유지해가는 주된 곡식이 되고 큰돈을 손쉽게 만질 수 있는 곡물이 되기 때문이다. 물꼬싸움은 험악한 일까지 번지기도 하나 그때마다 막걸리 한잔을 놓고 웃음으로 곧 화해하고 만다. 이것이 농촌의 그윽한 인심이었다.

비록 치열한 생존경쟁이라 할지라도 농촌의 농사 그 자체가 마음의 수련장이었다. 알게 모르게 일하는 동안에 자연히 후(厚)한 인심이 길러진다. 조용히 생각해 보자.

그들은 날이 새면 일터인 논밭으로 나가 열심히 일한다. 굵은 흙덩이를 잘게 부수고 이랑을 지어 곱게 다듬어 정성껏 씨앗을 뿌린다. 새싹이 곱게 나오면 자식처럼 애지중지(愛之重之) 기르는 동안 곡식의 양분을 빨아 먹는 잡초가 나오기 시작한다. 그 잡초를 부지런히 뽑아낸다. 뿐만 아니라 곡식이 다 자라 여물 때까지 흙을 북돋아 주며 물이 부족하면 물을 대주고 거름이 부족하면 거름을 주며 정성껏 가꾸어 낸다. 그 뒤 수확하고 갈무리하기까지 어느 것 하나 빼놓지 아니하고 소중히 여긴다. 이러한 작업이 농사짓는 일에서 빼놓을 수 없는 농법이다.

논농사나 밭농사는 새싹이 나오면 온 정성을 모아 곡식을 기르는데 비록 식물이라 할지라도 애정을 쏟는 것은 혈육과 무엇이 다를까. 그 귀여운 마음, 사랑스러운 마음이 있기에 그 곡식들을 자세히 바라보며 부족한 것이 무엇이고 어떻게 해 주어야 더 왕성하게 잘 자랄 것인가를 늘 생각하는 그 마음이 어찌 타산적일 것인가. 마을 사람들을 대할 때에도 그 순박한 마음으로 사귀며 생활한다. 그곳에 어찌 따뜻함이 피어오르지 않을까. 바로 이것이 농촌의 인심이다.

굵은 흙덩이에서는 씨앗이 자랄 수 없다는 것은 잘 알기에 농민들은 흙을 곱게 다루는 것이다. 그러는 동안 거칠어진 자신의 마음을 곱게 다듬어 나가는 작업이 자연스럽게 이루어지는 것이요, 잡초를 매는 동안에 자신의 번민도 잡초처럼 깨끗이 제거한다. 이런 아름다운 작업이 무의식 중에 계속 이루어진 나날이다. 이것이 생활 속에서 다져진 삶의 철학이다. 과거 농민들은 대부분 학교에서 배운 바는 없지만 농사를 통해서 스스로 깨달아 이루어진 인품이 농촌사회를 아름답게 이루고 있었다.

목이 타들어 가는 가뭄에 단비가 내리니 누구나 기를 쓰고 물을 대려 한다. 그러다 보니 물꼬싸움에 뛰어드는 것이 우리의 삶이다. 이런 상황일지라도 막걸리 한 잔을 앞에 두고 화해하는 마음은 농사 일손에서 닦아 온 순리의 마음이요, 그 정신이다. 오랜 세월 쌓아올린 생활철학에서 얻은 농민들의 삶이다.

교육은 하루아침에 이루어지는 것이 아니다. 평생을 두고 이루어지는 것이 교육이다. 그런데 산업화가 이루어지면서 단기간의 학벌이 요구됨에 따라 이에 부응하다 보니 모순된 인격이 형성됨이 현실이다. 그 하나의 보기로 학벌이 높으면 이에 인품도 훌륭해야 하는데 학벌 따로 인품 따로 이루어진 현실이다. 시급히 교육이 해결해야 할 문제가 여기에 있다.

농촌의 현실도 기계화됨에 따라 예전처럼 흙을 부수고 곱게 다루며 김을 매는 일들이 없어져 편리해서 좋기는 하다. 그러나 그 아름다운 농촌의 풍습이 사라졌으니 과연 그 까닭은 무엇 때문일까. 예전에는 못 살았지만 서로들 아끼며 나누어 먹던 훈훈한 인심이 점차 사라지고 타산적 심리가 자리 잡고 있으니 말이다.

> 아파트 문화 속에 살다가 한적한 마을에 집을 짓고 들어와 살기 시작한 지 벌써 일곱 해가 지났다.(중략) 갑자기 큰소리가 나기에 그들이 민망할까 빼꼼히 문을 열고 살짝 들어보면 영락없이 또 싸움판이다. 겉으로 보기에는 평화로운 시골 마을이지만 이웃사촌 인심은 옛말인 듯하다.(중략) 속을 들어다 보면 평화가 오래다.
> "저 영감탱이 언제 죽나. 제정신이 아닌 걸 보니 치매야 치매. 썩을 놈 죽일 놈"
> 육두문자가 난무하는 욕설은 기본이고(중략) 큰 싸움으로 번진다. 끝내 신고를 받고 출동한 경찰관들도 어찌하지 못하고 번번이 돌아가기 일쑤다.
> － 「물꼬싸움」 중에서 『한국문인』(2021. 6,7월호)

현실의 농촌인심을 꼬집으면서 순수한 농민들의 아름다운 풍습으로 돌아갔으면 하는 간절한 바람은 이 작품을 쓴 작가의 의도가 아닐까 여겨진다.

수필은 인생의 맛과 멋의 문학이다

　우리의 삶을 진솔하게 형상화해 놓은 수필은 '인생의 맛과 멋'이 풍부하게 담겨 있다. '맛과 멋'은 한 뿌리에서 이루어졌다. 그 보기로 '멋이 있는 사람은 맛도 있다.' 또는 '맛깔스러운 사람은 멋이 있다.' 등 이렇게 표현한 말로 봐도 그렇다. 우리의 국어사전에서도 '맛'을 ①혀에서 느끼는 미각적 감각 ②사물에 대한 재미스러운 느낌 ③살림의 맛이라고 기록되었고 '멋'은 ①시각적으로 풍기는 세련된 기품 ②격에 어울리는 운치 있는 맛이라고 정의해 놓고 있다. 사전에서 ②의 풀이를 통해 볼 때 '살림의 맛과 멋' 그리고 '운치 있는 맛과 멋'은 이현령비현령(耳懸鈴鼻懸鈴)이다. 물론 ①좁은 의미에서는 미각과 시각으로 구분할 수 있으나 ②넓은 의미에서는 맛과 멋을 분명히 구분할 수 없음은 그 말이 한 뿌리임을 보여주고 있다.
　맛과 멋의 묘미로 이루어진 한 편의 수필은 진정 생동감이 넘치는 문학이다. 인생에 있어서 멋과 맛은 최고의 가치를 지니고 있기에 그렇다. 이 가치가 주어지려면 평범해서는 결코 안 된다. 심혈을 기울여야 한다. 심혈은 몸부림이요 심한 고통이다. 몸부림과 고통이 따르지 않고 이루어진 값진 일이나 가치는 어느 것 하나도 없다.

　미국의 어떤 물리학자는 이렇게 말했다. '초가 불에 타서 없어지는 것을 본 사람들은 초가 타서 없어졌다고 한다. 그러나 물리학적으로 보면 초가 타는 동안 빛으로 변해 공간에 영원히 남게 된다. 초로 있을 때에는 초가 그대로이지만 그것이 타서 빛이 되었을 때는 그 빛이 공간에 영원히 남게 된다. 이같이 인간이 육체로 살 때에는 영원히 남지 못하지만 육체를 태워 고난의 빛으로 참여했을 때에는 그 정신이 우리 곁에 영원히 남게 된다.'고 했다. 문학도 그러하다. 안이한 맘으로 손쉽게 쓴 작품은 발표됨과 함께 곧 사라지지만 고통을 감내하며 쓴 작품은 후손대대로 읽힐 수 있는 고전적 작품으로 영원히 남게 된다.

　이철호(李喆鎬) 님은 그의 저서 『수필창작의 이론과 실제』 중 「수필에서의 비평의식과 비평기준」이란 글에서 이와 같이 말하고 있다. "문학작품에는 원래 비평의식이 그 바탕에 알게 모르게 깔려 있기 마련이다. 우리의 삶과 우리 사회에서 많은 것들을 보고 듣고 느끼고 체험하면서 갖게 되는 '어떤 하고 싶은 말들이나 비평의식' 등을 글로써 표현해 내는 것이 바로 문학이기 때문이다."라고 했다. "작가는 사물을 바라볼 때 진위(眞僞)에 대한 판단과 비평의식이 빠져 있는 문학작품이란 문학으로서 가치가 없다"는 말이다. 그렇다. 한 편의 작품이 완성되려면 사물 자체의 표현만으로는 부족하다. 그를 형상화하여 작가의 사상과 감정과 철학이 융합할 때 창작품이 탄생된다. 이상(以上)의 이론에 눈여겨볼 대문이다.

　재론하지만 우리가 맛있는 음식이라 일컬을 때 맛과 영양이 고루 갖춘 음식을 가리킨다. 또 멋있는 삶이라 할 때 정신의 세계까지 모두 말하는 것이지 한 부분만은 결코 아님을 인식하라는 의미다. 문학은 작가의 창작력 없이 사물만 나열했다면 문학의 진가를 나타낼 수 없다. 감동도 흥미도 없는 글, 무미한 글을 누가 이 바쁜 시간에 읽겠는가.

김민정 「옥수수」

　지인이 보내온 옥수수가 자루를 뚫고 금방이라도 튀어나올 것 같이 싱싱하다. 진한 초록 잎맥의 결이 거친 옥수수 하나를 얼른 꺼낸다. 고향의 향기가 물씬 풍겨 나온다. 잎의 끝자락을 잡고 껍질을 벗기기 시작한다. 여인의 한복 속곳만큼이나 칭칭 동여맨 껍질은 얼마나 야무진지 여민 품이 여간해서는 속 내주지 않을 기세다. 어차피 보여줄 알몸인데도 조바심이 난다. 손(揀)을 탈까 거칠게 동여맨 검푸른 겉옷은 여지없이 나의 손에 의해 적나라하게 벗겨진다. 마침내 다 벗고 드러난 하얀 알갱이, 촘촘하고 고른 열(列)로 빈틈이 없다. 알알이 빛나는 모습이 진주알같이 실(實)하게 영근 하얀 옥수수가 식욕의 욕망을 채운다. (중략)
　이제 보름만 참으면 쫀득하고 밀크 캔디 향기가 나는 옥수수를 먹을 수 있다는 설렘으로 마음도 따라 춤을 춘다. 6월 중순이 되어서야 옥수수는 금값으로 마트에 선을 보이기 시작한다. 눈길이 온통 옥수수로 가 있지만 비싼 가격 탓에 보름을 더 기다려야만 한다. 그 기다림을 더 이상 참지 못하고 몇 개 사들고 와서 쪄 먹어 보지만 옥수수를 향과 맛이 이미 저만큼 달아난 탓에 살짝 실망한다. 산지에서 마트로 오기까지 과정은 적어도 하루 이틀이 지나기 때문이다. 옥수수는 따내는 즉시 쪄야 당도와 밀크향이 그대로 살아 있다. 그러나 옥수수를 너무 기다린 탓에 이거마저도 꿀맛이다. (중략)
　미국의 인디언 부족들은 추장의 딸들이 성숙해지면 옥수수밭으로 데리고 가서 결혼에 대한 인생 교육을 받게 한다고 한다. 지정된 밭고랑에서 가장 좋은 옥수수를 하나만 따오라는 지시를 받게 되는데 단 한 번 지나친 옥수수는 다시 쳐다볼 수 없고 한 번 내디딘 걸음을 후퇴할 수 없이 계속 앞을 향해 나가면서 마음에 드는 제일 좋은 옥수수를 고르는 일이다. 그 결과 어떻게 될까? 밭을 나온 딸들의 손에는 하나같이 작고 보잘것없는 옥수수가 들려 있다 한다. 왜 그럴까? 초반에는 탐스러운 옥수수가 나와도 좀 더 가면 더 좋은 옥수수가 있겠지라는 기대감에 선뜻 따지 못하다가 결국 도착지에 다다라서야 초조한 마음에 손에 닿은 아무 옥수수를 따서 나오게 된다는 것이다. 빈손이라면 평생 처녀로 살아가야 한다는 걱정 때문이다.

뒤돌아보면 살아오면서 때로는 좋은 사람을, 좋은 기회가 바로 앞에 있는데 만족하지 못하고 보이지 않는 이상에 눈이 멀어 욕심을 부리다가 놓친 적이 있다. 그러나 후회하지 않는다. 지난 일들은 모두가 자신만의 업적이다.

옥수수 삶은 냄새가 집안에 가득 차다. 뽀얀 진주알을 한입 물어뜯는다. 맛의 포로가 된 지금, 여름내 기다렸던 옥수수 맛을 몸과 마음에 깊숙이 저장시킨다.

- 「옥수수」 중에서 『한국문인』(2021. 8·9월호)

이 수필은 옥수수껍질을 벗기면서 상상의 세계로 유도하는 상징성이 짙은 작품이다. 시적 요소를 가미시킴에 따라 작품의 폭이 넓혀졌는데 옥수수에 빗대어 나타난 상징성과 한데 어우러져 교감이 형성되고 있다.

"지인이 보내온 옥수수가 자루를 뚫고 금방이라도 튀어나올 것 같이 싱싱하다."로 서두를 시작한다. 평이하게 생각하면 다소 과장된 묘사로 볼 수 있다. 그러나 조금 깊이 생각하면 '옥수수의 싱싱하다는 표현'은 아주 '젊다'란 의미로 해석할 수 있다.

"껍질을 한 꺼풀 두 꺼풀 벗기기 시작하는데 마치 여인의 속곳만큼이나 칭칭 동여맨 껍질은 얼마나 야무진지 여민 품이 여간해서 속(살)을 내주지(보여주지) 않을 기세다. 어차피 보여줄 알몸인데도 (중략) 나의 손에 의해 적나라하게 벗겨진다." 여기까지만 읽어봐도 해학성과 상징성이 작품에 얼마나 풍부하게 담겨 있는가를 엿볼 수 있다.

유교사상으로 철통같이 무장된 조선시대의 여인네들이 외출을 할 때에는 한복 아래 속곳을 여섯 벌이나 껴입었다는 기록이 있다. 모두 끈으로 단단히 매도록 되어 있다. 이는 정절을 목숨처럼 지키기 위함이다. 속살을 드러내려면 하나하나 풀어내어야만 가능했기에 그만큼 시간을 벌면서 끔찍한 구렁텅이에서 빠져나갈 궁리를 하기 위함이라 했다. 작가는 이것을 생각하면서 작품을 쓰지 않았나 생각된다. 또 전개의 끝부분에서 "나의 손에 의하여 적나라하게 벗겨진다."는 표현도 그렇다. 역시 신랑신부의 첫날밤의 모습을 연상케 하지 않는가? 이처럼 위트와 해학이 풍부한 작품은 그간 많은 독자들에게 호응을 일으켜 왔고 앞으로도 그러할 것이니 이는 문학의 가치를 한층 높여주고 있다고 하겠다. 문학의 맛과 멋을 느끼게 하는 수필이다.

문매자 「학도병 전사와 자리 잃은 위패」

6월만 돌아오면 남편과 현충원에 들러 학도병으로 나가 전사한 오빠의 위패를 찾으려고 시도했으나 현장 컴퓨터에는 남은 흔적이 없었다.

창원에 사는 외손자의 수학여행길이 서대문 역사박물관과 용산전쟁기념관을 관람한다는 소식이 왔다. 전쟁이란 소리, 아니 글자조차 보기 싫어서 외면하고 있던 내가 전쟁기념관을 찾아간다는 것은 나 자신에게 큰 짐이라고 할까. 여하튼 평범한 일은 아니었다.

스마트폰으로 용산전쟁기념관에 도착시각이 11시, 부지런히 움직여서 집을 나왔다. 도착하니 10시도 채 되지 않았다. 나는 손자보다 미리 관람하기로 했다. 계단을 오르니 1943년~1953년까지 전사자들의 명단이 높이 약 3m의 대리석 비석에 가득히 적혀 길 양쪽으로 서로 마주보고 서 있었다. 이를 꽉 잡아 물고 양면을 훑어보았다.

60대 초반으로 보이는 안내원에게 6·25한국동란 때 전사한 명단을 찾고 싶다고 했더니 컴퓨터에 찾아보라고 했다. 나는 컴퓨터가 지시하는 대로 따라 시도해 봤지만 찾을 수가 없었다.

때마침 옆에서 듣고 있던 여직원이 이름이 무엇이냐고 묻는다. 고향이 어디냐고 묻는데 서울이요, 서울 하니까 서울 어디요? 가회동이요. 그 여직원은 말없이 이름과 고향을 컴퓨터에 치더니 018-ㅈ-086 줄을 찾아보라고 일러준다. 급히 서둘러 한국전사자 비석으로 돌아와 까맣게 적혀있는 전사자들의 이름 앞에 섰다. 내가 사랑하는 오빠의 이름 석 자가 있었다.

그리도 수없이 찾아 헤매던 그리운 오빠 문성태(文成泰) 석 자가 "매자야 기다리고 있었다."라며 나를 안으려 팔을 내미는 것이었다. 벅찬 가슴에 숨이 막히는 듯했다. 지난봄에도 현충원에 들러 오빠의 위패를 찾아 헤매었다. 어머니의 마지막 유언 때문에 6월만 돌아오면 남편과 현충원에 들러 오빠의 위패를 찾으려고 힘써오다가 내 눈앞에 있으니 반가움인지, 억울함인지 서러움으로 왈칵 눈물이 쏟아진다. 가슴이 멎는 것 같아 현기증이 일어나면서 나는 살며시 그 자리에 주저앉았다. 입속에서 오빠 부르면서 뜨거운 눈물이 앞을 가린다. (중략)

　남편과 현충원에 갔다. 직원은 현충원에 위패가 없다는 것을 확인하고 국방부에서 전사확인서를 받아오라고 한다. 가져오면 봉안해준다고 한다. 충남에 있는 국방부에 전화를 했다. 당시의 상황을 자세히 써서 보내면 심사를 해서 전사확인서를 보내주겠다 한다. 이것을 받아 현충원에 제출하여야 위패 봉안이 이루어진다고 했다.

　전쟁기념관에 기록된 사항은 국방부 검증에 의해 기록되었다는데 또 무슨 전사자 확인서가 필요한가. 지금 어떤 보상을 달라는 것도 아니고 위패 하나 찾아 학도병이었던 오빠를 제자리에 찾아 놓고 싶은 마음뿐인데 약 10cm 정도의 나무위패 제자리 찾기가 이렇게 힘들 줄을 감히 생각도 못했다.

　지난번 수학여행을 가다가 죽은 자식들을 애통해 울부짖는 어버이들은 어버이 노릇을 하고 있다. 그러나 나라의 존폐 위기에서 목숨을 바친 학도병의 전사자는 이렇게 까다롭게 대해도 되는 것인지 엄중히 국가 위정자들에게 묻고 싶다.

　나는 이 글을 쓰면서 먹먹해진 가슴을 쓸어내리며 서둘러 전사확인서를 받아 오빠의 위패를 정 위치에 놓고 싶고, 어머니의 마지막 유언을 이루어 드리고 싶다.

　　　－「학도병 전사와 자리 잃은 위패」중에서 『한국문인』(2021. 8·9월호)

매년 6월이 오면 민족상잔의 6·25를 잊을 수가 없다. 그런데도 젊은 세대들이 잊고 있으니 퍽 안타깝게 여겨지는데 국가에서 마저 이렇게 성의 없는 듯하다. 이 글이 사실이 아니기를 바란다.

이 작품의 서두에 "6월만 돌아오면 남편과 함께 현충원에 들러 학도

병으로 나가 전사한 오빠의 위패를 찾으려고 시도했으나 그간 현장 컴퓨터에는 남은 흔적이 없다"고 했다. 그래도 작가는 포기할 수 없었다. 다시 현충원과 보훈처 컴퓨터를 샅샅이 살펴봤으나 역시 흔적이 없다. 오빠의 위패를 끝끝내 찾지 못할까. 기어이 위패를 찾아 본래의 제자리에 놓아드려야겠다는 일념으로 금년에도 용산전쟁기념관에 이르렀다.

그곳 역시 용이하지 않았다. 안내원에게 물어봐도 컴퓨터에서 찾아보라고 했기에 기기가 지시하는 대로 따라 시도해 봤으나 찾을 수가 없었다. 옆에 있던 여직원이 퍽 안타깝게 여겨, 이름과 고향을 묻기에 대주었더니 이곳저곳을 살피다가 찾았다고 했다. 직원이 가르쳐준 대로 '018-ス-086' 줄에서 찾아봤다. 오빠의 이름이 내 눈앞에 이르렀다. 그때의 감격을 어떻게 표현할까. 왈칵 눈물로 쏟아진다. 그러면서 현기증이 일어나 자리에 주저앉았다. 그리고 주체할 수 없는 마음으로 오빠를 불렀다. 혈육의 정이 이렇게 무서울 줄이야. 예전에 상상이나 했겠는가. 어머니의 한(恨)을 이제야 풀어드린 셈이니 감개무량하다. 그간 오빠의 위패를 찾지 못해 울부짖던 어머니 모습이 지금 막 눈앞에 어리어 온다고 했다

이 작품을 쓴 작가는 현재 팔순고개에 서 있다고 했다 어머니가 마지막 유언으로 '학도병으로 전사한 오빠의 유패를 찾아 달라.'고 한 맺힌 채 숨지셨다는 것이다.

평자는 민족상잔의 6·25를 생각해 본다. 1950년 6월 25일 일요일 새벽 4시 북한 인민군은 선전포고도 없이 38선을 넘어 남침했다. 당시 전쟁이 얼마나 치열했던가를 그때 불렀던 군가이자 진중가요였던 노랫말에서 여실히 드러나고 있다.

전우의 시체를 넘고 넘어 앞으로, 앞으로/ 낙동강아 잘 있거라 우리는

전진한다/ 원한이야 피에 맺힌 적진을 무찌르고서/ 꽃잎처럼 떨어져 간 전우야 잘 자거라

- 전체 4절 중 1절의 가사

이 노랫말은 1950년 9월 15일 유엔군 사령관 맥아더 원수(계급의 명칭)가 인천상륙작전에서 성공하여 9월 28일 서울을 수복하기 직전 맹렬한 전쟁 상황을 잘 말해주고 있다. 얼마나 아비규환의 처참하고 긴박한 상황이었으면 전우의 사체를 그대로 둔 채 넘고 넘어야만 했고 꽃잎처럼 떨어져 간 전우야 잘 자 거라고 했을까? 꽃다운 청춘이 나라를 위해 목숨을 바친 우리 젊은이들의 애국정신을 결코 잊어서는 안 된다. 아무리 세월이 흐른다 할지라도 말이다. 이 작가는 한국전쟁 72년 만에 학도병으로 전사한 오빠의 위패를 찾아 제자리에 놓기 위해 국방부와 보훈처를 찾아간다고 했다. 나라를 위해 목숨을 바쳤던 자들이 아닌가? 국가가 이를 신경을 써서 이미 정리를 했어야 했었는데 어찌하여 오늘까지 이 모양 이 꼴인지 모르겠다. 정말 정치인들은 반성해야 한다는 뜻으로 이를 꼬집는 수필이 아닌가?

연제진 「반갑다 방귀야」

창경궁 지붕 위에 연두색 초록색 나무 끝이 산뜻하다. 만물이 생동감을 회복하는 4월 중순이다. 이 화창한 봄날 가고 싶은 곳도 많은데 나는 병원에 가야 하는 날이다. 지난주에 촬영을 한 PTE양전지방출 단층촬영법 검사결과 확인을 위한 진료예약이 있는 날이다.

"하행결장 부분에 암 의심 소견입니다. 내시경 검사를 해 봐야 알겠습니다만, 크기로 봐서 수술을 서두르는 게 좋겠습니다."

청천벽력 같은 소리였다. 불과 6개월 전에 악성흑색종(malignant melanoma)이라는 희귀암수술을 받고 바로 두 달 이후에는 신장암 진단을 받아 좌측 콩팥 절제술을 받지 않았는가. 불과 몇 개월 사이에 세 번째 또 다른 암이 생기

다니 이런 운명의 장난이 어디 있단 말인가. 암담한 기운이 짓누르는 것을 참으며 "심각한 상태인가요?"라고 물어보았다. 암의 크기가 꽤 크다는 대답이 돌아왔다. 이마도 진땀이 흐른다. 긴장한 탓일까. 호박잎 뒷면으로 얼굴을 닦는 기분, 아니 천둥을 삼키고 크게 발악을 하고 싶었다. 어째서 나에게 이런 시련이 한 번도 아니고 연달아 세 차례나 주어진단 말인가.

 대한민국 최고의 의료기관이라는 s국립대학병원에서 최신의 장비를 동원하여 의료검사에 검사를 한 바 있는데 4개월 전에 몰랐던, 아니 없었던 암이 그동안 그렇게 크게 자란단 말인가. 아니면 6개월 동안 몇 번이고 CT, PTE 등 검사를 하곤 했는데 의료진의 판독 실수가 아닌가 하는 의문이 들지 않을 수 없다. 그렇다고 지금 따져 봐야 소용이 없는 일이라는 것을 안다. 명확한 증거도 없이 의사의 판독 오류를 따질 수도 없는 노릇이었다. 수술이 먼저고 치료를 잘 받는 것이 우선이다. (중략)

 수술 후 무통주사를 맞고 있어 통증은 견딜만 했다. 문제는 다른데 있었다. 수술 후 식사는 미음부터 시작하여 묽은 죽, 된 죽, 그리고 진밥 일반밥 순서로 환자의 상태에 따라 진행하게 되어 있었다. 그리고 또 하나 가스(방귀)가 조속히 나와야 된다는 것이었다. 의사와 간호사는 수시로 소변량 대변량을 체크했고 가스가 나왔는지를 묻곤 했다. 순조로울 경우 2~3일이면 가스가 나오고 수술 후 1주일이면 퇴원이 가능하다고 했는데 가스가 나오지 않는다. 수술 후 일주일이 되던 날 새벽 3시경 진땀이 주체할 수 없이 흐르고 하품이 연속으로 나왔다. 간호사들이 분주하게 움직이고 당직 의사가 다녀갔다. 그러던 중 구토가 시작되었다. 토사량이 1리터는 족히 넘을 많은 양이었다. (중략)

 이튿날 아침 마침내 기다리던 가스가 힘없이 소량 배출되었다. 방귀가 그리 반가울 수 없다. 일반적으로 방귀는 모든 사람이 쑥스럽게 생각한다. 그런데 복부 수술환자 병동에서는 방귀가 귀한 대접을 받고 있다. 의사도, 간호사도, 환자도, 보호자도 방귀라는 단어를 스스럼없이 사용하고 심지어 기다리고 있으니 말이다. 소위 방귀를 튼 세상, 방귀가 대접을 받는 세상이 거기에 있었다.

 세상에는 방귀를 뀌는 것과 같이 소소하지만 거룩한 일들이 모르는 사이에 도처에서 일어나고 있다고 생각하니 웃음이 나온다. 16일간의 입원해서 퇴원을 하는 날, 달이 바뀌어 오월이 되어 있었다. 라일락 향기가 병원의 소독 냄새를 씻어 준다. 대지는 어느새 신록으로 변하고 하늘은 청징(淸澄)하기만 하다.
　　　　　　　- 「반갑다 방귀야」 중에서 『한국문인』(2021. 8·9월호)

　이 작품의 제목만 봐도 '병상수필'임을 곧 감지할 수 있다. 작가는 반년 사이에 세 번이나 위암수술을 받았다. 수술 후 무통증 주사를 맞고 있어 통증은 견딜 수 있지만 가스가 1주일이 되어도 나오지 않고 대신 진땀이 주체할 수 없이 흘렀으며 하품이 연속 나왔다. 또 구토가 시작되었는데도 색깔이 시퍼런 액체라서 불길한 예감이 스치고 지나간다. 이를 본 간호사가 분주하게 움직이고 당직자가 다녀갔다.
　복부수술을 한 환자들은 방귀를 뀌면 장이 정상으로 이루어져 활발하게 운동하고 있음을 알리는 신호이기에 가스가 나오면 환호성을 지를 만큼 기뻐한다. 이처럼 방귀가 대접을 받는 때는 장 협착증으로 그의 구실을 제대로 못하다가 뽕하고 뒤가 트일 때다. 만일 가스가 끝내 나오지 않으면 재수술을 받아야 하는 위험한 상황에 이르게 되니 실로 큰일이다. 장 협착증으로 음식물이 고이면 그 부위의 장이 부패되기 때문이다.
　평상시에도 방귀가 대접을 받아야 하는데 구릿한 냄새를 풍기고 있기에 싫어하거나 부끄럽게 여긴다. 생각해 보면 배 속의 음식물을 소화시키는 과정에서 발효된 가스이기에 심하면 고약한 냄새를 풍길 뿐이다. 이런 방귀를 옛날부터 우리 조상들은 유머 넘기는 언어로 묘사하여 어른의 품위를 지키고 남의 무렴을 씻어내는 일화도 있다.
　'시집온 지 며칠도 되지 않는 새 며느리가 시아버지 밥상을 들고 막 문지방을 넘어 방에 들어가는 순간 엉겁결에 뽕하고 방귀가 나오니 새색시의 얼굴은 홍당무가 되었다. 이때 시아버지의 말이 참 귀한 방귀로구나. 장차 큰아들을 낳은 징조로다. 너는 정말 귀한 며느리로구나.'라고 했다 한다. 그날의 시아버지의 말씀을 고이 마음속에 간직한 며느리는 아들을 낳아 잘 기르고 가르쳐 과거에 급제시켰다고 한다. 그 말이 씨가 된 것이다.

비록 병상은 좁다. 그러나 그 위에 누워서 절망의 늪을 헤매기보다는 아픔이 전신을 괴롭힐지라도 조금만 참자. 방귀가 건강의 신호가 된 것처럼 몸이 원상대로 곧 회복될 것이라 믿는다. 며느리의 방귀에 시아버지의 유머처럼 좋은 생각으로 늘 꿈을 꾼다면 그 힘은 마침내 병마를 물리칠 뿐 아니라 훗날 꿈대로 아름다운 날이 어느 땐가는 반드시 이루어져 행복의 날을 맞이할 것이라고 확신해 본다.

작가는 그 위독한 상황에서도 침착성을 잃지 않고 있어 다음 날이 38주년 기념일임을 생각한다. 그러기에 악독한 병마를 이겨낼 수 있었고 이를 승화시켜 작품화할 수 있었다고 본다. 비록 병상을 좁으나 그곳에서 이루어진 정신세계는 한없이 넓음을 이 작품을 통해 예감할 수 있다.

수필은 나의 삶의 흔적을
영원히 붙잡아 두는 문학이다

    나의 삶을 통해 이루어진 체험의 축적이 수필의 소재요, 이것을 언어에 의해 생동하는 경험의 표현으로 붙잡아 두는 글이 수필문학이다. 이렇게 말하다 보니 '예술은 길고 인생은 짧다'라고 한 히포크라테스의 말이 떠오른다. 예술이란 과연 무엇인가. 그 정의는 이미 내려진 바 있기에 그중에서 세네카와 괴테가 말한 예술의 정의를 평자는 택하고 싶다.
    세네카는 '예술은 자연의 모방에 지나지 않는다.'라고 했고 괴테는 '꽃을 주는 것은 자연이고 그 꽃을 따서 화환으로 만드는 것은 예술이다.'라고 시적으로 표현했다. 이 두 이론의 공통점은 '자연이 주는 아름다움을 인간이 필요에 의해 선택하여 가꾸고 기르는 중 만족한 기쁨을 누리는 게 예술이다.'라고 말했을 것이다. 다시 말하면 인간의 필요에 의해서 자연에서 모방했음'도 그렇고 '자연에서 얻을 꽃을 필요에 의해서 화환으로 이룬 것'도 그렇다. 자연에서 얻은 것을 인간이 끊임없이 가꾸어 발전해 오고 이어갈 것이기에 예술은 길지만 인생은 제한된 생명이기에 짧다. 그러기에 히포크라테스는 그렇게 말했을 것이다.
    수필은 다른 문학과 달라서 '나'의 삶을 진솔하게 표현해 놓은 문학이다. 여기서 말하는 진솔은 있는 사실을 그대로를 솔직담백하게 표현해 놓음을 말함이지, 있음직한 일은 결코 아니다. 어느 곳 하나도 가식이나 허식이 전혀 없이 형상화해 놓은 문학이 수필이다. 그러기에 독자들로 하여금 친근감으로 다가오면서 마침내 신뢰감을 주고 공감으로 이어져 감동을 일으킨다.

이러한 수필은 문자로 기록되었기 때문에 천만년이 흘러도 후손들에게 인생이 무엇인가를, 그리고 어떻게 살아야 값진 삶인가를 보여주는 계기가 된다. 후손대대로 영원한 대화의 광장이 펼쳐질 게 아닌가. 이렇게 볼 때 '인생은 짧지만 삶의 가치는 영원하다.'는 이론이 성립되지 않을까. 이를 곰곰이 생각해 보게 한다.

류경희 「너는 누구에게 뜨거운 사람이었느냐」

연탄의 장점도 많지만 사위기 전 연탄을 가는 일은 고역으로 비유될 만큼 싫은 일 중의 하나였다. 이유는 코를 돌려야 할 정도로 역겨운 연탄가스 냄새 때문이었다. 그래서 비위가 약한 엄마를 대신하여 연탄 가는 일은 늘 아버지의 몫이었다.

어느 날 잠을 자다 가위에 눌려 엄마를 찾으며 대청으로 나왔는데 부엌 쪽에서 희미한 불빛이 보여 문틈으로 들어다보니 아버지와 어머니가 부엌 바닥에 나란히 앉아 계시는 모습이 들어왔다. 두 분은 도란도란 얘기를 나누며 연탄불 위에 석쇠를 놓고 고기를 구워 먹고 계셨다.

'나를 깨우지도 않고 맛있는 음식을 당신들끼리만 드시고 계시다니' 서운한 마음에 투정을 하려고 부엌 문고리를 잡았다가 나는 다시 슬그머니 손을 내렸다. 왠지 그 자리에 내가 끼어들면 안 된다는 마음이 들었던 것이다.

조용히 자리에 들어 다시 잠을 청하며 나는 내가 왜 억울하고 서러운 생각이 들지 않았는지 의아하다는 생각을 했다. 그리고 금세 가물가물 단잠에 빠졌다. 어린 나의 가슴에 어른이 들어오던 순간이 바로 그때가 아니었나 싶다.
　이미 고인이 되신 지 오래인 아버지를 떠올리며 다른 기억보다 먼저 연탄불에 잘 구워진 불고기 한 점을 어머니 입에 넣어주시며 따뜻한 눈으로 자기 짝을 바라보시던 모습이 찾아온다.
　조롱조롱한 자식들에게 맛난 음식을 모두 양보하며 거칠고 먹다 남겨진 음식으로 대부분의 끼니를 때우던 아내를 위해 아버지가 마련했던 소박한 정성이 가슴을 덥게 한다.
　비록 그 장소가 누추한 부엌 바닥이었고 붉게 단 연탄불 한 장이 변변한 식탁을 대신하고 있었지만 두 분의 식사는 따뜻한 정으로 가득했기에 어느 향연보다 풍성하고 화려하게 내 마음속에 남아 있다.

　　연탄 함부로 발로 차지 말라 / 너는 누구에게 한 번이라도 뜨거운 사람이었느냐

　위 시는 안도현의 「너에게 묻는다」 시의 전문이다. 과연 맞는 말이다. 누구에겐가 자신이 가진 뜨거운 사랑을 아낌없이 모두 퍼 주고 한 점 미련 없이 깔끔하게 사그라지는 일이 어디 그리 쉽겠는가.
　이제 밤기운이 으슬으슬하다. 스위치만 올리면 저절로 난방이 되는 안락한 방 안에서도 나는 가끔 어릴 적 내 몸과 마음을 모두 덥혀주던 연탄을 생각한다. 그래서 나의 겨울은 춥지 않다.
　　　－「너는 누구에게 뜨거운 사람이었느냐」 중에서『한국문인』(2021. 10·11월호)

　이 수필은 서두에 옛것에 대한 향수 중 으뜸으로 꼽는 것이 바로 '연탄'이라고 했다. 그만큼 연탄에 얽힌 깊은 사연이 심중에 담겨 있기에 작품화한 것이라 여겨진다. 그러면 이 작품이 말하고자 하는 의도는 무얼까? 이를 살펴보자.
　정말 따뜻한 마음이 피어오르는 수필이다.
　이미 고인이 되신 지 오래인 아버지를 떠올리면 다른 기억보다 먼저 연탄불에 잘 구워진 불고기 한 점을 어머니 입에 넣어주시며 따뜻한 눈

으로 바라보시던 아버지의 사랑을 작가는 못내 잊을 수 없다고 했다. 어머니도 역시 그렇다. 조롱조롱한 자식들에게 맛있는 음식을 모두 양보하고 자식들이 먹고 남긴 음식으로 대부분 끼니를 때웠다. 그러한 아내를 위해 마련하신 아버지의 소박한 정성의 자리가 모두 자식의 가슴을 덥게 하면서도 훈훈하게 한다.

비록 그 장소가 누추한 부엌바닥이었고 붉게 단 연탄불 한 장이 변변한 식탁을 대신하고 있었지만 두 분의 식사는 따뜻한 정으로 가득했기에 어느 향연보다 풍성하고 화려하게 작가의 마음속에 남아 있다고 했다.

이 작품은 연탄을 매개로 하여 돌아가신 아버지를 그리워하는 작가의 효심이 담겨 있고, 아버지는 어머니를 또 어머니는 자식을 사랑하는 따뜻한 마음이 잘 표현되어 넉넉한 가족 사랑을 형상화하고 있다. 이 수필은 점차 식어져 가는 우리네 가족 사랑의 따뜻한 마음을 깊이 생각해 보게 하는 불쏘시개 역할을 한다.

석인수「단 한 번」

"순간의 선택이 십 년을 좌우한다." TV에 전자제품의 광고를 하면서 나온 말이다. 단 한 번 한순간의 선택이 얼마나 중요한가를 강조하려는 의도가 다분하다. (중략)

인생은 누구나 단 한 번, 한순간의 연속선상에 있다. 사람이 이 세상에 태어나는 것도 단 한 번이다. 생의 처음 시작이 오직 한 번이다. 두 번 세 번 태어난 사람은 없다. 인간 만사가 다 한 번으로 시작해서 한 번으로 끝난다. 죽음도 한 번이다. 한순간에서 시작하고 한순간으로 끝난다. 갓난아기에서 소년, 청년, 중년, 노년 시절이 누구에게나 단 한 번이고 한순간이다. (중략)

결혼처럼 소중한 게 또 있을까 싶다. 한낱 젊은 한때 한 풋사랑쯤으로 생각했다가는 평생 골칫거리가 결혼이다. 결혼은 저절로 오는 행복의 시작이 아님을 알아야 한다. 오죽하면 영국 속담에 이런 말이 있다. "일주일 동안 행복하려면 결혼을 해라."고. 그러면서 오히려 평생을 행복하려면 정직해야 한다고 했다. 갖추고 챙기고 노력해야 할 게 결혼이고 결혼이 생활이다. 쉽고 간단한 문제가 아니고 어렵고 힘든 문제가 결혼이다. (중략)

부모를 모시는 일도 생애 단 한 번뿐이다. 두 번 부모를 모실 일이 없다. 살아계셨을 때 할 수 있는 최선을 다하는 게 도리고 의무다. 나무가 고요하기를 바라지만 바람이 그쳐주지 않고 부모를 모시려 해도 이미 부모는 계시지 않더라는 말이 있지 않는가. 한 번 한순간 한때가 있고 저마다의 중요성을 보여주는 말이다.

- 「단 한 번」 중에서 『한국문인』(2021. 10·11월호)

매우 교훈적인 수필이다. 일상생활 속에서 이루어진 일들을 논리성 있게 작품화했다. 이러한 이론은 지식인이면 다 아는 일인데도 어찌 눈길을 떼지 못하고 한 번 더 깊이 생각해 보게 하는가. '참으로 설득력 있는 문장력이다.' 박인로의 「반중 조홍감이 고와도 보이나」 시조도 그렇다.

마음에 잔잔히 부딪혀 오는 문장의 단락들을 살펴보면 "순간의 선택이 십년을 좌우한다."는 이론을 전개하면서 "내가 아는 어떤 이도 조기 결혼했다가 평생 가정불화를 겪으며 힘든 삶을 살고 있다는 사례를 들어놨고 부모를 모시는 일이 생애 단 한 번이라며 '나무가 고요하기 바라지만 바람이 그치지 않고 부모를 모시려 해도 이젠 계시지 않더라.'는 말이 있지 않던가"라며 그 중요성을 설득력 있게 논리적으로 펴고 있다.

단 한 번의 순간이 얼마나 중요한지를 피력하고 있다. 그렇다. 지난날 내가 잘못 살았으니 이번만은 절대 그런 실수를 범하지 않겠다고 한들 1회성으로 끝나는 인생이니 그런 후회와 결심이 결코 허용될까? 정말이지 정신 곤두세우고 살아야 하는 인생임을 말해주고 있는 수필이다.

어호선「사부곡(思父曲)」

하나 이 일을 어쩌랴! 제대를 하고 보니 아버님은 십이지장암이란 진단을 받고 투병 중에 계셨다. 1960년 초반만 해도 우리의 의료기술이 미진한 터라 소생하지 못하시고 수술 며칠 후 영면하시고 말았다. 하늘도 무심한지라. 이 자식에게 효도 한번 할 기회조차 주지 않으시고 생을 마감하셨으니 오호 통재라! 나는 하늘이 무너지는 슬픔과 함께 눈물을 곱씹어야만 했다. (중략)

아들을 최고 학부까지 졸업시켰으나 그 아들에게 술 한 잔 고기 한 점은 고사하고 용돈 한 푼 받아보지 못한 채 생을 마감하셨으니 아버지는 얼마나 억울한 삶을 살다 가셨는지를 생각하면 지금도 가슴이 메어옴을 가눌 길 없다. (중략)

생전에 배우시지 못한 한을 다소나마 삭혀드리고 아버지 존함 석 자라도 영원토록 기릴 겸 내년부터 고향(충북 보은)에 아버지 함자를 앞세운 일명 윤길(允吉) 장학금이라고 이라고 제정해 아버님이 세상에 왔다 가신 흔적이라도 남겨 영원히 기리고자 한다.

- 「사부곡(思父曲)」 중에서 『한국문인』(2021. 10·11월호)

효심에 큰 감동을 주는 따뜻한 수필이다. 작가는 서두에서 "사람뿐 아니라 이 세상 모든 만물들은 생명이 유한하다."라고 했다. 이는 안타깝게도 아버지의 짧은 생애가 못내 가슴 아프게 저려 옴을 나타내고자 함이다. 그다음 이어진 문장을 보자. "회갑도 사시지 못하고 50대 후반에 생을 마감했을 뿐 아니라 너무나 고생스러운 삶을 살다 가셨기 때문이다."라고 했다. 다음 문장을 보자.

아버지는 1964년 봄, 내가 대학을 졸업하고 군에서 제대를 하던 해에 유명을 달리하셨다고 했다. 아버지의 생애를 회고해 볼 때 아버지는 교육을 받지 못하셔서 무식을 면치 못했다 한다. 이런 가운데 17세에 아버지는 한 살 어린 어머니와 결혼하여 신접살이부터 셋방에서 생활하셨는데 이런 어려움 중에서도 두 분은 손을 맞잡고 부지런히 사셨기에 살림이 피어났다고 한다.

배우지 못한 것이 한이 된 아버지는 자식교육에 최우선을 두고 모든 힘을 다 쏟으셨다. 두 아들을 서울로 유학시키고 그 학비 때문에 작열한 태양이 확확 달아오른 마당에서 보릿단을 펴 놓고 힘겹게 도리깨질을 하시느라 삼베적삼에 땀방울이 뚝뚝 떨어졌다. 그런데도 쉬지 못하시고 일하시던 아버지 모습이 지금도 잊을 수 없다. 이렇게 기른 아들에게 술 한 잔, 고기 한 점, 용돈 한 푼 받지도 못한 채 생을 마감하셨다니 지금도 가슴이 메어옴을 가눌 길이 없다고 했다.

작가는 아버지 고향인 충북 보은에 그분의 함자를 넣어 '윤길(允吉) 장학재단'을 만들어 내년부터 지급하기로 했다. 그렇게라도 해 드려야만 그간 못다 드린 자식의 한을 푸는 길이 아닐까 여긴다는 내용이다. "아무쪼록 하늘나라에서 평안히 영면하옵소서."라고 끝을 맺는다. 독자들은 이 수필을 읽으면서 무얼 생각할까. 날로 식어져 가는 부자(父子)간의 뜨거운 정을 다시금 일으키는 수필이다.

은종일 「플라톤의 '행복의 조건' 음미」

서양철학의 성조라 일컫는 소크라테스, 플라톤, 아리스토텔레스는 저마다의 행복론을 설파하였다. '영혼의 탁월함'이라는 영혼의 온전함 상태를 통해 행복을 이루었다는 공통적인 지향점에도 불구하고 플라톤의 다섯 가지 행복의 조건이 논리적 추상적이지 아니한 현실감 있는 척도 때문에 설득과 이해의 측면에서 단연 압권이다.

플라톤의 다섯 가지 행복의 조건은 이렇다. 첫 번째로 먹고, 입고, 살고 싶은 수준에서 조금 부족한 듯한 재산, 두 번째로 모든 사람이 칭찬하기에 약간 부족한 용모, 세 번째로 자신이 자만하고 있는 것에서 사람들이 절반 정도밖에 알아주지 않는 명예, 네 번째로 겨루어서 한 사람에게 이기고 두 사람에게 질 정도의 체력, 다섯 번째로 연설을 듣고서도 청중의 절반은 손뼉을 치지 않는 말솜씨라고.

그렇다면 이와 같은 다섯 가지 '행복의 조건'을 내놓은 플라톤의 삶은

어떠했던가. 궁금증의 해답은 역사적 기록 여기저기에서 도드라지게 드러난다. (중략)

　플라톤이 제시한 다섯 가지 행복의 조건은 완벽하고 만족할 만한 것들이 아닌 조금은 부족하고 모자란 상태였다. 재산이든 용모이든 명예이든 체력이든 말솜씨이든 부족하거나 모자람이 없는 완벽한 상태에 이르면 바로 그 완벽함 때문에 거꾸로 근심과 불안과 긴장과 불안을 유발하게 될 것이라는 그의 확신이다. 그는 지극히 평범함을 행복의 조건으로 보았다. 행복은 남들보다 우월하다거나 경제적인 여유로움에서가 아니라 각자가 주관적으로 어떻게 느껴지는지의 감정의 상태가 중요하다고 믿었다. 플라톤 자신의 경험에 의한 행복의 조건들이다. 필시 적당히 모자란 가운데 부족한 부분을 채우기 위해 노력하는 일상의 삶 속에 행복이 깃든다고 생각했으리라. (중략)

　근대의 철학자 칸트는 세 가지 행복의 조건을 내걸었다. 첫째 할 일이 있고 둘째 사랑하는 사람이 있고 셋째 희망이 있다면 그 사람은 행복한 사람이라고 일상의 삶 속에 행복이 있다고 갈파하였다.

　기원전 5세기의 플라톤의 행복의 조건이나 18세기 근대의 철학자 칸트의 행복의 조건이 모두 다른 이들보다 우월하다거나 더 많이 소유했다는 것이 아니고 하나같이 평범함에서의 조건들이다. 행복의 조건은 플라톤에서 칸트에 이르기까지 2천 3백 년을 관통하면서도 흔들림 없이 현재 진행형 행복의 조건으로 거증되고 있다. 행복은 인생의 목표가 아니라 수단이며 강도(强度)가 아니라 빈도라고 말이다. 바로 대박이 아니라 마일리지라고 말하며 이 글의 끝을 맺었다.
　　　－「플라톤의 '행복의 조건' 음미」중에서 『한국문인』(2021. 10·11월호)

　이 수필은 플라톤의 행복론을 통해 인생을 다시 조명해 보는 논리성이 짙은 에세이다. 서양철학의 성조라 일컫는 소크라테스, 플라톤, 아리스토텔레스는 저마다 행복론을 설파했다. 그 이론의 공통점은 '영혼의 온전한 상태를 통해 행복을 이룬다.'고 했는데 플라톤은 그가 실제 살았던 당시의 삶과 비교하면서 '조금 모자란 상태가 행복을 달성시킨다.'고 했다. 그 작품을 살펴보자.

그를 살펴보면 ①재산이든 ②용모든 ③명예든 ④체력이든 ⑤말솜씨든 모두(冒頭) 완벽할 때 그것을 지키기 위해 도리어 근심과 불안과 긴장이 유발되지만 필시 적당히 모자라면 그 부족함을 채우기 위하여 노력하는 삶 속에서 행복을 발견한다는 것이다. 생각해 보면 기원전 5세기 플라톤의 조건이나 18세기 칸트가 말하는 행복의 조건이 다르지 않고 모두 평범 중에 이루어진다고 했다.

작가는 인간의 행복은 인생의 목표가 아니라 수단이며 강도(强度)가 아니라 빈도라고 말하면서 대박이 아니라 마일리지라고 글의 끝을 맺는다. 과연 인생의 행복의 조건이 무엇인가를 심층적으로 보여주는 수필이라고 하겠다.

이광천「그리움을 아는 이」

    첼로의 나직한 소리가 퍽 가깝게 들린다. 겨울의 어귀에서 듣는 바하의 첼로 곡은 늘 따뜻하던 어머니의 마음처럼 내 가슴을 감싸준다. 아침에 일어나 허둥대며 출근하고 사람에, 일에 부대끼며 살다가 늦게 퇴근해서는 배달된 석간 굵은 활자 몇 줄 훑어보고 잠시 눈 붙이면 또다시 아침! 정말 난 지금 무엇을 위해 살고 있는가. 무엇 때문에 매일매일을 쫓기며 살아가는 것일까. 요 며칠 나는 내내 이 한 가지 물음을 떨쳐버리지 못한 채 하루하루를 보내고 있다. 모든 사람들이 다 향유하고 있는 하루 스물네 시간, 그 스물네 시간을 너무 덧없이 보내고 있지는 않나 하는 초조한 마음이 때로 나를 괴롭힌다.

    책 한 권 읽거나 영화 한 편 보는 것은 대단한 호사라는 생각이 든다. 내가 그 흔한 소설책 한 권 읽는 것이 언제였던가. 읽는 것이 월간지나 주관지 몇 곳 훑어본 것이 고작이고 보면 이러고도 나의 정신세계가 지탱이 되고 있는 것이 그저 대견스럽기만 하다.

    그러나 나에게도 하나의 작은 기쁨이 있다. 그것은 출퇴근길에 차 안에서 듣는 바하의 첼로 모음곡 그 정감 넘치는 사라방드가 무엇보다 나의 소중한 벗이기 때문이다.

 그리고 또 하나는 차창 밖을 흘러가는 가로수들을 보는 것이 적지 않는 위안이 된다. 길이 막힐 때면 짜증을 부리기보다는 차라리 눈길을 가로수 쪽으로 돌린다. 하늘을 우러러 앙상한 알몸으로 서 있는 나무들, 은행나무, 플라타너스, 목백합 나무들은 메스꺼운 도회지의 속성 속에서도 참 잘도 버텨가고 있다. 철저하게 자신을 지키며 아무런 위장도 꾸밈도 하나 없이 훌훌 벗어버린 나뭇가지들은 마치 수도승의 모습처럼 경건하기까지 하다. 도시에 그런 나무들이 서 있다는 것이 신기하기도 하고 한편으로는 고맙기까지 하다.

 요즘의 나무들, 겨울과 봄 사이의 나무를 보면서 늘 생각나는 게 있다면 어렸을 적 어머니의 굵은 손마디, 거친 손등이다. 없는 살림 이리 쪼개고 저리 보태며 자식을 키워 내는 어머니의 손은 투박했지만 살림은 윤이 나고 우리들은 늘 따뜻했다. 3남 2녀가 별 탈 없이 잘 자라 성장했다. 맵찬 겨울바람과의 치열한 싸움 속에서 순한 봄을 만들어 내는 저 나무들 같다고나 할까.

 겨울과 봄 사이의 나무들은 겉으로는 아무것도 드러내지 않는다. 그러나 파삭파삭 메말라 금방 불이라도 붙어버릴 것 같은 나뭇가지 속은 겉보기와는 사뭇 다름을 알 수가 있다. 그 나뭇가지에는 새봄의 초록의 꿈들을 키우는 강인한 생명력이 있음을 본다. 결코 잠들었거나 정체해 있지 않고 뿌리로부터 부지런히 생명의 자양분을 끌어 올리고 있는 것이다.

 아, 그렇다. 그것은 자식들을 다 재워 놓고 밤이 늦도록 구멍 난 양말을 꿰매시던 그 옛날 어머니의 모습이다. 입을 것 다 입지 않으시고 자식들을 다독거리시던 어머니, 그 어머니의 따뜻하신 마음이 저 겨울나무에서 숨 쉬고 있음을 보며 나는 작은 감동을 느낀다. 지금 생각하면 어머니 혼자만 아시던 슬픔이 있었던 것 같다. 그러나 철없던 시절 그런 것은 생각할 수도 없었으니 세상의 세찬 바람 앞에서도 지극정성으로 사셨던 어머니가 그저 장하시기만 하다. 그래서 '어머니가 그리워지는 나이가 되면 이미 어머니가 되어 있다.'는 이성부 시인의 시구는 참으로 가슴을 후벼 파는 아픔으로 다가온다.

 또다시 겨울을 보내며 봄을 기다리는 이즈음에 침묵하듯 서 있는 나무

등걸을 본다. 이 무렵의 나무들에겐 무슨 즐거움이 있을까. 그 속에는 언제나 따뜻함으로 남아 있는 어머니의 손길이 담겨 있는 것 같다. 해마다 다시 태어날 수 있는 나무는 백 살이 되어도 늘 푸른 청년일 수도 있듯이 어머니의 그 마음은 빛바래지 않고 자식들 가슴속에 살아 계셔야 한다. 그러나 어느 자식의 마음에 어머니의 그 마음이 고스란히 살아 있겠는가.

저 겨울나무의 무표정한 껍질 속에 파릇한 감성을 갖고 있음을 보라. 그것은 300년이 지나도 여전히 감동적인 젊은 바하의 정신을 닮았다고나 할까. 언제나 젊은 가슴으로 하늘을 향해 뻗어가는 나무들을 오늘도 본다. 겨울나무는 나를 향해 음악처럼 나직한 목소리로 속삭이고 있다.

'내 몸에 솟아오르는 물줄기를 보는가. 새봄을 위해 나는 지금도 숨 쉬고 있지.'

「그리움을 아는 이」 전문 『한국문인』(2021. 10·11월호)

'첼로의 나직한 목소리가 따뜻한 어머니의 마음처럼 내 가슴을 감싸준다.'로 서두를 시작한 수필이다. 이 곡은 어쩌면 현대인들의 각박한 삶을 녹여내는 역할을 한다고 작가는 보고 있다. 아침에 일어나 허둥대며 출근하고 사람의 일에 부대끼며 생활하다가 늦게 퇴근해서는 석간지 굵은 활자 몇 줄 훑어보고 잠시 눈을 붙이면 또 다시 아침이다. 정말 난 무엇을 위해 살고 있는가. 무엇 때문에 매일매일 쫓기며 살아가는 것일까. 이런 시간에 책 한 권을 읽거나 영화 한 편을 보는 것은 대단한 호사라고 생각이 든다. 어쩌면 고달픈 삶을 첼로가 달래주고 있는 듯하다.

출근길 차 안에서 듣는 바하의 첼로 모음곡, 정감 넘치는 사라방드가 무엇보다 나의 소중한 벗이다. 또 창밖으로 흘러가는 가로수들을 보면서 참 잘도 버티고 있다. 나무들은 도시의 메스꺼운 공기 속에서 철저하게 자신을 지키며 아무런 위장도 꾸밈도 없이 신기하게 살아가는 모습이 대견스럽게 느껴져 고맙기까지 했다. 그 나무들은 혹독한 겨울임에도 새봄의 초록의 꿈을 키우는 강인한 생명력이다. 그래서인지 300년이 흘렀어도 여전히 감동으로 남은 젊은 바하의 정신이 바로 하늘을 향해 뻗은 저 나무들의 모습으로 보인다.

아! 그렇다. 자식들을 다 재워 놓고 밤이 늦도록 구멍 난 양말을 꿰매시던 옛 어머니와 같은 모습이다. 한 푼이라도 아껴 자식들을 알뜰히 키워보려는 그분의 사랑을 그리다 보니 몹시 그립다. 어머니가 그리워지는 나이가 되면 이미 어머니가 되어 있다는 이성부 시인의 시구(詩句)는 참으로 가슴을 후벼 파는 아픔이다. 이 아픔을 첼로의 소리가 승화시켜 주는 친구다.

독자들의 이해를 증진시키기 위해 수미상관법을 사용함에 이 수필이 더욱 돋보인다.

이한얼 「가족의 탄생」

가족은 무엇일까. 우리가 가족이라 부르는 이 관계는 어떤 것일까. 그 울타리 안에서 그 정의를 내릴 수 있을까. 이미 알고 있다고 자부하던 것마저 잊어버리며 점점 모르게 되지 않을까. (중략)

왜 그 정의는 점점 흐려질까. 어째서 거리감과 소외감을 느끼고 상대방의 말과 행동에 크게 상처받고 외면하고 싶지만 밀어낼 수 없어서 밤거리를 헤매고 있을까. 새벽이 되도록 집에 가기 싫어서 아파트 주변을 서성거리며 늘 그런 생각을 했다. 동거인, 식구, 혈연이라는 덮개에 가려 정작 중요한 부분이 보이지 않았다. 어쩌면 좋지. 그들을 사랑하는 마음과 별개로 나는 하루하루 꾸준히 그들을 미워하는 중인데 내 상처는 점점 골이 깊어져 흉이 지고 끝내 한이 되고 있는데 나는 어떡해야 할까. (중략)

가족의 완성은 가족이 해체되는 순간이다. 가족의 탄생은 가족이 해체된 직후다. 몇 사람이 묶이고 누군가가 태어나서 가족이라는 딱지를 붙었든 가족이고 싶은 관계와 아직 가족이 되지 못했든, 진짜 가족이 되는 과정은 언제나 무사히 해체되는 날까지 어떻게 얼마나 잘 서로를 끌어안을지, 이것은 이별이 목표인 과정은 아니지만 이별이 목표적인 과정이기는 하다.

그곳에 도착하기 위한 길은 아니지만 그곳으로 가기 위한 길이기는 하다. 같은 것처럼 보이지만 결승전이 아닌 반환점인 셈이다. 가족의 무사한 해체는 이전 가족이 완성되었다는 증거이자 동시에 새로운 가족이 탄생했다는 신호가 된다. 예전 그 당시 상대가 나를 놔버렸다면 혹은 내가 그들을 밀어 냈다면 우리는 지금처럼 무사히 해체를 맞이하기 위한 마지막 과정까지 도달하지 못했을 것이다. (중략)

해체된 우리들이 각각 새로운 가족을 만들고 그 가족과 가족이 다시 예전 우리라는 가족으로 재결합되기를, 그 역시도 새로운 가족의 탄생일 테니.

해체되고 탄생하고 다시 해체된다. 그러면 완성된다. 우리는 모두 그 굴레의 어디쯤.
「가족의 탄생」 중에서 『한국문인』(2021. 10·11월호)

이 수필은 인생철학이 담겨 있다. 인류 역사 이래 신구(新舊) 의식의 갈등은 으레 존재해 왔고 미래에도 그럴 것이다. 사랑의 본질은 변하지 않지만 시대와 시대간의 가치관은 끊임없이 변해왔기에 심리적 작용이 뒤따르는 것이다.

작가의 말처럼 '왜 가족의 정의는 점점 흐려질까.' '어째서 거리감과 소외감을 느끼고 상대방의 말과 행동에 크게 상처받고, 외면하고 싶지만 밀어낼 수 없어서 밤거리를 헤매고 있을까. 내 상처는 점점 골이 깊어져 흉이 지고 끝내 한이 되는데 나는 어떡해야 할까.'

이 같은 탄식은 대가족에서 핵가족 제도로 다시 나 홀로의 의식으로 급변함에 따라 우리의 사고변화가 감정의 속도를 따르지 못하고 있기에 그렇지 않을까. 이럴 때일수록 각자 자기의 감정을 폭발시키기에 앞서 침묵으로 일관하면서 감정을 조율하는 길밖에 없다.

조용히 생각해보면 우리의 의식이 하루아침에 법령처럼 바꾸어지지 않는다. 그 한 예로 1446년에 발표된 훈민정음 서문에서 '이르고자'란 말이 나온다. 현대말로 풀이하면 '말하고자'란 뜻인데 우리는 지금까지도

이 말을 사용하고 있다. '누구에게 이 말을 하라.'라는 말을 '누구에게 이 말을 일러라.'라고도 한다. 이처럼 우리 의식이 완전 바꿔지기까지는 오래도록 바꾸어지지 않는 것이 우리의 의식이다. 또 어렸을 때 버릇을 죽는 날까지 버리지 못한 이유도 바로 이러한 의식 때문이다.

우리의 삶을 회고해 볼 때 인생은 모순덩어리로 구성된 듯하다. 기계처럼 정밀하게 짜여진 삶이라면 개성도 윤리도 사랑의 가치도 필요 없지 않겠는가. 우리의 삶 중 이해와 용서가 필요한 것은 모순될 삶을 정화시키기 위한 몸부림이기 때문이다.

이 작품의 결미에서 작가는 "해체되고 탄생되고 다시 해체된다." "우리는 이 굴레의 어디쯤." 이렇게 끝을 맺었다. 이 문장은 이미지 혹은 상징성으로 구성되어 있기에 독자들은 얼른 작가가 말한 의도를 정확히 파악하기 어렵다. 시처럼 많은 이미지가 내포되었기 때문이다. 물론 결말의 부문이기에라고 한다면 어느 정도 이해할 수 있으나 본문에서도 많은 문장이 그렇다. 왜 이럴까?

미래수필은 퓨전수필이라 하여 다른 장르와 결합된 수필의 형태로 이루어질 것이라고 보는 견해가 짙다. 그것은 수필이 시와 결합하면 서정성이 짙은 수필이 되고 소설이 결합하면 서사수필 혹은 사건수필이 되며 평론이 결합하면 비평수필 또는 지식정보수필이 된다. 이 외에도 수필과 콩트가 결합하면 콩트 수필이 된다. 이러한 수필이 미래수필이라고 보고 있다. 아무리 미래수필일망정 수필의 본질을 망각해서는 안 된다. 쉽게 편안한 마음으로 읽으면서도 생활철학이 마음속 깊이 스며들어 옳아 하며 고개를 끄덕이는 그런 수필이어야 한다.

지금까지 써 온 오늘의 수필은 우리들의 삶의 내용을 진솔하게 표현해왔기에 쉽게 이해할 수 있고 큰 감동을 받는다. 미래수필도 선호하는 인구가 많아야 하겠다. 일찍이 '아나톨 프랑스(Anatole France)'는 수필이 산문문학의 꽃이라고 했고 19세기는 소설의 시대라고 한다면 20세기는 수필의 시대라고 말했다고 한다. 이런 점을 작가는 깊이 헤아려 주기를 바란다.

허이레 「오늘도 하이파이브」

친구네 농장을 구경 가는 도중에 느낀 회포를 담담한 필치로 엮어낸 수필이다. 사물을 애정 어린 눈으로 바라보는 느낌이라든가 하찮은 들꽃 하나에도 의미부여를 시킨 그윽한 문학정신은 이 작품을 더욱 돋보이게 한다. 한 말로 표현하면 작품에서 풍기는 작가의 여유로운 마음씨와 사랑의 정신이 은은히 보인다.

코로나19로 옥죄던 답답함 속에서도 '파란 구름 속에서 소꿉놀이 같은 속내가 보인다.'든가, 시골길 농로를 따라가다 보니 차창에 흐르는 허름한 원두막 같은 집에 합판 조각에 쓴 '그늘막 식당'이란 간판이 걸려 있다. 그 이름이 너무도 근사해서 그냥 스쳐갈 수 없었기에 혹시나 주인이 시인이 아닐까 여겨 주위를 세심하게 살펴보았다는 그 심리, 하나하나가 그렇다.

그곳 주변을 돌아보니 매실나무가 있는데 그늘진 밑에는 돗자리가 깔려 있다. 우리는 여기에 앉아 쉬고 있는데 대충 땀을 씻고 나온 주인이 기다리게 해서 미안하다고 여기엔 육개장, 묵사발, 비빔밥, 쌈밥이 있다면서 그중 하나를 택하라고 했다. 우리는 녹색토끼밥상에 육개장까지 곁들여 점심을 먹고 나서 식당 이름은 누가 지었느냐고 물었다. "걍 내가 지었는데 왜요?" 하며 "호호 이걸 얘기해 말어." 하면서 중학교 때 짝사랑하던 선생님이 계셨다고 했다. 그분이 늘 시집을 끼고 다닌 것이 그게 동기가 되었다고 하며 그 사연을 털어놓았다. 그리고는 "신랑은 아직 몰러 호호." 한다. "그럼 남편은요?" 하고 물으니 "뭔 놈이 일만 하는 사람이지요."라고 대답하기에 "아줌마가 복이 많은 사람이네요. 가난한 시인도 아니고 힘 좋고 일 잘하는 남편이 백점이지요. 백점." 이렇게 듣기 좋은 말을 해 주었더니 우리들에게 가면서 먹으라고 옥수수 서너 개를 주며 야전생화가 많이 핀 아름다운 그곳을 알려준다.

초면에도 들꽃처럼 자연미가 넘치는 '그늘막 식당' 주인을 뒤로하고 우리는 아줌마가 가르쳐 준 곳마다 개망초꽃과 이름 모를 들꽃들이 만발해 있었다. 그곳에서 들꽃을 한 다발 손에 꺾어 들고 서 있는 남자를 봤다. 그이는 "내가 바로 그 식당 아줌마 남편이다."라고 했다. "사실 오늘이 집사람 생일이거든요." 그이가 말하는 순간 심장이 쿵 부딪히는 울림에 밀려오는 감동이 뜨거운 눈물이 되어 눈가에 핑 돌았다.

'성숙한 사랑은 마음을 주는 것' 그러기에 우리가 지금 천국에 와 있다는 느낌이다. 작가는 목사이기에 사랑이 있는 곳에 천국이라는 정신이 그 순간에 발동했기에 그렇게 눈물이 핑 돌 정도로 감동을 느꼈나 보다.

─「오늘도 하이파이브」 중에서 『한국문인』(2021. 10·11월호)

좋은 수필을 빚으려면

 수필은 작가 중심의 신변에서 일어난 일을 토대로 작품이 시작된다. 그러나 이렇게 이루어진 작품이라 할지라도 인간의 진지한 삶과 예리한 통찰력, 그리고 작가의 심오한 철학이 그 바탕을 이루지 못하는 한 아무리 이지적이고 정서적인 면이 있다 할지라도 독자에게 감흥을 주지 못하므로 문학의 가치도 예술의 가치도 없는 것이다.
 흔히 신변에 일어난 일들에다 미적 감각을 첨가시켜 쓰는 글이면 수필이 되는 양 알고 있는 자가 있으나 그러한 글이 결코 수필이 아니다. 잡문일 뿐이다. 수필은 거기에다 의미를 부여하는 글이다. 그래야만 독자의 가슴을 파고들어 잔잔한 감동의 세계로 인도하는 글이 되는데 이것이 곧 수필이요, 또 그게 매력인 것이다.
 그러면 의미부여란 무얼까. 우리의 참 삶의 내용이다. 멋을 부여하는 일이다. 음식에 맛을 부여할 때 혀끝에 미감을 자극시켜 우리에게 만족감을 주듯이 우리의 삶에 멋을 부여할 때 그의 의미와 가치가 충만해지는 것이다.
 이같이 의미를 부여할 때 평범한 일에도 하찮은 일에도 재미와 깨달음이 이루어지는 것이며 흥과 멋과 조화로운 삶으로 인도하는 것이다. 이러한 작업으로 이루어진 글이 수필이다.

수필은 장르적 속성으로 보아 크게 두 가지로 대별할 수 있는데 이는 경수필(informal essay, miscellany)과 중수필(formal essay, essay)이다. 그런데 작가에 따라 그간 써 놓은 작품을 보면 이 둘의 속성을 녹여 한 작품으로 혼용한 수필도 있어 실제의 문체는 대체로 세 가지의 유형으로 분류할 수도 있다.

이러한 의미에서 지난 한국수필 11월호에 게재된 작품 몇 편을 살펴 보았다. 제일 처음에 읽게 된 작품은 정명수의 「빈자리 유감」이다.

> 추운 겨울날 출근할 때의 일이다. 거동이 불편한 노인이 버스에 올라오더니 몸을 가누지 못한다. 영하의 추운 날씨인데도 아침 일찍 집을 나선 것을 보니 급한 일이 있었는가 보다. 앉아 있는 사람 중에 그 누구도 양보하지 않는다.
> 버스가 뒤뚱거리고 요동을 치면 힘들어하는 노인을 보고 있으려니 마음이 편치 않다. 나도 서서 가는 처지라 난감하다. 할 수 없이 노약자 보호석에 앉아 있는 젊은이에게 자리를 양보해 줄 것을 권유했다. 몇 번씩이나 말했지만 못들은 척한다. 마음이 편치 않아 꾹 참고 있다가 '그 자석이 어떤 자리인가'를 확인해 보라고 말했다. 그때서야 마지못해 일어난다. 나는 그 젊은이에게 고맙다고 인사하며 노인을 앉으시라고 했다.
> － 정명수 「빈자리 유감」 중에서

이 글은 현실에서 겪고 있는 이기주의로 인한 아픔을 가식 없이 냉정하고도 침착한 자세로 또 현실을 객관적으로 묘사해 놓고 있다. 이 글은 서정성보다는 서사성을 중시 여기는 글이라서 어설픈 묘사로 서정성을 흉내 냈다면 이 글의 가치는 현격하게 떨어질 것이다. 주제를 뚜렷이 드러내려면 담백하면서도 소박한 이미지를 풍겨주어야 하는데 작가는 이 이치를 잘 적용하여 글의 효과를 놓인 것이다. 한마디로 말해서 군더더기가 없는 문장으로 사실을 잘 그려낸 작품이다. 그러면서도 문장의 흐름이 유연하고 자연스럽다는 점이 장점이라 하겠다.

특히 내용 면에서 볼 때 정이 담긴 수필이다. 정이 담기지 못한 수필이라면 수필의 가치도 문학작품의 의의도 모두 상실한 글이다. 다시 말하면 문학작품으로서 가치가 전혀 없는 신변잡기가 되는 것이다. 이 글을 살펴보자.

이 수필은 젊은이들에게만 깨우침을 주는 글이 아니다. 나이가 더 많은 노인에 자리를 양보하는 미덕을 지녀야 한다는 의미요, 특히 몸이 불편한 노약자들에게 자리를 양보하는 것은 문화국민으로서 가치라고 버스에 탄 많은 이들에게 보여주는 교훈이었으리라. 이렇게 의미를 부여해줌으로 문학은 사회의 선구자적 역할을 하고 있는 셈이다. 그러나 제목이 내용과는 어우러지지 않는다. 이 점 유의하기 바란다. 다음은 김영은의 「행복한 노후」를 살펴보기로 한다.

① 노후를 행복하게 지내기 위해서는 건강이 뒷받침해주어야 한다. 건강이 바로 노후자금 역할을 한다. 나는 아침에 일찍이 일어나자마자 약 1시간 정도 아파트 주변을 산책한 후 변호사 사무실로 출근을 하고, 점심 후에는 사무실 부근에 있는 서울교대 운동장에서 역시 1시간가량 걷는 운동을 한 후 나무 그늘에 있는 벤치에 앉아 10분간 산림욕을 한다. 사무실에 돌아와 약간의 휴식을 취한 뒤 오후 일을 한다.

② 몇 년 전 경제 위기와 함께 회사가 부도나자 대기업 부사장직에서 물러난 서씨, 당시 나이가 61세였지만 거기서 주저앉지 않고 견습 웨이터로 취업해 화제를 모았다./ 젊은이들도 꺼리는 궂은일과 서서 작업하는 고된 노동을 그것도 대기업 부사장으로 대접을 받던 그가 60이 넘은 나이에 시작한 것이다./ 그는 한 언론과의 인터뷰에서 "웨이터가 어떠세요? 웨이터든 부사장이든 다 월급쟁이가 아닙니까? 밑바닥에 서면 희망이 보이는 법

이지요. 지금은 과거 부사장일 때보다는 마음이 편해요."라고 말해 더욱 유명해졌다.

③「나는 이렇게 나이 들고 싶다」의 저자 소노 아야코의 말을 인용 "노후에 다가올 죽음을 앞에 두고 누구의 어떤 잘못도 용서를 하면 자신의 평화를 얻게 된다고 한다."든가 일본 여류작가 시오노 나나미는 그녀의 저서 「로마인 이야기」에서 로마가 천 년간 위용을 자랑할 수 있었던 비결은 용서라고 썼다.

- 김영은 「행복한 노후」 중에서

①의 내용은 노후의 행복은 건강이다. 건강이 바로 노후자금 역할을 한다고 했다. 자금은 곧 생명을 지탱할 수 있는 유일한 길이다. 그러므로 노인에게 있어 건강이 행복의 첫째 조건임을 강조하고 있다. 그러므로 작가는 아침에도 점심 후에도 열심히 운동하고 산림욕을 즐기고 있다고 했다.

②노년기에는 욕심을 다 버리고 편안하게 사는 길이 건강의 첫째의 비결이라고 했다. 그는 대기업 부사장을 지낸 분이지만 경제 위기와 함께 회사의 부도로 물러난 후 견습 웨이터로 취업했다.

그는 한 언론과의 인터뷰에서 "웨이터가 어떠세요? 웨이터든 부사장이든 다 월급쟁이 아닙니까? 밑바닥에서 보면 희망이 보이는 것이지요. 지금은 과거 부사장 때보다는 마음이 편해요."라고 말해 더욱 유명해졌다. 참으로 위대한 정신이다. 자기가 어떠한 일을 하던 직업에 애착을 가지고 일할 때처럼 가치 있는 일은 없다. 일은 인생의 최대의 가치며 인생의 환희며 인생의 행복인 것이다. 그러기엔 직업엔 귀천이 없다고 하지 않는가.

③소노 아야코의 말을 인용, 지난날 누구의 어떤 잘못도 다 용서하여 자신의 마음을 평화롭게 하는 길이 건강을 지키는 일임을 말하고 있다. 이 외에도 록펠러 이야기, 동의보감의 이야기, 노익장을 과시하는 버스회

사 수리공 이야기 등을 예화로 들고 있는데 이렇게 쓰인 문장을 칼럼류의 수필이라고 말할 수 있다. 이 문장에는 자신이 말하고자 하는 바를 예화를 통하여 체계적으로 열거함으로써 문장의 통일성과 일관성을 이루고 있다. 그리고 주제가 선명하게 드러나 필자의 의도는 분명하다. 이런 문장을 혹자는 문학적 향취나 예술적 향기가 적은 것이 이 문장에서 하나의 흠이라고 말할지 모른다. 그러나 문학의 향취는 감미로움에 있기는 하나 그렇다고 모든 문장에 적용되는 것이 아님을 명심해야 한다. 깔끔한 맛도 감미로운 맛에 결코 뒤지지 않음을 알아야 한다. 끝으로 최영종의 「구닥다리 신도리코」를 살펴보기로 하겠다.

작가는 이 작품의 전개 방식을 추보식 형태로 서술해 가고 있고, 문장은 서사성을 취하고 있다. 그리고 수필의 특성인 개성의 노출도, 글쓴이의 심성도 내재해 있고 글의 이면에는 위트 그리고 삶의 의미와 가치도 고루 담겨 있을 뿐 아니라 철학성도 흐르고 있다. 뿐만 아니라 작가가 체험하고 생각하고 느낀 바를 비교적 자유로운 형식으로 전개시켜 수필로서 갖추어야 할 바를 갖추었다고 보아야 옳을 것이다.

그런데 서두가 너무 길다. 필자가 소장하고 있는 카메라 소개로 끝나는 글이 아닌가? 독자들이 자칫 오해할 정도다. 그렇게 된다면 글을 읽다가도 중단하는 것이 십중팔구다. 그렇다면 뒤의 내용이 아무리 가치가 있어도 필요가 없다. 독자들이 읽어주지 아니한다면 그 글은 쓰나마나다. 작품은 독자들이 읽어주어야 생명이 붙고 날개를 달아 훨훨 나는 것이다.

물론 작품 첫머리에서 "먼저 내 카메라 이야기부터 하려 한다."로 시작되었다. 그렇다고 그 이야기가 무려 2쪽에 이르렀다면 한번쯤 생각해 볼 문제가 아닌가?

작가가 이 작품에서 말하고자 하는 중심 내용이자 결말은 이러하다.

언젠가는 '디지털'로 바꿔야겠지만 20년간 지나온 '리코'와의 애틋한 정이 너무도 절절하여 망설이는 심정을 그려놓았다. 여기서 작가의 정서를 엿볼 수 있다. 다른 사람 같으면 이왕 부서진 것, 오래 썼으니 이젠 미련 없이 버리고 디지털로 바꾸자고 했을 것이다. 그런데도 무엇에 생각이 붙잡히듯 강한 애정이 마음 가득히 밀려오는 것을 작가는 작품화한 것이다.

이제 끝을 맺겠다. 이번 보아온 작품들이 모두 정을 바탕으로 엮어졌다. 정은 사랑, 그리움, 슬픔, 애정 등인데 모든 문학에서도 정이 요구되고 있다. 그중에서도 수필은 더욱 그러하다. 그 이유는 모든 문학에는 허구나 대리인이 존재하지만 수필은 본질 자체가 자기 고백이기에 나상문학이라 부르기도 한다. 그러기에 수필은 독자에게 짙은 감동을 일으킨다. 그러므로 수필가는 작품을 쓰는 데 있어 이 점에 유의하면서 문학성을 살려야 할 것이다.

- 『한국수필』 2007. 11월호 수필 월평

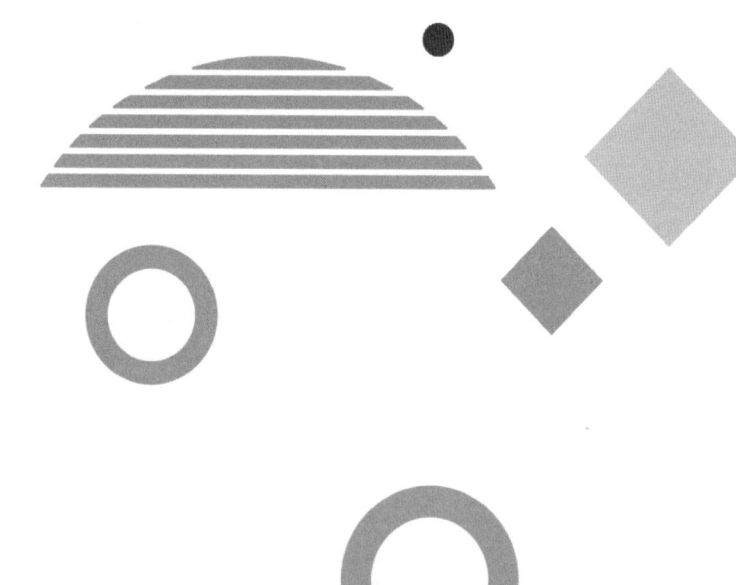

수필평론

V

수필의 구성요소와 그 가치

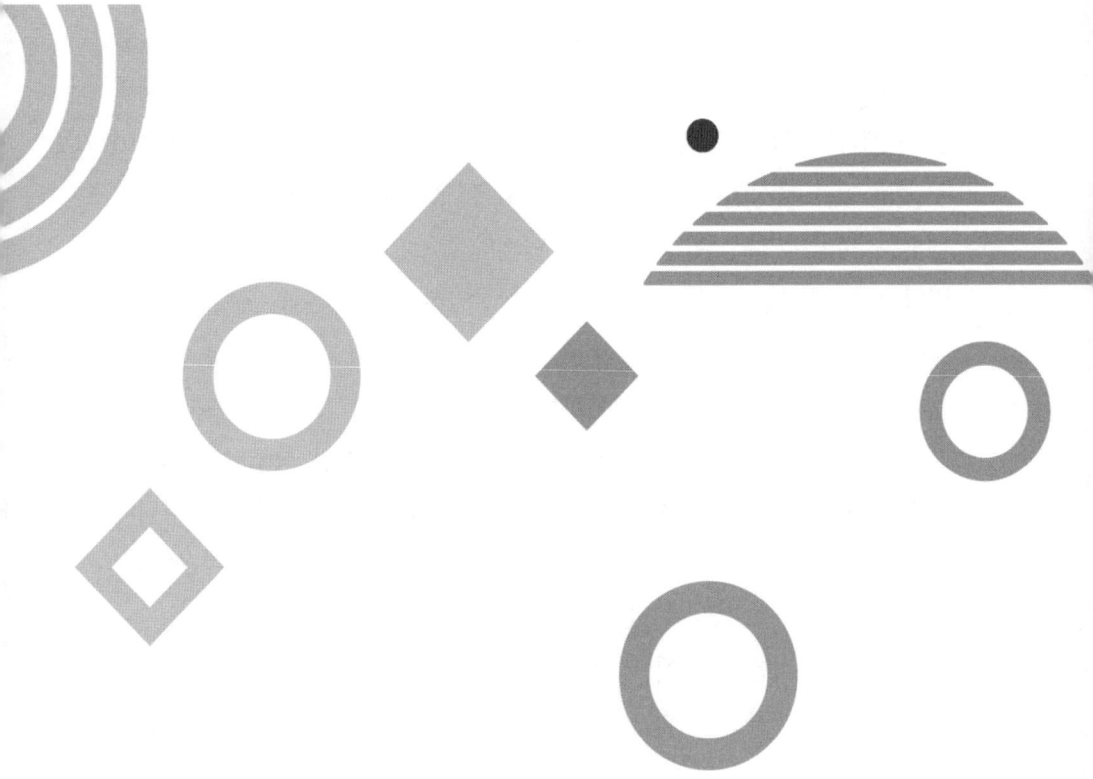

발상의 기법과 가치의 중요성

　발상은 글을 쓰게 된 동기요 원인 제공의 역할이다. 이를 최원현 수필가는 구체적으로 쉽게 표현했는데 글을 낳기 위한 '배란(排卵)'에 비유했다. 난자가 난소에서 배출되어 정자와 결합, 개체 생성을 촉진할 때의 첫 단계라는 의미다. 다시 말하면 사물의 관찰이나 사색을 통해 이루어진 번득이는 착상이라고도 할 수 있다. 이 발상이 이루어질 때 글이 형성되는 것이니 참으로 중요한 첫 단계다. 주로 어떤 일에 심한 자극을 받았거나 충동을 느꼈을 때 일어난 현상인데 작가는 이를 잘 활용하면 좋은 글을 쓸 수 있다.
　창작에는 크게 두 가지로 분류할 수 있다.
　첫 번째의 창작은 세상에 최초의 발상으로 이루어진 창조다. 그 예로 성경 창세기에 기록을 보면 혼돈과 공허와 흑암이 깊은 데서 하나님이 이르시되 빛이 있어라 하시니 빛이 있었고라고 했다. 이같이 무(無)에서 유(有)를 창조하는 창작이 있다.
　두 번째 창작은 모방에 의한 창작이 있다. 일찍이 플라톤은 미메시스(mimesis)라는 개념을 통해 인간의 예술적 창조의 기본 원리를 모방으로 설명했다. 20세기를 대표하는 화가 피카소가 벨라스케스의 시녀의 그 그림을 모방해서 자신만의 화풍으로 시녀의 모습을 그렸다. 자세히 말하면 얼굴과 모습은 같으나 화풍이 창작으로 이루어진 것이다.

　발상에 의해 창작이 이루어질 때 참으로 중요한 점은 관찰력과 분별력과 판단력이 제대로 이루어져야 한다. 작가의 이상에 의한 것이어야 한다는 것이다. 쓸데없는 군더더기 그것들을 긁어모아 표현을 멋지게 꾸며 놓는다고 할지라도 통일된 주제로 이룩하지 못하여 도리어 산만해지는 글이 되고 만다. 그 예로 잘생긴 얼굴인데도 화장을 잘못하여 인상을 구기게 하는 경우가 있다.

　모든 작품은 감동으로 이루어져야 한다. 이것은 모든 문학의 기본 요소다. 그 기본 요소를 무시하고 무작정 글을 쓰다 보면 현실적인 체험과 사실에 바탕을 두고 쓴 글일지라도 그 문학은 생명력이 없다. 여기서 말하는 감동은 독자에게 공감과 깨달음을 주는 것을 말한다.

　좋은 발상의 되려면 우선 자기 성찰이 이루어져야 한다. 그 성찰 위에 작가의 교양이 용해된 인격과 철학이 결부된 눈과 사고로 이루어진 발상이어야 한다. 다음 작품을 살펴보자.

김형석 「고난의 의미」

　지난 화요일, 6월 25일은 6·25날이었습니다. 나는 그날 저녁 한 작은 교회에서 있었던 어느 목사님의 추도 모임에 참석했습니다. 그 목사님은 나의 소년 시절에 많은 영향을 준 분으로서 그분은 일제강점기시대에 신사참배를 거부하다가 모진 고초를 겪었으며 해방 후에는 자유로운 분위기 속에서 즐겁고 소신 있는 목회를 할 수 있겠구나, 했었지만 불행하게도 1948년 6월 25일 공산당원들에게 끌려가 생사를 알 수 없는 분이었다. 그래서 그 목사님 댁에서 6월 25일을 전후하여 목사님을 땅 위에서 본 마지막 날이기 때문에 이날을 추도로 정하여 모임을 가지는 것입니다. (중략)
　고난의 의미가 무엇일까. 왜 우리는 자신이 고난의 역사를 겪어야 하는 것입니까. 또 6·25와 같은 전체적인 고난의 역사에 우리가 빠져들지 않으면 안 되는 뜻이 어디에 있겠습니까. 사람들은 몇 가지를 다 같이 이야기를 합니다.
　첫째는 '진실을 통한 생(生)의 승화를 위해서는 고난은 필수 조건이다.' 하는 것입니다. 우리의 생은 점점 순순해지고 깨끗해지고 높아져야 되는데 그 길이란 고난을 통과하는 길밖에는 없다고 하는 것입니다. 그래서 고난을 겪는다고 하는 것은 생의 승화를 위해서 필수적인 것이 아닌가 하고 생각합니다. 종교인들이 순교를 당한 것은 불교나 기독교라고 하는 종교 그 자체를 위한 것이라고 생각하는 사람들이 많은데 순교자들이 고난을 겪을 때는 불교를 위해 겪었거나 기독교를 위해 겪었거나 또 다른 무엇을 위해서 겪었거나 그것은 인간의 진실을 위해 겪은 순교요, 인간에게 있어야 할 어떤 가치를 위해서 자기 생명을 바친 것입니다. (중략)
　순교자들이나 생명을 바친 순환의 역사가 우리 속에 이루어졌습니다만 반드시 그러한 사건을 통해서는 아니라고 해도 진실을 사랑하고 사실을 사실대로 보고 참된 무엇을 위해서 살려고 하는 사람들은 고난의 가시밭길을 걷지 않을 수 없는 것이 인간의 길인 것 같습니다. 진실을 사랑한 사람이 고난의 길을 걷지 않는 사람들이 없지요. 진실을 위해서 살았던 사람들이 평탄한 길을 걸었다고 하는 과거의 역사가 없습니다.
　이렇게 보면 고난의 의미는 어디에 있는가. 그것은 진실을 통해서 생의 승화를 찾으려고 하는 데에 고난의 의미가 있었고, 또 그 고난은 반드시

있어야 했을 것이라고 하는 생각을 하게 됩니다. (중략)

우리는 고난의 역사가 무엇인가. 고난의 의미가 무엇인가. 이성의 힘을 믿고 진실을 찾아서 살려고 하는 길 자체를 우리가 택할 때 우리는 고난의 의미가 무엇인가 하는 것을 찾게 될 것입니다.

과연 고난의 의미가 무엇인가. 사람들은 비참에 동참하는 것을 고난의 의미라고 생각하고 있습니다. 우리 주위의 사람들이 비참에 잠겼을 때, 비극 속에 머물게 되었을 때, 내가 그것을 외면하지 않고, 거기에 머물러 있지 않고 그들이 겪고 있는 인간적인 비참에 내가 참여할 수 있을 때 고난의 의미는 발견되는 것입니다. 예수는 그런 경우 이렇게 말했습니다

어떤 사람이 예루살렘에서 여리고로 가는 도중 강도를 만나서 거의 죽게 되었습니다. 그런데 그때 종교의 지도자들인 제사장들이 지나가다 그 비참하고 보기 흉한 광경을 보고 그냥 모른체 하고 지나갔습니다. 이 사람들은 종교를 믿고 종교의 인생관을 갖고 살아가겠다고 하는 사람들인데 그것을 보고 그냥 지나갔습니다. 그런데 그때 마침 그 옆을 지나던 사마리아 사람이 그 불쌍한 사람을 보고 그를 구해주었습니다. 사마리아 사람들은 물론 종교인도 아니며, 사회적인 신분이 높은 것도 아니었습니다. 그리고 예수는 묻기를 누가 더 인간다운 일을 한 것이냐? 이웃에 대한 도리를 다 한 것이야? 물었습니다. 이것은 예수가 종교에 가장 고귀한 의미는 비참에 참여하는 것이라고 하는 것을 가르친 것입니다. 비참을 겪고 있는 사람들을 외면하지 말고 거기에 내가 뛰어들어서 참여할 수 있는 사람이 되라고 하는 것입니다. (중략)

세상에서 영구히 남는 위대한 것이 있다고 하면 그것은 전부가 내 이웃과 사회의 비참에 동참하려고 하는 것입니다. 그래서 파스칼은 이런 이야기를 했습니다. "인간이 위대하다고 하는 것은 인간이 얼마나 비참하다고 하는 사실을 알기 때문이다."라고 말입니다. 인간이 비참을 모른다고 하면 인간은 아무 위대성도 가지고 있지 않다고 이야기하고 있습니다. 인간의 위대함은 그 비참을 우리에게 알려주기 때문에 위대하다고 하는 것입니다. (중략)

우리가 만약에 영원이라고 하는 것을 사랑한다고 하면 그것이 영생으로 표시되거나 극락세계로 이야기되거나 간에 그것은 이 고난을 통과하지 않고서는 우리에게 주어지지 않을 것입니다. 울어보지 않은 사람에게 즐거움

이 없듯이 무거운 짐을 지어보지 않는 사람에게 일의 보람을 느낄 수가 없듯이 고난에 참여하지 않는 사람이 진정한 영원이라고 하는 것을 우리 생애에서 느끼지 못할 것입니다. 그래서 우리는 무엇인가를 사랑하게 됩니다. 사랑하는 무엇인가를 위해서 우리의 모든 것을 바치게 되어 있습니다. 그 과정에서 고난을 겪게 되는 것입니다. 바치는 그것이 영원한 것일 때 우리는 영원에 참여하게 되는 것입니다. (중략)

미국의 어떤 물리학자가 종교적 영생에 비유해서 이런 이야기를 했습니다. 초가 불에 타서 없어지면 사람들은 초가 다 타 없어졌다고 합니다. 그러나 물리학의 견지에서 보면 물질인 초가 다 타는 동안 빛으로 변해 그 빛이 무한한 공간에 영원히 남게 될 것입니다. 초로 있을 때에는 영원히 남지 못합니다. 그것이 타서 빛으로 됐기 때문에 공간에 영원히 남게 되는 것입니다. 인간이 육체를 가지고 살 때 영원히 남지 못합니다. 육체를 태워서 고난에 참여하고 진실을 위하고, 참다운 모든 인간의 길을 위해서 나를 불사를 수 있을 때 나는 영원히 남을 수 있을 것입니다. 영원히 살 것입니다. (중략)

사랑하는 사람을 위해서는 조용히 사는 법이고 자기를 희생시키는 길밖에는 방법이 없습니다. 이렇게 생각할 때 오늘 우리는 고난의 의미를 깊이 생각할 필요가 있습니다. 그리고 본인은 해결을 드리지 못합니다만 언젠가 여러분들이 고난의 의미를 깨닫게 될 때 철학을 알고 종교의 깊은 뜻을 알게 될 것입니다.

「고난의 의미」중에서 『사랑의 또 하나의 뜻을 위하여』(문음사, 1982)

이 수필은 한마디로 말해서 서사성에 철학성을 가미하여 예술로 승화시킨 내용이다. 철학을 진정한 삶의 가치로 용해시킨 것이다. 인생이 걸어야 할 길을 문장화했고 그 문장은 개성으로 인격으로 우리가 걸어야 할 길로 인도하는 수필이다. 이 수필에 귀를 기울이면 작가의 세미한 숨소리까지 감지할 수 있다. 이토록 진솔하게 표현해 놓았기에 많은 독자들이 마음을 기울이고 호응하여 행동의 변화를 일으키게 한다. 여기에 수필의 가치와 묘미가 있다.

다시 말하지만 한 편의 수필은 사람이 걸어야 할 길을 보여주는 길이다. 길을 몰라 물어봤는데 엉뚱하게도 다른 길을 가르쳐 주거나 아니면 삼거리 사거리가 많은 곳으로 가르쳐 주었다고 하자. 인도를 받은 자는 가르쳐 준 대로 걷다 보니 엉뚱한 길로 가는 것 같아 다시 물었더니 잘 못 온 것이 분명했다. 이때 어리둥절하듯이 수필도 이와 마찬가지다. 바르게 인도해야 한다. 작가는 인도자요 독자는 인도를 받아 걷는 자이다.

이 글의 발상은 어디에서부터 이루어졌는가.

작가는 중학교 시절 많은 영향을 받은 어느 목사님의 추도식에 참석했다. 그 목사님은 일제강점기시대에 신사참배를 거부하다가 모진 고초를 겪다가 해방을 맞이했다. 이제는 즐겁고 소신 있는 목회를 할 수 있겠구나, 했는데 불행하게도 1948년 6월 25일 그날 공산당원들에게 끌려가 생사를 알 수 없었다. 그래서 그 목사님이 댁에서 나가신 그날을 전후해서 추도 모임을 가졌는데 그날 작가는 거기에 참석했다.

거기서 인생의 고난의 의미를 깨닫게 된 것이 발상이 되어 이 글을 쓰게 된 동기다. 하나님이 창조하신 인간에게 해결할 수 없는 비참과 고난이 자꾸 몰려들 때 겪는 고난의 의미를 해결 짓는 길이 무엇일까 하는 의문점이 초점이 된 것이다.

고난의 의미를 해결하는 일은 절대로 쉬운 문제가 아니다. 그렇다고 그냥 흘러 보낼 일이 아니다. 우리는 때때로 이러한 어려움을 직면할 때마다 왜 우리는 고난을 당해야 하며 고난의 역사를 겪어야 하는가. 우리가 고난에 빠져들지 않으면 안 되는 뜻이 어디에 있을까 하는 의문점을 찾기 위한 것이다.

첫째 "진실을 통하는 생(生)의 승화를 위해서는 고난이 필수조건이라는 것이다. 우리의 생활은 점점 순화해져 가고 깨끗해지고 높아져야 되는데 그 길이란 고난을 통하는 길밖에 없다고 하는 것이다. 그래서 고난을 겪는데 이 길이 생의 승화를 위한 필수적인 것이라고 본다. 이렇게 결론을 짓고 있다.

둘째 고난의 의미는 '사람들이 비참에 동참하는 것을 고난의 의미'라고 생각한다. 우리 주위의 사람들이 겪고 있는 인간적인 비참에 참여할 수 있을 때 고난의 의미는 발견되는 것이다. 예수는 그런 경우를 가리켜 위의 수필에서 밝혔듯이 선한 사마리아인의 비유로 말씀하셨다.

그것은 예수가 종교에 가장 고귀한 의미는 남의 비참에 참여하는 것이라고 하는 것을 가르친 것이다. '비참을 겪고 있는 사람들을 외면하지 말고 거기에 내가 뛰어들어서 거기에 참여할 수 있는 사람이 되라'고 하는 것이다. 그리고 모든 위대한 것은 다 거기서 나왔다. 위대한 종교, 위대한 예술, 위대한 사상, 위대한 인물 등 모두 고난 속에서 탄생한 것이다.

나는 이 두 가지인 첫째와 둘째의 의미를 누가 무엇이라 하든지 고난이 우리에게 오는 인생의 의미라고 생각한다. 우리는 그것을 회피하거나 나와는 상관이 없다고 생각해서는 안 된다. 우리는 진실을 위해서, 생의 승리를 찾는 길이 고난이라는 것을 부정해서는 안 된다. 우리는 비참에 동참함으로써 작게는 나를 사랑하는 것이고, 크게는 민족을 사랑하는 것이고, 조국의 앞날을 건설하는 것이다. 동참의 의식이 없으면 아무것도 이룰 수 없다고 했다.

우리가 영원이라고 하는 것을 사랑한다고 하면 사랑하는 무엇인가를 위해서 우리의 모든 것을 바치게 된다. 그 과정에서 고난을 겪게 되는 것이다. 그것이 영원한 것일 때 우리는 영원에 참여하는 것이다.

한기홍 「배냇저고리」

부모님이 기거하시던 방을 청소하고 살림살이들을 정돈했다. 부모님의 체취가 깊이 배어 있는 의류와 물품들을 만지며, 코끝이 시큰해졌다. 에휴… 아직 구십도 안 되었는데 웬 치매냐구요…. 한동안 집에서 모시다가 한계에 봉착하여 요양원에 의탁하게 되었다. 혹시라도 불효의 길을 가고 있지 않는가 한동안 회의(懷疑)에 잠겨보기도 했다. 그러나 잘 적응하시는 모습을 보면서 결과적으로는 잘한 판단이라는 생각을 굳히는 요즘이다. 혼자 두런거리며 오래된 장롱의 서랍을 정리하다가 곱게 싸놓은 보자기에 하얀 저고리를 발견하였다.

아! 이것은 배냇저고리다. 어머니가 소중하게 장롱 깊숙한 곳에 보관해 놓으신 것이 틀림이 없다. 한동안 정밀 속에서 숨을 멈추고 들어다보았다. 오랜 세월 곱게 접혀 있었던 저고리에서 은은히 시큼한 젖 냄새가 풍겨오는 듯하여, 얼굴에 대고 코를 킁킁거리며 이것이 누구의 배냇저고리일까 생각하는 동안 나도 모르게 눈시울이 뜨거워졌다.

틀림없이 나를 포함한 4남매 중 한 사람의 것일 것이다. 내가 장남이고 밑에 두 명의 남동생과 여동생이 있었다. 추측건대 아무래도 장남인 나의 것이 아닐까. 치매로 기억력이 없어지고 자식들의 얼굴조차 몰라보시는 어머니에게 물어봐야 소용이 없다. 문득 아득한 옛날 강보에 싸여 저 저고리를 입고 응애응애 젖 달라고 우는 내 모습이 떠올랐다.

옛날 우리 가정에서는 이 배냇저고리를 귀히 여겨 보관하는 습속이 있었다. 얼마 전까지도 입학시험 때 아기 시절에 입고 있던 배냇저고리를 몸에 지니고 가면 합격한다고 하여, 실제로 시험장에 가지고 가는 사람을 볼 수도 있었다. 그만큼 소중하고 유년의 체취를 고스란히 간직하고 있는 아기 시절의 상징과도 같은 저고리다

그래, 이 배냇저고리는 이제 어머니 품에서 내게로 왔구나. 가난했던 지난시절 남부여대(男負女戴)하면서 자식들을 이끌고 숱하게 이사 다니면서도 소중하게 간직했던 어머니의 보물이 이것이로구나. 나는 금강석보다 귀한 저고리를 품에 안고서 한참 동안은 우두커니 서 있었다.

- 「배냇저고리」 중에서 『인천펜문학』(2021)

이 수필은 짧은 편이나 깊은 명상에 잠기게 하여 우리에게 많은 이치를 더해주고 있다. 천륜(天倫)의 끈끈함과 예로부터 이어온 전통의식이 스며있어 사색의 깊이를 더하게 한다.

"부모님이 기거하시던 방을 청소하고 살림살이들을 정리했다. 부모님의 체취가 깊게 배어 있는 의류와 물건들을 만지며, 코끝이 시큰해졌다."고 이 글의 서두가 시작된다. 여기까지만 보면 돌아가신 부모님의 체취로 슬픔에 잠기는 마음인 듯 보인다. 그런데 '에휴'라는 한숨 뒤를 보면 '아직 구십도 안 되셨는데 웬 치매냐구요…'라며 말줄임표로 작가의 심정을 암시했다. 그 뜻을 분석해 보면 원망의 뜻이 아니라 어머니의 치매가 못내 가슴 아파 가눌 길 없는 그 마음을 드러내 놓고 있다.

그 뒤의 글을 보자. "한동안 집에서 모시다가 한계에 봉착하여 요양병원에 의탁하게 되었다. 혹시라도 불효자의 길을 가고 있지나 않은가 한동안 회의해 보기도 했다. 그런데 잘 적응하시는 모습을 보면서 결과적으로는 잘한 판단이라는 생각을 굳히는 요즘이다." 이 글의 의미는 무엇을 뜻할까. 독자들은 누구나 이해할 것으로 본다. 치매는 매우 독한 병이다. 뒤에 나온 말이지만 자식의 얼굴조차 몰라보는 기억상실증이라 했으니 이성이 없는 무지한 발상을 서슴없이 내품는 무서운 병이다. 국가에서 보조해주는 병이다. 옛날에도 '고려장'이라는 장례법이 있었다. 고구려시대에 뇌쇠한 자(주로 망령된 사람)를 묘실에 옮겨 두었다가 죽으면 거기에 안장시키는 제도였다.

어머니가 쓰시던 장롱의 서랍을 정리하다가 곱게 싸인 하얀 저고리를 발견했다. "아! 이것이 배냇저고리다. 어머니가 소중하게 여기셔 장롱 깊숙한 곳에 보관해 놓으신 것이 틀림이 없다. 한동안 정밀 속에서 숨을 멈추고 들여다보았다. 오랜 세월 곱게 접혀 있었던 저고리에서 은은히 시큼한 젖 냄새가 풍겨오는 듯하여 얼굴에 대고 코를 킁킁거렸다."(중략)

'한동안 정밀 속에서 숨을 멈추고 들여다보았다.'의 심정을 우리도 헤아려 보자. 숨을 멈추면서까지 세심하고 치밀하게 들여다보았을까. 다음 말을 보자. "문득 옛날 강보에 싸여 저 저고리를 입고 응애응애 젖 달라고 우는 내 모습이 떠올랐다."고 했다. 그렇다. 어머니가 만드신 배냇저고리는 정말 포근하고 아늑하고 부드럽고 다함이 없는 편안함이다. 그윽함 속에서 배가 고프면 울고 잠이 올 때도 울고 '쉬'했거나 '응'해서 끈적거릴 때도 운다. 엄마가 안 보일 때도 울고 심심할 때도 울고 짜증부리고 싶을 때도 운다. 울면 모든 것이 만사형통이다. 어머니가 아니면 그 응석을 누가 다 받아주며 키웠을까. 갓난애 그 저고리를 입었을 때이니 얼마나 어머니의 손발이 다 닳도록 사랑의 수고가 필요했을까. 이런 생각이기에 숨을 멈추기까지 고요의 순간이 이어졌을 것이다.

옛날부터 우리 조상 대대로 이어지는 전통 중 하나가 배냇저고리를 소중히 여겨 보관하는 습성이 있었다. 이 작품에서도 작가는 "얼마 전까지만 해도 입학시험 때 아기 시절 입고 있던 배냇저고리를 몸에 지니고 가면 합격한다고 하여 실제로 시험장에 지니고 가는 사람을 볼 수 있었다."고 했다.

이는 무엇을 의미하고 있을까. 순수하고 정결하고 성결함이 티 없이 맑고 고결한 그 가치가 갓난아기 시절에 입었던 배냇저고리에 고스란히 암시적으로 담겨 있으리라. 그러기에 예나 지금이나 그 체취를 느껴 예로부터 어머니들이 소중히 여겨온 것이다. 작가는 그것을 어머니에게서 다시 내게로 온 것이라고 했다. 어머니의 보물이 이젠 금강석보다 귀한 내 보물이 되었다. 그래서인지 "저고리를 품에 안고서 한참 동안을 우두커니 서 있었다"로 이 글은 끝을 맺는다. 참으로 천륜의 정을 느끼게 한다. 이 작품이야말로 심층까지 촉촉이 적셔 지긋이 눈물을 삼키게 한다. 인간의 순수함이 무한한 가치로 고요히 숨 쉬고 있는 작품이다.

- 이홍직 편 『새국사사전』(글동산, 1980. 103쪽)

김경순 「행복의 베란다」 외 1편

진솔한 삶을 형상화해 놓은 수필이다. 작가의 사상과 감정이 삶의 체취 속에 자연스럽게 녹아 흐르기에 부담 없이 읽으면서 진한 감동을 일으킨다.

김경순 수필가의 글을 읽으면 읽을수록 가식이 없는 진실된 삶의 체취를 형상화해 놓았음을 감지하게 됨으로 신뢰와 함께 공감을 일으킨다. 이글이 진정 수필의 가치다. 「행복한 베란다」를 살펴보자.

　　봄은 삼라만상 살아있는 모든 생물에게 희망을 주고 감동을 일깨워 주는 계절임을 새삼 느끼게 한다. 우리 인간에게도 예외가 아니라서 봄은 새로운 기대에 부풀게 하는 '청춘의 심장'임을 절감케 한다. 죽음이 가까이 있다고 생각하면서 심장이 멎어버리는 줄로만 알았던 나에게 올해 맞이하는 봄은 유별나게 내 심장의 박동 소리가 힘차게 다시 뛰고 있다. (서두 부문)

이 수필은 서두에서 주제를 암시해 주고 있다. 첫 문장의 주어인 '봄은' 서술어 '~을 느끼게 한다.'로 되어 있기에 독자들에게 처음부터 긴장감을 느끼게 한다. 여기 서술어를 '일깨워 주는 계절이다.'로 표현했다면 봄을 소개하는 글이구나, 가볍게 느낄 수 있을 터인데 '계절임을 '새삼 느끼게 한다.'로 서술했기에 '무슨 일이 있었구나.'라는 의문점을 가지고 계속 읽지 않을 수 없다. 이같이 '의문점' 혹은 '흥미를 유발시키는' 서두는 참으로 중요하다.

　　수년 전, 나는 단 한 번도 생각지 못했던 뜻밖의 일로, 갑자기 사랑하는 남편과 사별하면서 모든 것을 상실하게 되었다. 행복도 희망도 수면 아래로 가라앉고 혼과 넋이 나간 몸은 사선의 문턱에서 서성거리면서 눈물로 세월을 보내었다. 거기에 엎친 데 덮친 격으로 맞이하게 된 갱년기는 불안

증과 열감과 우울증을 가중시키면서 도저히 감내하기 어려운 중병환자가 되었다. (중략)

　가장 무서운 병이 불안증이고 우울증임을 실감하였다. (중략) 그 병이 나를 완전히 지배하였다. (중략) 이렇게 인생이 끝나는구나. 흐르는 눈물을 뒤로하고 매일운동을 시작했다. (중략) 예전엔 약 없이 잠들고 깨던 평범한 일상이 얼마나 소중한 감사거리인지 잘 몰랐다. (중략) 나는 요즘 감사기도로 하루를 연다. 감사 너머로 보이는 것은 모두 사랑이고 행복이다. (여기까지가 전개 부분이요, 다음은 결말 부분이다.)

　이제 봄은 내게도 새 희망의 계절이다. 죽은 땅에서 파릇한 새싹을 틔우는 봄이 신비와 설렘이듯이 내게도 봄은 설렘이고 희망이다. 모진 추위를 견디고 피어나는 꽃봉오리들이 새 희망을 주듯 나도 희망을 주는 사람이 되었으면 좋겠다. 기도하기 위해 단정히 무릎을 꿇는다. (전개와 결말 부분)
　　　　- 「행복한 베란다」 전개와 결말 부분. 『회갑이면 늙은 줄 알았다』에서

　얼마나 진솔한 표현인가. 그리고 서두와 결말이 일치되어 독자에게 얼마나 감동을 일으키는 수필인가. 조용히 눈을 감고 명상에 잠기듯 김경순 수필가를 생각해 본다. 다음은 「섬김의 메아리」 작품이다 이를 살펴보자.

「섬김의 메아리」

　이 수필은 추보식 구성으로 되어 있는데 20세기 초엽 한국교회사의 단면을 보여주고 있다. 비록 1905년 금산교회의 기역(ㄱ) 자로 된 건물 구조에서만이 아니다. 당시 한국인의 남녀의식구조가 어떠했던가를 적나라하게 보여주고 있다. 남녀칠세부동석(男女七歲不同席)이라 하여 남녀가 일곱 살이 되면 한 자리에 앉아서는 안 된다는 뿌리 깊은 유교의식인데 이 의식이 한 지방에 국한된 것이 아니라 한국인의 뿌리 깊은 의식이었다는 점이다.

　교회의 형태가 기역(ㄱ)자로 이루어진 것은 한쪽은 남성의 자리이고 또

한편의 자리는 여성의 자리인데 꼭짓점의 자리는 설교자의 자리로서 그곳에 강대상이 놓여 있었다. 남녀가 함께 서로 앉거나 볼 수 없었으나 한 목사님의 설교는 모두 경청할 수 있도록 만든 건물이다. 그리고 그 시대의 믿음이 얼마나 우리에게 본을 보여주었는가를 잘 느끼게 한다. 그를 살펴보자.

교인 중 조덕삼 장로님과 이자익 목사님의 믿음에 얽힌 일화다. 이 일화는 너무 유명하여 듣는 이들에게 큰 감명을 주고 있다. 조덕삼 장로님은 그 지방 최고의 갑부였고, 이자익 목사님은 당시 조 장로님의 하인이자 마부였다. 그런 신분의 격차가 있는데도 교회장로 선출을 위한 투표에서 이자익 집사가 장로로 뽑혔고 조덕삼 집사는 탈락되는 이변이 일어났다. 그러나 조 장로님은 하인 이자익 장로의 인간성을 꼼꼼히 살펴본 후 평양신학교에 보냈고, 목사가 된 뒤 금산교회 담임목사로 초빙했다. 그 뒤 조 장로님은 목사님을 극진한 섬김의 모범을 보였다는 내용이다. 얼마나 아름다운 신앙인가? 이 외에도 후손들의 아름다운 신앙의 일화까지 소개하고 있는 이 작품은 많은 독자들에게 얼마나 깊은 신앙의 본을 보여주었는지 모른다.

김경순 수필가는 한국문단에 데뷔한 분이다. 그는 생활 주변에서 또는 삶의 현장에서 소재를 모아 수필의 소재로 삼는다. 그가 보고 느끼고 생각한 것을 그의 능력에 따라 자유자재로 작품화 했다. 그의 글에는 영악한 정도의 기교를 부리지 않는다. 그렇다고 빼어난 묘사력도 내세우지 않는다. 다만 진실된 자료로 담담하고 진솔하게 표현한다. 그렇지만 그의 수필에는 남들이 범할 수 없는 그윽한 향내가 난다. 그야말로 인간 냄새가 물씬 나는 구수한 맛이다. 쌀밥의 맛이요, 숭늉의 맛이다. 질리지 아니하고 계속 먹고 싶은 그 맛이 그의 수필의 멋이다. 우리 시대의 수필 문단에 찬란한 금자탑을 쌓을 수 있는 유망주로 기대해 본다.

제목 붙이기와 그 중요성

　제목은 글의 얼굴이요, 글의 이름이다. 얼굴 없는 사람이 없고 이름이 없는 사람이 없다. 누구나 자기 얼굴을 남에게 잘 보이기 위해 화장을 하고 심지어는 많은 돈을 들여 성형 수술까지 한다. 그리고 이름은 자신을 대신하여 남들에게 불리는 생명체의 역할을 한다. 그러므로 조상 대대로 소중히 여겨 좋은 이름을 지으려고 무한히 노력한다. 모든 생물과 무생물까지 이름이 있고 그 이름을 통하여 알아 이해하거나 식별하기까지 한다.

　우리 속담에 사람이 죽으면 이름을 남기고 호랑이는 죽으면 가죽을 남긴다고 했다. 이 말의 의미는 살아 있을 때 훌륭한 일을 하면 후세에까지 빛난다는 뜻이다. 영국의 속담에도 사람은 죽어도 이름은 남는다고 했다.(A man dies; his name remains) 이 의미는 '사람은 생명을 빼앗기는 일이 있어도 이름은 뺏기는 일은 없다'는 뜻이다.

　이처럼 소중히 여기는 얼굴이요, 이름처럼 글에서는 제목이 소중한 의미를 지닌다. 이런 경우도 있었다. 서점에 가서 제목 혹은 표제를 보고 책을 선택하여 구입했는데 집에 와서 읽어보니 내용이 표제만 못해 실망한 경우도 있었다.

여기서 말하는 제목(題目)과 표제(標題)는 동일한 의미다. 그런데 평자는 주로 작품 하나하나의 이름을 제목이라 부르고 하나하나의 작품이 모여 한 권의 책으로 이루어질 때 그 책의 이름을 표제라고 부르고 있다.

일반적으로 글에서 중요한 역할은 제목이다. 이는 문학작품뿐만 아니라 신문기사나 방송의 타이틀을 정하는데 따라 좌우된다는 사실도 우리는 잘 알고 있다. 평자가 젊었을 때 신문기자로 근무할 때였다. 신문이 완성되어 독자의 손에 들어가기까지 기사는 오교(다섯 번 교정)의 과정을 거쳐 인쇄로 이루어진다. 그리고 방송은 프로그램 제목 붙이기까지 프로듀서의 고민이 이만저만이 아니다. 심지어는 전문성을 지닌 자들이 모여 회의를 거쳐 결정하는 경우도 있다. 이것은 그만큼 제목이 큰 역할을 한다는 뜻이다. 신문도 그렇다. 머리기사 제목 등 크고 작은 사건의 기사 제목을 그렇게 정할 때도 있다. 바쁜 실정에서 살아가다보니 제목만 보고 다 읽었다고 하는 경우도 많다. 그만큼 제목이 큰 역할을 한다는 뜻이다. 상호도 그렇다.

수필에서는 '믿음직한 제목'이면 더 이상 바랄 것이 없다. 여기서 믿음직한 제목이란 다른 문학처럼 「그리움의 별」이라든가 「사랑이 머물 때」처럼 상징성이 짙은 것이 아니라 주제를 암시한 실물을 택해 쓴 최원현의 「누름돌」, 문장의 핵심을 따라 쓴 이민호의 「동행」, 그리고 문장의 목적 중심으로 이룬 김형석의 「고난의 의미」 등 독자들의 피부에 닿는 제목들이다.

그리고 적당한 제목이 없을 때 선배 문인들이 어떻게 했을까? 수필가이자 평론가인 강석호는 편저인 『새로운 수필문학 창작의 기법』에서 수록해 놓았다. 그 기록을 보면 無題(무제), 失題(실제), 數題(수제), 有感(유감), 詞(사), 曲(곡), 賦(부), 記(기), 頌(송), 禮讚(예찬) 등이라고 했다. 선인

문인들도 제목이 없어 글을 써 놓고 뒤늦게 붙였다는 것이다. 예나 지금이나 수필을 쓸 때 꼭 제목을 먼저 붙이고 난 뒤에 글을 쓰지 않고 자유롭게 글을 쓴 뒤에 제목을 붙일 수도 있다는 증거라 하겠다.

여기서 반드시 주의할 점이 있다. 제목 붙이고 난 뒤에 쓰기도 하고 우선 글을 써 놓고 제목 붙이는 것은 자유롭게 작가가 선택해도 되겠지만 작품의 주제만은 반드시 확고하게 정해 놓고 난 뒤 수필을 써야 한다. 특히 15매 내의 짧은 글이기에 더욱 그렇다. 작가가 전달하고자 하는 의도가 분명히 드러날 때 문장력이 다소 약하다 할지라도 독자들은 끝까지 읽는다고 한다. 일본인 작가 '무샤고지 사네아쓰(武者小路實篇)'가 그렇다. 문장력은 비록 약하나 글 속에 담겨 있는 메시지는 항상 번득여 독자들을 사로잡고 있기에 유명한 작가가 되었다는 그의 일화를 어느 글에선가 읽은 기억이 난다.

여기서 전달하고자 하는 주제와 제목과는 어떠한 관계가 있는가. 제목 속에 주제를 암시하고 있다면 더욱 값진 제목이 될 수 있다. 그렇지 못하다 할지라도 주제를 무시하는 제목은 있을 수 없다. 다음 수필을 살펴보자.

김홍식 「잘 잃어버린 보물」

　올해도 에티오피아에 다녀올 기회가 있었다. 6·25전쟁 때 한국을 도와주었던 참전국이었지만 오랜 왕정의 몰락과 공산혁명을 겪으면서 최빈국이 된 나라, 그렇지만 의욕 있는 젊은이들의 눈망울은 빛나고 있었다. 아내와 나는 한국인들에 의해 세워진 병원과 의과대학에서 학생들에게 내과 집중강의를 했다. 몇 해를 거듭하다 보니 가르쳤던 학생들이 인턴 의사가 되어 인사를 하는 것이나, 면학 분위기가 향상됨을 보며 보람을 느낀다. 그곳에 많은 도움이 필요하지만 당장의 많은 원조금보다 사람을 키우는 것이 더 중요하다는 것을 느낀다. 성실하게 자라난 인재들이 에티오피아를 변화시키는 날을 꿈꾸고 있다.
　현재 가난하다고 에티오피아 사람들의 자존심을 건드려서는 안 된다. 그도 그럴 것이 에티오피아는 아프리카에서 유일하게 식민 지배를 받지 않는 나라로 독립을 위해 투쟁한 역사를 자랑스러워한다. 7세기경 이슬람으로 변모한 주변 국가와 달리 평범하지 않는 기독교 정교의 유산을 간직하고 있다. 에티오피아의 역사는 5천 년 전으로 거슬러 올라가며 남아 있는 기록은 기원전 천년부터 존재한다. 시바 여왕이 예루살렘으로 솔로몬에게 지혜를 배우러 간 유명한 여행을 했을 때 여왕이 솔로몬 왕의 아들을 임신하여 낳은 아들이 메네리크 1세이다. 그가 세운 왕조는 1974년까지 이어져왔다. 수천 년 동안 왕국은 다양한 외부의 침입을 받았으나 나라를 계속 지켜왔다. 1936년엔 이탈리아 무솔리니에 의해 에티오피아가 잠시 점령당했으나 1941년 독립을 재획득한다. 그러나 20세기 중 왕정의 부패에 학생, 노동자, 농민들의 반대 시위가 일어났고 1974년 군사정권과 공산주의가 들어온 후 에리트리아와의 분쟁으로 혼란이 가중되면서 한강의 기적을 일으킨 한국을 부러워하는 형편이 되었다.
　에티오피아 전승에 따르면 시바 여왕과 솔로몬 왕의 사이에 난 메넬리크(지혜로운 자의 아들이란 뜻) 1세가 에티오피아에서 자라 20세가 되었을 때 이스라엘로 가 아버지의 궁궐에 머물면서 지혜와 학문을 배우게 된다. 총명한 메넬리크가 솔로몬의 총애를 받게 되자 그 땅의 장로들이 그를 에티오피아로 돌려보내라고 압력을 넣는 바람에, 왕자와 동행한 사람들과 같이 보내기로 하였다. 수행원들 중에 대제사장의 아들 아사리우스도 있었는데 떠나기 전날 지성소가 열리고 언약궤를 가지고 갈 수 있도록 모든 것이 순조롭게 진행되는 바람에 성궤를 에티오피아로 가져올 수 있었다고 한다. 결코 훔쳐 온 것이 아니라는 뜻이다. 에티오피아인들은 그 언약궤가 성스러운 도시 악숨에 있을 것이라고 추측한다. 다른 교회에는 복제품 언약궤를 놓아두고 일 년에 한 번씩 열리는 예수의 세례식을 축하하는 '팀카트' 축제 때 궤를 매고 교회에서 나와 열광적으로 춤을 추는 의식 때 사용한다.

언약궤 안에는 하나님이 모세에게 주신 십계명이 새겨져 있는 두 돌판, 출애굽 후 광야에서 이스라엘 백성들에게 매일 주셨던 만나를 담은 항아리, 제사장 아론의 싹 난 지팡이가 들어 있는 것으로 성경에 기록되어 있다. 구약시대 초기에 이스라엘 민족은 언약궤를 땅에 내려오신 하나님의 표적으로서 하나님의 힘의 요새, 신성한 의지의 도구로 섬겼다. 솔로몬 왕이 예루살렘 성전을 짓고 모세 언약궤가 그 성전의 지성소에서 사라졌고 솔로몬 시대 이후에는 성경에서도 언급이 없어졌다. 여러 사람들과 이야기해보면서 나 자신뿐 아니라 의외로 많은 사람들이 이 성스러운 물건을 찾아서 갖기를 원하고, 실제로 찾아 나섰지만 모두 찾지를 못하고 있다는 사실을 알았다. 이것을 가지고 있으면 엄청난 힘을 얻을 수 있을 것이란 생각 때문이다. 병에서 회복 될 수 있으며 적을 물리칠 수 있고 필요한 것들을 얻어낼 수 있을 것 같은 하나님의 상자. 그래서 인디아나 존스는 영화 「잃어버린 언약궤를 찾아서」에서 그렇게 열심히 성궤를 쫓아다녔다. 곰곰이 생각해 보면 탐욕으로 물든 인간들을 위해서 오히려 하나님이 그 언약궤를 없애버린 것이 아닌가 한다. 하나님은 우리에게 십자가의 희생을 보여주시고 수없이 많은 감사할 것을 주셨는데 더 욕심을 채우기 위해 하나님 자신은 제쳐 두고, 언약궤를 찾고 있는 우리들을 보고 심히 슬퍼하셨을 것 같다. 주어진 것에 감사하고 불필요한 환상에서 벗어나라고 언약궤를 감춰버리신 것이란 생각이 든다.

하나님께서 우리에게 주신 일상의 감사와 노력이 요술 상자보다 얼마나 더 귀한 것인가. 매일 꾸준히 학문에 정진하는 에티오피아의 젊은 학생들에게 일어나는 변화가 기적이 아니고 무엇이겠는가?

- 「잘 잃어버린 보물」 전문 『팥죽과 페트라』(한국수필가협회출판부, 2023)

에티오피아 젊은이들은 현재만을 바라보지 않고 미래를 향해 힘차게 전진하고 있다. "그들은 '한강의 기적'을 일으킨 한국을 부러워하고 있다"고 했다. 기적은 하루아침에 이루어지지 않는다. '눈물의 빵을 먹어본 사람이 아니면 인생의 참맛을 모른다.'고 괴테가 그의 시(詩)에서 말했듯이 진정 눈물은 자기의 뜻을 이루기 위한 값진 것이다. 눈물은 감격의 액체요, 진주보다 더 아름다운 보배이다. 이 글만 봐도 얼마나 주제가 선명한가.

한국의 근래 역사만을 살펴보자. 1945년 8·15광복 이후부터 '한강의 기적'을 이루기까지 과정은 피로 얼룩진 항거요, 땀과 눈물로 점철된 역사였다. 그 대가로 찬란한 경제대국을 이룬 것이다. 얼마나 알찬 결실인가 잠깐 이를 세부적으로 살펴보자. 1960년 3·15 부정선거가 발단이 된 '4·19 민주화 혁명'과 군사독재인 '5·16, 12·12사태'와 '5·18광주민주화운동' 등 유혈(流血)의 항쟁이 없었다면 오늘의 민주주의는 꽃피우지 못했고, 월남 참전의 대가와 사우디아라비아 피땀과 독일의 간호사와 광부로 일한 노역의 눈물이 없었던들 오늘의 경제대국의 기적은 이루지 못했을 것이다. 5·16 군사정변을 일으킨 박정희 대통령은 분명히 과와 실(過·實)의 정치를 편 분이다. 경제대국의 기틀을 이룬 정책도 무참하게 생명을 초개처럼 여긴 독재의 정책을 폈음도 부인할 수 없는 사실이다.

한국은 1950년 6·25전쟁의 잿더미에서 시작했기에 당시 전 세계 최대의 빈국이었다. 일 년 국민총생산인 GNP가 50불 정도이었고 국가 예산의 70%를 외국 원조에 의존해야만 했다. 그러한 나라가 70여 년 만에 경제대국, 선진대국으로 탈바꿈되었다. 피와 땀과 눈물의 진액이 이룬 결과이다.

이 수필의 첫머리에서 "올해도 에티오피아에 다녀올 기회가 있었다. 6·25전쟁 때 한국을 도와주었던 참전국"이라고 서두를 열었고 결미에 "매일 꾸준히 학문에 정진하는 에티오피아의 젊은 학생들에게 일어나는 변화가 기적이 아니고 무엇이겠는가?"라고 끝을 맺고 있다. 이 글은 수미상관법(首尾相關法)으로 이루어졌다. 이는 주제를 하나로 결집시켜 그 효과를 극대화하려는데 주로 쓰는 문장의 기법이니 작가가 에티오피아의 젊은 학생들을 얼마나 사랑하고, 기대하고 있는지를 잘 보여주고 있는 대문이다.

이 수필을 읽으면서 에티오피아가 얼마나 자유를 사랑하는 나라인지 잠시 회상에 젖어 보기도 했다. 그 나라 에티오피아는 1950년 6·25 당시 북한군의 기습공격으로 하루아침에 풍전등화의 위기에 처한 우리나라를 돕기 위해 아프리카에서 유일하게 참전한 나라다. 에티오피아 당시 황제인 '하일레 셀라시에'는 수필에서 밝혔듯이 1936년 이탈리아 침공으로 잠시 나라를 빼앗겼던 아픔을 생각하면서 자신의 최정예 친위병력 6,037명을 한국에 급파했다. 황제는 파병될 친위대를 향해 '가거라. 살아 돌아올 생각을 하지 말라.' 그러면서 힘주어 말했다. '너희들은 대한민국 국민들에게 자유가 얼마나 소중한가를 잘 인식할 수 있도록 최선을 다해 맹렬하게 싸우라.' 황제의 명령을 받는 에티오피아 파병들은 생명을 아끼지 않고 전투에 임했다는 실화를 언론인 최대현의 글을 통해서 확실히 알게 되었다. 참으로 자유가 얼마나 소중하고 사랑이 얼마나 가치가 있는가를 깨닫는 시간이었다.

사랑은 곧 생명이다. 에티오피아 젊은이들은 그들의 나라를 사랑하고 있음을 보여주고 있다. 아프리카에서 유일하게 식민지배를 받지 않는 나라로, 독립을 위한 투쟁의 역사를 자랑스러워한다고 했다. 투쟁은 곧 피다. 피로써 나라를 사랑해 왔다는 증거다.

또 "기원전 천 년 전 시바 여왕이 예루살렘으로 솔로몬에게 지혜를 배우러 간 유명한 여행을 했을 때 여왕이 솔로몬 왕의 아이를 임신하여 낳은 아들이 메넬리크 1세이다."라고 했다. 여왕은 '시바' 나라를 책임지고 있는 절대군주다. 이런 의미에서 볼 때도 한낱 정감에 휘말려 솔로몬의 아들을 임신한 것은 결코 아니라고 평자는 본다. 나라의 백년대계를 위한 지혜로운 씨앗을 받은 것이다. 이는 그 나라 역사와 그들의 자존심이 넉넉히 뒷받침해 주고 있지 않는가. 다음 증거를 살펴보자. 메넬리크 1세가 20세가 되었을 때 이스라엘에 가 아버지의 궁궐에 머물면서 지혜와 학문을 배우게 된다고 했다. 시바를 부강한 나라로 이룩하기 위한 일련의 계획이 담겨있지 않는가? 어떠한 경우에도 나라를 사랑하는 애국심의 발로로 여김이 옳다. 변화는 분명 기적의 동기다. 동기는 식물의 꽃과 같다. 꽃이 피었다고 모두 탐스러운 열매를 맺는다고 기대할 수 없다. 폭풍에 견디지 못하고 떨어져 버리는 경우도 있고 사나운 비바람에 수정이 되지 못하여 쭉정이가 되는 수도 있으며 열매를 맺었다 할지라도 결실에 이르지 못하고 병충해와 모진 풍파에 떨어지는 경우도 얼마든지 있다.

자신을 늘 살피면서 어떠한 경우에도 절망을 넘어서는 인생이 이루어져야 기적이 이루어진다. 인류 역사가 이를 증명해 주고 있으며 이 글 작가의 의도 역시 그러하다. 그는 작가 이전에 의사(醫師)였다. 한국 고려대학교 의과대학에서 수학하여 의사가 되었고 미국에서 박사학위를 받았다. 그의 내외분은 한국인들에 의해 에티오피아에 세워진 병원과 의과대학에서 학생들에게 내과를 가르치는 교수였다.

이때 에티오피아 학생들을 가르치면서 느낀 진솔한 이야기다. 그들은 성실하게 자라난 인재들이라서 어느 땐가는 그들의 나라를 변화시킬 날을 꿈꾸고 있는 청년들이라고 했다. 그러기에 그곳에 많은 도움이 필요하지만 당장은 사람을 키우는 것이 더 중요하다는 것을 느낀다고「잘 잃버린 보물」에서 작가는 밝히고 있다. 참으로 에티오피아 청년들을 사랑하는 마음을 그득히 담은 수필이다.

이 순간 고려대학교 초대 총장이었던 유진오 박사가 한 말이 생각난다. 그가 1960년 4월 18일 서울시청 앞 광장 데모대 앞에서 마이크를 잡고 외쳤던 한마디였다. "우리는 밖으로부터 이룬 혁명(Revolution von Aussen)을 피동적으로 받아들인 것이 아니라 이미 12년 전, 그러니까 1948년 대한민국정부수립 이후 초대국회에서 채택한 민주주의 제도를 현재 젊은 학생들이 쟁취하려는 것이다."라고 힘주어 주장하면서 그들을 격려했다. 이렇듯 폭풍을 뚫고 일어서는 에티오피아 학생들에게 천군만마(千君輓馬)를 주는 귀한 작품이라 여겨진다.

정찬경 「내 생애 최고의 순간」

그렇게 기뻤던 적은 없었던 것 같다.

가만히 있어도 절로 웃음이 나오고 밥을 안 먹어도 배가 부른 것 같았다. 행복하다는 게 이런 거구나 했고 세상의 모든 것들이 아름다워 보였다. 그때 난 응급실 인턴 근무 중이었다. 24시간 근무, 24시간 휴무였다. 쉴 틈 없이 밀려드는 환자들 개중엔 위급한 사람도 있었고 경증 환자도 있었다. 쉽지 않은 응급실 근무를 하면서도 그 생각만 하면 어찌 그리 기분이 좋고 다행스런 마음이 드는지 온 세상을 다 얻은 기분이 이런 건가 싶었다.

안과 전공의 시험은 고려대학교 병원에서 있었다. 안암동 고려대학 옆 지정받은 의대 강의실을 어렵사리 찾아가 앉아 있었다. (중략)

내과 외과 산부인과 소아과 정신과 문제들을 풀었다. 70문제가량을 풀었다. 정말 혼신의 힘을 쥐어 짜내 답을 찾아 OMR카드에 옮겨 적었다. 두 시간 정도를 주었는데 모두 답안지에 옮기고 나니 십 분 정도 여유가 남아 있었다. 답지를 내고 나가면 되겠다 생각하며 풀었던 문제를 쓰윽 둘러봤는데 왠지 한 문제를 잘못 푼 것 같았다. 이미 OMR카드에 옮긴 상태라서 다시 옮기는 건 부담스러운 시간대였다. 게다가 답을 바꾸는 게 맞는지 확신도 서지 않았다. 잠시 눈을 감고 어떻게 하는 게 좋을지 생각했다. 아니 기도했다. 하늘나라에 계신 어머니가 떠올랐다. 내게 힘을 내라고 하시는 것 같은 느낌을 받았다.

나는 새로 카드를 달라했다. 시험감독이 약간 주저하다가 주었다. 그걸 받아 그 문제의 답을 고치고 모든 답을 다시 옮겨 제출했다. 가슴이 쿵쾅거리고 얼굴과 목덜미가 후끈거렸다. 아슬아슬하게 지켰다. 시험이 끝나고 나오는데 하늘이 드높았고 청명했다. 높고 푸른 늦가을 하늘, 구름 한 조각 안에 어머니의 얼굴이 보이는 것 같았다. (중략)

시험성적과 인턴 근무 성적이 내 경쟁자와 동점으로 나왔다는 사실을 나중에 알게 되었다. 그 문제를 고쳐서 동점이 된 건지는 아직까지도 모른다. 당락은 면접에서 갈렸다. 면접장에 들어가니 병원의 높은 분들과 안과 과장이 앉아 계셨다. (중략)

면접 전 동점인 경우 해당 과장님의 선택이 가장 중요하다. 과장님은 나를 선택해 주셨다. 감사하게도.

면접이 끝난 며칠 후 합격 소식을 들었다. 너무나도 기뻐서 어쩔 줄을 몰랐다. 내가 드디어 안과의사가 되는구나. 얼마 전 의대를 졸업한 초년생 햇병아리 의사인 나, 병원의 여러 과에서 심부름 수준의 일을 하던 내가 이제 어엿한 한 과의 의사가 되어 병원을 누비고 다니게 되었다는 사실이 꿈만 같았다.

사람의 눈과 빛에 대해 공부하고 눈의 건강과 밝은 빛을 되돌려주기 위해 나의 일생을 바칠 수 있고 또 바쳐야 한다는 생각을 할수록 가슴이 자부심과 사명감으로 벅차올랐다.

그 흥분과 전율은 며칠이 지나도 쉽게 가라앉지 않았다. 그리고 그 기쁨은 옳았다. 안과의사는 나의 운명이었다. 내가 한 인생의 선택 중 가장 잘한 몇 가지 중 하나였다. 안과는 모든 게 나와 잘 맞았고 배움은 즐거웠다. 때론 힘든 배움의 과정도 달게 받아들였다. 난 당시 눈의 아름다움과 경이로움에 푹 빠져들었다. (중략)

신의 예술품이 가장 극명하게 드러난 인체의 한 곳을 말하라고 하면 주저 없이 눈이라 말할 것이다.

생체 현미경으로 그들의 눈을 크게 확대해서 바라본다. 때론 정교한 광학기계를 보는 것 같기도 하고 때론 별이나 하늘, 광활한 우주를 바라보고 있는 것 같기도 하다. 어떤 날은 밤하늘을, 또 어떤 날은 새벽 미명의 하늘, 어떤 때는 노을 지는 붉은 하늘을 보는 것 같다.

백내장 수술은 내가 밥을 먹듯이 하는 일이다. 백내장 수술은 이미 내 존재의 일부가 되어있다. 혼탁해진 수정체를 씻어내고 신선하고 밝은 빛을 그 눈 속에 비치게 하는 이 고귀하고 거룩한 일을 미천하고 보잘것없는 나 같은 사람이 할 수 있도록 허락해 주신 분께 늘 감사한다. (중략)

생각해 볼수록 그건 정말 내 생애 최고 순간이었다. 안과 정찬경이라는 푸른 글씨가 쓰인 하얀 가운을 몸에 걸칠 때마다 이 최고의 순간을 떠올리며 감사한다면 안과의사의 길을 올곧게 걸어가는 일이 그리 어렵지만은 않을 것이다.

— 「내 생애 최고의 순간」 중에서 『눈, 빛, 사랑』(소후, 2023)

이 수필은 독자에게 큰 감명을 주고 있다. 저자 '정찬경'의 강한 사명의식에 매료되었다고 해도 지나친 말이 아니라고 여기기 때문이다. 나는 작가를 잘 모른다. 전화로도 대화한 적이 없다. 오직 그가 보내온 수필집을 통해 이 글을 읽고 평했을 뿐이다.

수필의 정의를 말할 때 내가 자주 쓰는 말이다. "수필이 다른 문학 장르보다 다른 점은 작가가 직접 작품에 등장한다."는 것이다. 그러기 때문에 글쓴이의 사상이나 감정이나 철학 등 생활의 숨소리까지 감지할 수 있다. 이 말은 나의 스승인 서정범 교수가 내게 들려준 말씀이었다. 마치 나도 그분으로 하여금 감전이 된 듯하다.

물론 다른 문학도 그렇다고 할지 모른다. 소설의 1인칭 주인공 시점에서도 주인공이 사건을 이끌어간다. 그리고 시에서도 시적 자아가 그렇다. 그러나 소설과 시에서 주인공은 가상의 인물이지만 수필은 작가가 직접 주인공이 된다는 점이다. 이렇게 볼 때 「내 생애 최고의 순간」이란 수필을 읽을 때 그 같은 진한 감명을 받았는지도 모른다.

이 글은 서두와 결말이 일치되어 주제를 강하게 드러내고 있다. 글쓴이의 사상과 감정과 철학이 하나로 용해시켜 분명하고 똑똑하게 작가의 심중을 그대로 밝혀놓고 있다. 그래서일까. 어느 한 구절도 스쳐 지나갈 수 없다. 참으로 수필다운 수필을 읽었다는 느낌이다. 그러면 글의 서두와 결미를 보자.

"그렇게 기뻤던 적은 없었던 것 같다. 가만히 있어도 절로 웃음이 나오고 밥을 안 먹어도 배가 부른 것 같았다. 행복하다는 게 이런 거구나 했고 세상의 모든 것들이 아름답게 보였다."고 이렇게 서두를 열었다.

또 결말을 보자. "생각해 볼수록 그건 정말 내 생애 최고의 순간이었다. 안과 정찬경이라는 푸른 글씨가 쓰인 하얀 가운을 몸에 걸칠 때마다 이 최고의 순간을 떠올리며 감사한다면 안과의사의 길을 올곧게 걸어가는 일이 그리 어렵지만은 않을 것이다."

이렇게 자기의 생각을 반듯하게 펴놓았다. 이것은 정찬경의 사상과 감정과 철학이 고스란히 담겨 있는 서두와 결말이다. 여기서 사상(思想)이란 무얼까. 흔히 정치가들이 보통 말하는 사상일까. 오직 자신이 옳다고 생각할 뿐만 아니라 만인(萬人)이 이에 호응하는 생각을 위해 자기 한 목숨을 기꺼이 바치는 굳은 각오를 평자는 사상이라고 정의하고 싶다. 이를 일찍이 우리보다 앞선 사상가들이 보여주었다. 일제 강점기의 탄압 속에서도 그분들은 항쟁했고 4·19와 5·16군사독재에 항거한 데모대들은 무참하게 학살당함을 보고도 끝까지 항거했다. 5·18 피비린내 나는 광주민주화운동 역시 목숨을 걸고 투쟁했다. 이러한 사상의 값진 결과는 대한민국을 참된 민주주의 국가로 이룩한 것이다. 이 모두 사상의 결과다.

정찬경 안과의사의 사명감에 불타는 값진 내용이 수필 곳곳에서 나온다. 아니 전체의 글 속에서 녹아 흐르고 있다고 본다. 그중 몇 가지를 들어보겠다.

◆ 사람의 눈과 빛에 대해 공부하고 눈의 건강과 밝은 빛을 되돌려주기 위해 나의 일생을 바칠 수 있고 또 바쳐야 한다는 생각을 할수록 가슴이 자부심과 사명감으로 벅차올랐다.

◆ 그 흥분과 전율은 며칠이 지나도록 쉽게 가라앉지 않았다. 그리고 그 기쁨은 옳았다. 안과의사는 나의 운명이었다.

◆ 때론 힘든 배움의 과정도 달게 받아들였다. 난 당시 눈의 아름다움과 경이로움에 푹 빠져들었다.

◆ 혼탁해진 수정체를 씻어내고 신선하고 맑은 빛을 그 눈 속에 비치게 하는 이 고귀하고 거룩한 일을 미천하고도 보잘것없는 나 같은 사람이 할 수 있도록 허락해 주신 분께 늘 감사한다.

◆ 수술 후 그의 망막은 오렌지색의 밝은 광선을 내 망막에 선물처럼 되돌려준다. 은은하고도 밝은 빛줄기는 생명체처럼 살아 꿈틀거리며 공간을 향해 뻗어간다. 그 빛의 파동과 결은 언제나 내게 감동과 영감을 준다.

여기까지만 봐도 정찬경 안과의사가 사명의식으로 얼마나 무장되어 있는가를 글에서 볼 수 있다. 그리고 이 의사가 얼마나 침착성을 잃지 않고 냉정한 이성으로 판단하며 어떠한 경우도 당황하지 않고 환자를 돌볼 수 있는가를 다음 글에서도 넉넉히 찾아볼 수 있다.

◆ 의사고시 시험장에서 혼신을 다해 답을 찾아 OMR카드에 옮겨 적었다. 두 시간 정도를 주었는데 십 분 정도 남았다. 답지를 쓰윽 살펴보니 한 문제를 잘못 푼 것 같았다. 새로 옮기는 건 부담스러운 시간이었다. 게다가 답을 바꾸는 게 맞는지 확신도 서지 않았다.
◆ 잠시 눈을 감고 어떻게 하는 게 좋은지 생각했다. 아니 기도했다.
◆ 그 문제의 답을 고치고 모든 답을 다시 옮긴 뒤 제출했다. 마감 시간을 아슬아슬하게 지켰다.

그 짧은 십 분간의 시간에서도 침착성을 잃지 않고 기도할 수 있는 마음가짐, 그리고 문제의 답을 고쳐가는 차분한 마음, 그러기에 마감시간을 어기지 않았고 답안지를 제출하기까지 일관된 자세가 얼마나 고귀한가.
이 수필을 독자들이 무얼 생각하며 읽었을까. 위급한 상황에 처하여 수술을 할 때 수술 담당의사가 침착성을 잃지 않고 상황을 정확히 판단하는 일이 가장 중요하다. 순간의 판단은 한 생명을 좌우하기 때문이다. 평자가 지금으로부터 십 년 전 그러니까 설인신경통증으로 생사의 갈림길에 선 적이 있다. 그때의 실화다.
안영환 신경외과 교수는 당시 평자의 뇌를 수술한 담당 의사다. 그분은 수술이 다섯 시간이면 족하게 끝난다고 했다. 그런데 뇌를 열어보니 설인신경통은 간단하게 끝낼 수 있었는데 바로 옆에 있는 미주신경이 그 많은 통증을 일으키는 주범이었다. 그런데 주위에 많은 신경들이 그를 덮고 있어 손을 댈 수 없었다고 한다. 특히 심장과 직결되는 신경을 건드리면 곧 그 기능이 멈출 것 같기에 어찌할 수 없이 그냥 닫아 버릴까 생각을 했으나 최후까지 치료해 보자라고 판단해서 아홉 시간여 만에 수술을 마쳤다. 그 결과 오늘 이렇게 존재하여 건강한 몸으로 이 글을 쓰고 있다.

의사는 어떠한 경우일지라도 상황판단을 정확히 하고 당황하지 않으며 끝까지 한 생명을 살리기 위해 침착성으로 의술을 발휘해야 한다. 이럴 때 죽어가는 생명을 살린다. 천하보다 귀한 생명을 살리는 일이 의술이다. 허준은 동의보감에 이렇게 기술했다. "출세에 뜻을 두려거든 의사가 되라. 그렇지 못하거든 다음으로 정치가가 되라." 세상 지위로 보면 의사가 1위요, 권력을 쥔 정치가는 그다음이라는 것이다. 생명을 살리고 난 뒤 다음에 삶을 이룩하라는 뜻으로 본 기록이다. 한 치도 틀린 바가 없다.

이 수필은 한마디로 요약한다면 안과전공의 시험에 합격했을 때 "그렇게 기뻤던 적은 없었던 것 같다"고 했다. 그리고 결말에 이르러서는 "안과 정찬경이라는 푸른 글씨가 쓰인 하얀 가운을 몸에 걸칠 때마다 이 최고의 순간을 떠올리며 감사한다면 안과의사의 길을 올곧게 걸어가는 일이 그리 어렵지만은 않을 것이다." 이렇게 끝을 맺었다.

대단한 결심이다. 안과의사의 길을 올곧게 걷겠다는 비장한 결심이다. 푸른 결심이다. 정찬경 의사가 입는 하얀 가운에 새긴 푸른 글씨는 무한 희망의 색이요, 결심을 눈으로 바라볼 수 있는 색채다. 수사법으로 말하면 중의법(衆意法)에 해당한다. 하나의 말로 두 가지 이상의 의미를 지니고 있다는 것이다. 얼마나 귀한 뜻을 담았는가. 이 수필의 첫머리에 쓴 것처럼 기쁨이 충만하기를 충심으로 기원한다.

서두의 유형과 기법

　모든 문학작품은 서두가 매우 중요하다. 작품의 성패가 서두에 달려 있기 때문이다. 독자들은 서점에서 책을 구입할 때에 대부분 서두를 읽어보고 결정하는 경우가 많다. 책의 품위가 서두에 담겨 있다.
　책의 품위란 무엇인가? 글 전체의 분위기를 엿볼 수 있고 어딘지 모르게 흥미롭거나 편안한 인상을 주며 글의 색감이 부드럽고 시원한 느낌을 줄 때 읽고자 하는 의욕을 일으킨다. 우리가 맞선을 볼 때도 마찬가지다. 어딘지 모르게 정감이 흐른다든가 매력적인 모습이 보인다든가 편안한 느낌과 지적인 인상을 받을 때 호감을 갖는 것처럼 말이다.
　서두만 잘 잡아도 독자들은 흥미를 일으킨다. 문장이 실패한 이유는 서두를 잘못 시작하기 때문이라고 말하고 있다. 계용묵은 "서두 1행 여하에 따라 작품의 성공과 불행이 따르게 된다."고 했고 러시아의 '안톤 체호프'는 "대부분 문장에서 실패한 것은 서두와 결말에 기인된다."고 했다. 이 외에도 많은 문장가들이 동일한 의미의 말을 한 것으로 미루어 봐도 알 수 있다.
　특히 수필은 더욱 그렇다. 우리의 삶과 체험의 글이 곧 수필이다.

삶의 체험이 어느 문학작품에 비하여 가장 가깝게 우리 곁에 다가오는 글이다. 생활은 우리의 삶을 이끌어 가는 원동력이다. 모방이나 상상의 세계가 아니라 실재의 삶에서 부딪히는 이야기이기에 공감대가 더욱 일어나는 것이다. 관심과 흥미는 가상의 이야기가 아니라 현실 속에서 이루어지는 사실의 기록이 수필이다. 수필은 진솔한 삶의 이야기해야 한다. 그렇지 못할 때 더 이상 읽지 않고 포기해 버리는 것이다.

  수필가는 단 몇 줄의 서두를 쓰기 위해서 많은 고뇌의 시간을 가져야 한다. 훌륭한 서두는 독자들의 관심과 호기심을 일으키기 때문이요, 많은 독자에게 믿음을 주어 참신한 매력이 솟아오르기에 그러하다.

기호필 「명품 모시기」

뉴스나 드라마에서만 접할 수 있었던 '명품가방'이 내게도 찾아왔다. 딸의 선물이다. 그동안 세 번이나 날치기를 당했던 나에게 비싼 가방은 어울리지 않지만 딸은 늘 엄마의 싸구려 가방에 불만이 많았다. 딸은 해마다 나의 생일 선물로 백화점의 값비싼 가방을 내밀었다. 나는 그때마다 번번이 반품해서 딸을 속상하게 했다. 그런데 이번에는 절대 비싸지 않는 거라며 온갖 애교를 부리는 딸의 마음을 못 이기는 척 받아주고 기뻐해 주었다. 딸은 기분이 날아갈 듯 흥분된 어조로 가방에 대해 자상한 설명을 하며 꼭 이 가방만 쓰라고 당부했다. 그 가방을 들고 출근하는데 지하철 인파 속에서도 사람들의 가방만 보였다. 저들은 그 값을 내고 가방을 샀을까. 명품을 사는 사람들의 속내를 알 수 없었다.

며칠을 들고 다니는 동안 멀리서도 내 가방에 사람들의 시선이 꽂히는 것을 느낄 수 있었다. 수많은 인파에 떠밀려갈 때면 행여 가방이 다칠세라, 비가 오는 날이면 비에 젖을세라, 그 가방을 모시고 다니는 꼴이 되었다.

한번은 전철에서 나와 택시가 줄지어 있는 길에 들어서는 순간 움푹 파인 맨홀에 발이 걸려 넘어졌다. 바지가 찢어지고 무릎이 깨져 피가 나는데도 나의 시선은 오직 가방으로 향했다. 다행히 가방만은 무사했다. 절뚝거리며 집으로 향하는 내 모습이 한심하기 짝이 없었다. 어이없는 웃음만 나왔다. 집으로 돌아온 즉시 그 가방을 장롱에 넣었다. 가방에 자유로울 수 있을 때 다시 사용하리라 생각하며 편히 쓰던 본래 가방으로 바꾸었다.

여러 생각이 스쳤다. 가방에 관심을 뒀던 만큼 내가 사람들의 영혼에 관심이 있었던가. 나에게 진정한 명품은 무엇인가.

세상에 무엇을 주고도 살 수 없는 명품이신 예수 그리스도, 오직 그분께만 초점을 맞추기 위해 너덜거리는 불편한 것들을 과감히 포기하고 정리해 본다. 장롱에 들어간 가방은 일 년에 겨우 몇 번 세상 구경을 하고 있다.

-「명품 모시기」전문 『본향 가는 길』(북셀프, 2012)

「명품 모시기」의 수필을 읽으면 믿음의 향기가 은은히 피어나면서 잔잔한 감동을 일으킨다. 이 작품은 명품가방을 사이에 두고 모녀 간의 사랑의 대화가 시작된다. 진솔한 생활의 이야기로 이루어졌기에 수필의 진가가 드러난다. 특히 작가의 사상과 감정과 철학과 믿음이 이 작품의 주제에 녹아 흐르기에 더욱 맛깔스러운 맛과 멋이 흘러 독자에게 감동을 준다.

이 글의 서두에서 딸이 엄마에게 명품가방을 선물한다. 그동안 세 번이나 날치기를 당했기에 엄마가 들고 다니는 싸구려 가방에 불만이 많았다. 전개 부문에서 딸은 해마다 생일 선물로 백화점의 값비싼 가방을 사서 슬그머니 내밀었다. 그때마다 번번이 반품해서 딸을 속상하게 했는데 이번에는 못 이긴 척 받아 출퇴근할 때 들고 다녔다. 그러니 얼마나 소중한 가방인가. 비가 오는 날이면 비에 젖을세라 가방을 모시고 다니는 꼴이 되었으니 말이다. 이 글을 읽는 독자들은 모녀간의 그윽한 애정에 가슴이 뭉클하리만큼 부러운 마음이 앞선다.

어느 날이다. 길을 걷다가 움푹 파인 맨홀에 발이 걸려 넘어졌다. 바지가 찢어지고 무릎이 깨져 피가 흐르건만 그 아픔보다는 우선 먼저 시선이 가는 곳은 오직 명품가방으로 향했다고 했다. 그만큼 필자는 온통 명품가방에 집착했다는 이야기다. 그러면서 이 글은 결론으로 유도한다. 그간 가방에 관심을 둔 만큼 내가 사람의 영혼에 얼마나 관심을 두었던가. 반성해 보면서 오직 예수 그리스도 그분이 명품보다 더 귀하신 분이심을 깊이 깨닫는다. 이는 믿음의 고귀한 복귀요, 가치를 재발견한 것이다.

인간의 가치는 얼른 생각하면 육체에 있는 것으로 보인다. 얼굴을 화장품으로 치장하는 것도 몸에 매무새를 가다듬는 일도 명품가방을 들고 다니는 것도 모두 멋을 내기 위한 것이다. 눈에 보이는 멋이다. 그러나 인간의 진정한 멋은 육체 너머 보이지 않는 정신세계에 있기에 배움이 필요하고 수양이 필요하며 종교가 절대적 가치를 지닌다.

다시 작품으로 돌아가 보자. 작가는 기독교인이다. 이 글의 결말을 보면 쉬 알 수 있다.

　　명품가방에 관심을 뒀던 만큼 내가 사람들의 영혼에 관심이 있었던가. 나에게 진정한 명품은 무엇일까? 세상에 무엇을 주고도 살 수 없는 명품인 예수 그리스도, 오지 그분께만 초점을 맞추기 위해 너덜거리는 불편한 것들을 과감히 포기하고 정리해 본다.

작가는 작품에서 독자에게 무엇을 말하려는 것일까? 진정한 인생의 멋은 육체 저 너머 정신의 세계, 영적세계에 있음을 말함이 아닐까? 여기에 진정 가치가 있는 것이라고 독자에게 웅변해 주고 있는 것이다.
　순간 카네기의 말이 떠오른다. "검은 구름으로 햇볕을 가리는 것은 속세의 집념 때문이다." 그렇다. 속세의 집념을 떨쳐 버리려고 필자는 명품가방을 깊숙이 장롱에 넣어버린다. 이 작품은 참으로 소박한 삶의 모습을 통해 믿음의 세계가 얼마나 소중하고 존귀한가를 보여준 값진 작품이라 하겠다.

강정수 「그리운 내 고향」

어릴 때 내가 살던 고향 마을은 상전벽해다,라고 해도 과언이 아니다.

몇 십 년 전 재개발로 인해 동네 전체가 아파트 숲을 이루고 보니, 고향의 흔적을 찾아보기 힘들게 되었다. 참으로 격세지감을 느끼지 않을 수 없다. 물론 고착 상태가 아니고 발전된 모습이 좋기도 하지만, 고향의 모습은 마음속에서만 가능하기에 아쉬움으로 남는다.

뒷동산엔 온갖 꽃들이 피고 지고, 풀벌레들이 자유로이 날아다녔고, 몇 그루의 소나무에 줄을 치고 빨래를 널던 곳이나, 산들산들 불어주던 바람조차 어제 본 듯 눈에 선하다. 집에 들어가는 골목길이나 울타리엔 대나무가 즐비하였다. 겨울엔 눈을 뽀얗게 뒤집어쓰고 휘어져 터널을 이루고 있으면, 대나무 끝을 잡고 확 당겨 본다. 눈들이 우수수 머리 위로 내려 쌓이던 추억을 잊을 수 없다. 골목마다 오빠가 길을 터놓으면 그 뒤를 졸졸 따라 학교에 갔다. 그 시절 전주 시내는 제설 작업을 하지만, 변두리 지역엔 허벅지까지 파묻힐 정도로 눈이 많이 쌓였다. 장독대에도 지붕 위에도 떡시루 얹어 놓은 듯 그 정경이 아름다웠다. 논바닥에 물이 얼어 친구들과 동생이랑 아버지가 만들어주신 손 썰매를 타고 놀다 보면, 손이 꽁꽁 얼어서 감각이 없다. 시리다 못해 동상에 걸린 듯 빨갛게 부풀었어도, 장갑도 귀하던 시절이라 손을 호호 불며 그냥 집으로 달려간다. 아랫목에 손을 녹이면 더 아파서 울고불고하던 생각이 난다. 고드름 따먹고, 하얀 눈 걷어 먹던 어린 시절이 그립다. 때론 고구마로 끼니를 대신하던 1960년대 후반까지가 나의 초등학생 시절이었다. 원래 아버지 고향은 경상도이고, 마을에 훈장이셨는데, 먼저 이사 가신 큰아버지 따라 내가 아기일 때 전주로 이사 가서 자리 잡을 때까지 고생을 많이 하였다 한다. 때로 우리를 앉혀놓고 바둑, 장기, 한문 등을 가르쳐 주셨다.

전주엔 시내를 가로지르는 커다란 천이 있는데, 다리를 건너면 지대가 높아 용머리 고개라는 길이 있다. 차가 다니지만, 차비를 아끼려고 주로 다들 걸어서 시장에 다녔다. 그 고갯길을 지나면 내가 살던 고향 마을이 있다. 행정 구역상으론 전주시인데, 변두리여서 농사짓는 분들이 많았다. 그나마 과수원 하는 집은 부자 축에 들었다.

남의 집에 세 들어 사는 사람들은 소작인으로 고생만 하고, 아이들 도시

락도 못 싸주는 형편이었으므로 점심시간에 물로 배를 채워야 했던 친구들도 많았다. 동네에서 나는 과수원집 막내딸로 불리었다.

  산등성이나 밭에는 복숭아 과수원이 즐비하여 겨울방학이면, 온 가족이 신문지를 절단해서 봉투를 접어야 했다. 복숭아를 보호할 봉투다. 어른들은 과수원에 거름 주고 가지치기를 하면서 이듬해 봄날을 대비한다. 봄이면 복사꽃이 만발하여 온 동네가 핑크빛으로 물들어 환하다 보니, 우리 마음까지 밝아지는 듯했다. 김소월의 진달래꽃, 시를 보면 진달래꽃을 가실 길에 뿌려 준다고 했지만, 과수원에는 자연스레 발밑에 밟히는 꽃이 복사꽃이었다. 복숭아 열매가 조그맣게 열리면 사이사이 굵은 것은 두고 열매가 튼실할 수 있게 솎아 주어야 한다. 옆집 일꾼들을 부르고, 이웃 동네 사람들끼리 품앗이도 한다. 복숭아 하나씩 일일이 봉투를 씌워주어 병충해를 막아주어야 하기 때문이다. 얼마나 일이 많은지 모른다. 여름에 단물이 줄줄 흐르는 백도를 먹으려면, 이처럼 농부들의 피땀이 필요한 것이다. 난 학교 갔다 오면 자전거 타고 과수원으로 달려가 복숭아를 한 참에 열 개씩이나 먹었다. 그 작은 배에 열 개가 어떻게 들어가느냐 하겠지만, 오줌 한 번 누고 나면 또 먹을 수 있는 것이 복숭아다. 그 맛을 잊을 수가 없어서 사 먹어 보면, 시장에서 사 먹는 복숭아는 그 맛을 느낄 수가 없다. 잘 익은 과일을 직접 따 먹어야 최고의 맛이 난다. 햇빛을 많이 받은 과일이 달다. 복숭아는 미리 따지 않으면 물러버려서 상품의 가치가 없다. 그때는 어려서 그런 사실조차 몰랐었다. 나무 꼭대기 위에서 발갛게 익은 복숭아는 그야말로 꿀맛이었다. 지금은 기계의 힘을 빌려 일이 수월해졌지만, 예전에는 수작업이어서 눈코 뜰 새 없이 비지땀을 흘리며 일해야 했다. 생산자는 좋은 것은 팔고 비품만 먹는다. 중간 상인을 거쳐 소비자 손에 들어오기까지 과정을 알기에, 나는 지금도 과일 하나, 채소 한 포기 소중히 다루며 감사한 마음으로 먹는다.

  친구랑 가곡을 부르던 과수원 원두막이 그립다. 대나무로 둘러 쳐진 우리 집 울타리가 보고 싶다. 사락사락 바람에 부대끼던 대나무 소리를 자장가 삼아 잠들었던 곳, 아버지가 만든 대나무 평상에 누워 별들과 얘기하던 곳, 모깃불과 씨름하며 연기로 인해 매워서 눈물 콧물 흘리며 감자 구워 먹던 곳, 때로는 지게 작대기만 한 구렁이가 기둥을 휘감고 있어도 '집 지키미'라고 쫓아내지도 않고 놔두던 시절, 우리는 등골이 오싹하고 기절할

듯이 놀라곤 했었지. 슬펐던 일, 기뻤던 일 모두 끌어안고 나를 다독여 주던 뒷동산의 소나무들, 내 하소연 다 들어주던 풀들, 새들, 나의 사춘기는 그네들이 때로는 벗이 되어 주었다. 그 시절에는 중학교도 시험 봐야 했는데, 내가 당당히 합격한 전주여자중학교 다닐 때 아버지께서 전주 시내에 집을 마련해서 언니들이랑 살게 해 주셨다. 학교가 멀어서 딸들이 힘들세라 배려해 주신 것이었다. 엄마는 수시로 반찬 해 나르고, 빨래해 놓고 우렁각시가 다녀간 날이다. 어려운 환경 속에서도 자녀들을 학교 보내 주시고, 큰오빠는 공무원, 동생은 사범대 가서 중·고등학교 교장으로 재직하다 지금은 퇴임했다. 일만 하시던 아버지, 고추 말리던 엄마의 손길이 파노라마처럼 스쳐 지나간다. 세상눈 뜨고 살 수 있게 공부시켜 주셔서 감사하다.

고향이 이토록 그리운 것은 부모님이 사무치게 보고 싶고, 옆집 숟가락이 몇 개인지 다 알고 지내던 그런 옛정이 그리워서가 아닐까. 요즘 사람들은 닭장 같은 아파트에 갇혀 이웃에 누가 사는지조차 모르고 살고 있다. 메말라 가는 인심 속에 아마도 나의 정서가 꽤나 갈증이 났었나 보다. 추억이 있다는 것은 아름다움이다. 아련한 옛 기억 속에서 추억 한 페이지 꺼내보며, 타임머신 타고 동심의 세계로 날아가 행복에 젖어 보았다.
— 「그리운 내 고향」 전문 『수필문학』(2022. 10월호)

이 작품은 정겨운 고향의 모습을 못내 그리워하는 서정수필이다.

지금은 고향 동네 전체가 아파트 숲을 이루고 보니 고향의 모습은 흔적조차 찾아볼 수 없기에 마음속에서만 가능하다고 했다. 동네 겉모습만 그런 것이 아니라 인심마저 정겨운 옛 모습이 못내 그리움으로 밀려온다는 것이다.

양식이 부족하여 고구마로 끼니를 대신할 때에도 서로 배고픔을 달래며 나누어 먹었던 그 추억, 농번기 일손이 부족할 때에는 이웃동네 사람들까지도 품앗이하며 정답게 농사일을 해냈던 아름다운 추억, 여름밤이면 모기를 쫓느라 모닥불 연기로 눈물 콧물 흘리면서도 친구들과 웃음으로 감자를 구워 먹던 그 나날들, 나직한 대나무 울타리로 이웃과 정을 나누며 살아왔기에 옆집 숟가락이 몇 개 있는지를 다 알 수 있으리만큼 속사정을 나누던 정겨운 이웃, 이런 어린 시절이었는데 요즘은 어떤가. 사람들은 닭장 같은 아파트에 갇혀 이웃이 누가 사는지조차 모르고 산다고 했다. 이같이 삭막해져 가는 인심 속에서 아마 나의 정서가 꽤나 갈증이 났나보다고 작가는 실토하고 있다.

복사꽃이 만발하여 온 동네가 핑크빛으로 변한 풍경, 몇 그루 소나무에 줄을 치고 빨래 널던 소박한 풍경, 풀벌레들이 자유로이 날아다니던 뒷동산, 내 사춘기 시절 나의 하소연을 다 들어주었던 풀벌레와 새들, 대나무를 스치던 바람소리, 산들산들 불어오는 바람조차 어제 본 듯 선하다. 겨울이면 뽀얗게 눈을 뒤집어쓰고 휘어져 터널을 이루었던 대나무 가지, 그 가지를 잡아당겨 우수수 머리 위로 내려앉게 했던 일, 논바닥에 물이 꽁꽁 얼면 친구, 동생들과 썰매를 타고 놀던 일, 고드름을 따먹고 하얀 눈을 걷어 먹던 어린 시절, 그때는 장갑도 귀한 시절이라 호호 불며 집으로 달려와 아랫목에 손을 녹이면 더 아파 울던 생각, 오빠가 우리들 허벅지까지 파묻힐 정도로 쌓인 눈길을 터놓으면 그 뒤를 졸졸 따라 등교하던 추억이 새롭게 느껴진다. 그런 옛정이 그리워서일까. 이런 추억의 한 장면이라도 지금은 볼 수 없어서일까.

고전이란 어떤 글이며 고전적인 글은 어떠한 가치를 지니고 있을까. 이 두 글 모두가 사랑이 담겨 있어야 한다. 사랑은 곧 정(情)이며 정은 참된 생각, 합리적이고 이지적(理智的)이기에 인간 최상의 가치다.

고전(古典)은 '옛사람이 써 놓은 글로서 후세에 길이 읽힐 만한 가치 있는 글이다.'라고 정의를 내렸다. 그렇다면 '고전적(古典的)인 글'은 비록 현대 사람이 쓴 글일지라도 후손 대대로 읽힐 만한, 글을 가리켜 말한다라고 정의를 내리고 싶다. 현재 국어사전에 의하면 고전적이란 '고전의 가치가 있음, 또는 고전을 중시 여기는 경향이 있는 모양'으로 기록되어 있기에 고전적 글의 정의를 위와 같이 내림이 옳다고 여겨진다.

강정수 작가가 쓴 「그리운 내 고향」은 이미 사라져 볼 수 없고 느낄 수 없는 옛정, 어린 시절의 갖가지 추억들, 농번기에 일손이 부족할 때 품앗이의 아름다운 풍습, 지금은 과학의 발달로 변화된 지 오래인 농민들의 피땀 흘린 근면성 등 지금은 마음속에서만 가능한 일이다. 불과 50~60년 전 생활상의 이모저모인 데도 삶의 모습이 현격하게 달라진 현실이다.

참으로 이러한 수필은 많으면 많을수록 좋다. 후손들에게 과거 선배 혹은 앞서 사신 분들은 가난 속에서도 정을 나누며 오순도순 살아온 풍습이라든가 근면성으로 살아온 진실된 삶을 농도 있게 농축시켜 보여줌으로 앞으로 어떻게 살아야 바른 삶인가를 깊이 생각해 볼 수 있으리라고 본다. 인생은 한 세상 사는 것이다. 그러나 그 한 세상이 계속 이어져 한 역사를 이룬다. 가치 있는 역사. 발전의 역사는 찬란한 미래로 이어지기에 이같이 서평을 쓴다.

주제 설정과 소재 선정의 중요성

　주제의 설정과 소재의 선정은 어느 문학에서도 관건임은 틀림이 없다. 주제는 글의 중심사상이요, 핵심이며, 소재 역시 글의 재료이기 때문에 그렇다. 풍부한 글감이 이루어질 때 중심사상이 확고해지는 것임은 두말할 필요가 없다. 창작의 원동력인 모티브가 여기에 있다. 비유적으로 말하면 인간은 영혼과 육체가 일체로 이루어지지 아니하면 완전한 인격을 이룰 수가 없다는 말이다.
　의식이 전혀 없는 사람에게 병원에서 의학의 힘으로 호흡을 일시적으로 일으켜 정상으로 맥박이 뛴다고 하자. 그를 가리켜 법적으로는 살아 있는 자로 인정은 할지언정 현실에서는 인격자로 인정할 수가 없다. 의식이 없으면 사고(思考)할 수 없기에 인간 대접을 받지 못한 것이다. 성경에서도 영혼이 없는 것은 죽은 것이라고(약 2:26) 하지 않았는가.
　모든 문학에서 절실한데 어찌 수필에서 강조하지 않겠는가. 그 의미를 살펴보도록 하자. 첫째는 수필이 다른 문학보다 진솔한 삶을 형상화했기 때문이다. 소설처럼 가상의 세계가 아니라 삶의 현실의 세계요, 시처럼 이상과 상상의 세계가 아니라 삶의 현장의 이야기이기에 그렇다. 소설에서도 진솔한 삶의 이야기라고 말하지만 그 진솔은 있음직한 이야기까지를 포함하여 말함이다. 둘째, 수필은 다른 문학에 비해 공감할 수 있는 깊이가 다르다는 점이다. 아무리 흥미롭고 관심이 절절하고 애절한 이야기라고 할지라도 꾸며 놓은 이야기와 사실의 이야기는 판이하게 공감도가 다르다는 점이다. 셋째 수필은 다른 장르와는 달리 작가가 직접 문장의 주인공으로 등장한다는 점이다. 물론 소설도 주인공 작가 시점이 사건을 주도해가며 이끌어가고 있고 이야기 중심에서도 그렇다. 시에서도 주인공 시점이 그러하지만 이 모두가 가상의 인물이라는 점이다.

결국 어떤 문학이 현실적 삶을 진솔하게 형상해 놓았느냐에 따라 공감의 깊이가 달라지고 주인공이 가상의 인물이냐 아니면 작가가 직접 주인공으로 등장하여 사건을 이끌어 가느냐에 따라 믿음의 가치가 달라지는 것이다.

이 순간 '아나톨 프랑스(Anatole France)'의 말이 떠오른다.

"19세기는 소설의 시대요, 20세기는 수필의 시대다."

이 말은 여러 의미를 내포하고 있겠지만 그 원인은 시간의 아쉬움 때문에 긴 소설보다는 압축된 의미를 지닌 짧은 수필이 낫기에 20세기를 수필의 시대라고 말했을 것으로 본다. 이렇게 생각해 볼 때 수필일지라도 그 내용엔 삶의 철학이 스며있어야 한다. 진정한 삶의 가치를 수필에서 발견해야 한다. 육체가 인생의 전부라고 생각할 때 물질을 유독 희구하는 것이요, 향락적인 생각을 꿈꾸게 되는 것이다. 이성이 없이 본능만을 추구하는 삶보다는 가치를 느낄 수 있는 수필이 낫다는 것이다.

고임순 수필가는 「주제의 의의와 설정의 기법」이란 글에서 '주제가 광범위 보다는 한정적인 주제로 범위를 좁히는 일이다.'라고 했다. 그렇다.

선명하게 주제를 드러내기 위해 그 범위를 좁히는 일이다. 예를 들면 소고기를 가지고 국을 끓인다고 하자. 어떤 요리법으로 소고기국을 끓이느냐에 따라 그 맛이 현격하게 다르다. 그 요리법을 기록할 때 알기 쉽고 명료하게 기록하느냐 아니면 맛을 내는 재료를 죽 나열해 놓고 그 요리법을 낱낱이 설명하므로 요리사를 헷갈리게 하는 기록이 있다. 이와 같다는 의미다.

수필은 한정된 짧은 글이다 주제를 좁히지 아니하면 구체적 상황을 표현할 수 없어 알찬 내용을 다 담을 수 없다. 요리법으로 비유하면 정작 감미로운 맛을 낼 수 있는 단계에 이르러서는 한정된 시간이라서 아쉬움으로 끝을 맺어야만 하는 것과 같다.

그리고 문장의 효과를 살리기 위해서 기교를 부릴 때와 부리면 아니 될 때를 구분할 줄 알아야 한다. 서정적 글이라면 기교를 알맞게 사용함이 효과적이나 서사성이 짙은 글은 도리어 기교가 깔끔한 문장을 해치는 경우가 있음을 유념해야 한다.

다음 수필을 읽어보자.

이민호 「동행」

　인생을 살아가다 보면 많은 사람들과 인연을 맺게 된다. 그 많고 많은 인연들 중에서 좋은 인연을 만나 서로 이해하고 배려하며 정을 나누며 살아간다면 이 보다 더 좋은 삶은 없을 것이다. 굴곡진 세상을 동행하면서 서로 즐거움과 위안이 되는 인연이야말로 최고의 기쁨이 아닐까 생각해 본다.
　몇 개월 만에 친구 G를 만났다. 마주보며 앉아 이야기를 나눈 지가 참 오래된 것 같다. G는 늘 주위에 있는 이웃 같은 편안한 모습이다. (중략)
　전기 설비기술자인 G는 20여 년 전 서울에서 이곳으로 아파트 전기공사 책임자로 내려왔다가 산 좋고 물 좋고 살기 좋은 이곳에 눌러 살게 되었다. 그렇게 이곳에서 한때 현장 책임자로, 사업 동업자로 일을 하다가 몇 해 전 시내 중심지 길목에서 전기조명기구 판매사업장을 열어 판매하는 제품이 좋다고 소문이 퍼져 사업이 날로 번창하였다.
　평소 성실하고 사람 좋기로 소문난 G는 언제 만나도 부담 없고 편안하다. 진실하고 배려 깊은 성격의 그는 제2의 고향인 이곳에서 많은 사람들과 교분을 맺고 있다.
　같은 지역에 살고 있으면서도 평소 문학모임이 잦은 나와, 일에 바쁜 G는 자주 만나기가 어렵다. 매장 관리하랴, 공사현장에 다니랴 늘 분주하기 때문이다. 전날 약속을 했다가도 업무 종료시간이 정해지지 않는 현장 일 때문에 번번이 약속을 뒤로 미루기가 일쑤다.
　참으로 오랜만에 친구 K를 만났다. 지난가을에 얼굴을 보고 수개월이 흘렀다. 식당에 마주앉아 그동안의 서로 안부를 물으며 술잔을 기울인다. 이 년 전 여름에 차 사고가 크게 나 몸을 많이 다쳤던 친구는 이제 완전히 회복이 된 것 같다.
　순수한 성격의 K, 참 정이 많이 가는 친구다. 내 인생길에 위안과 즐거움이 되는 동반자로서 손색이 없는 사람, 늘 머릿속에서 떠나지 않는 K는 그런 존재이다.
　친구를 만나면 늘 마음이 편안해지고 따뜻해져 온다. 함께 이야기를 나누면 각박한 세상의 때가 묻지 않은 순수함에 금방 빠져든다. K는 새벽 동이 뜨기 전 청소차를 몰고 거리의 쓰레기 치우는 일을 한다. 미화원 일을 평생 직업으로 삼으며 긍지와 자부심을 잃지 않고 살아왔다. 이제 정년을 얼마 남겨 놓지 않는 K는 '퇴직 후 뭐 할 거냐'는 물음에 전국 명산을 오르내리며 남은 여생을 건강하게 살고 싶다고 했다. (중략) 내 인생길의 소중한 동반자이다.

친구 Y를 만나러 갔다. 집 골목 입구에서 만난 Y는 강변로를 따라 운동을 하고 온다고 했다. 발걸음이 많이 부자연스러운 Y는 파킨슨병을 앓고 있다. 이 년 전 발병한 병은 점점 깊어가 또렷했던 말투와 산 정상을 달리듯이 뛰어올랐던 몸을 바닥으로 주저앉혔다. 참으로 건강했던 친구인데 유전적인 발병이라고 하지만 이제 겨우 이순의 나이를 넘겼는데 무심한 하늘에 눈물이 핑 돈다. (중략)

친구는 이제 몸을 요양보호사에게 의지한 채 하루하루를 살아가고 있다. 내가 자주 전화를 하고 만나고 있지만 내가 불편할까 봐, 힘들까 봐 연락도 부탁도 잘하지 않는다.

자신의 약한 모습을 보이지 않으려고 부들거리는 몸으로 꿋꿋하게 일어서는 Y, 어느 의지할 곳 하나 없는 친구에게 어떻게 해 줄 수도 없는 상황에서 더 이상 병이 진행되지 않도록 기도할 뿐이다. 그리고 건강하게 오래오래 살자던 지난날의 약속을 친구가 꼭 지켜주었으면 하는 간절한 바람을 가져본다.

— 「동행(同行)」 전문 『동행』(교음사. 2019)

「동행」의 수필은 담담한 필치로 작가가 의도하는 바를 자연스럽고 소박하게 표현해 놓은 서사성이 짙은 작품이다. 이민호 작가는 친구를 사귀는 데에도 정(情)에 주안점을 두고 있을 뿐이지 물질이나 지위, 명예 등과는 전혀 거리가 멀다. 이는 진정 인생의 가치를 어디에 두느냐에 있다고 하겠다. 이 글 서두에서 말했듯이 "오직 정을 나누며 살아간다면 이보다 더 좋은 삶이 어디 있을까." 이렇게 말한 점으로 봐도 그렇다. 이 작품에서 친구 세 명을 소개하고 있다. 이들을 가리켜 작가는 "내 인생길의 소중한 동반자"라 했다. 어쩌면 이리도 소중히 여길까라는 느낌을 자아내게 한다.

이 작품에서 가장 자주 나오는 단어가 있다. 얼마나 귀하게 여겼으면 '인연'이란 단어를 열 번 이상을 썼을까? '인연'은 하늘에서 맺어준 관계를 말함이다. 주로 부부의 짝을 이룰 때 쓰는 단어인데 그만큼 소중히 여긴다는 의미다.

이는 불교철학에서 나온 용어다. 인(因)은 '이어 받는다.'는 뜻이다. 내적(內的) 심리가 직접적인 원인이 되어 일어난다는 의미요, 연(緣)은 외부에서 돕는 간접적인 원인에 의해서 일어난다는 뜻이다. 다시 말하여 인(因)은 공정(公正)의식의 만남이요, 연(緣)은 외부 결과에 의해서 이루어진 만남의 의식인데 '잊지 못하는 마음작용이다.' 두 심리가 결합해서 이루어진 단어가 인연(因緣)이니 이는 인간의 힘으로 이루어진 것이 아니라 하늘에서 맺어준 관계라는 뜻이다.

요즘 의식세계가 많이 달라지고 있다. 작가는 "굴곡진 세상을 동행하면서 서로의 즐거움과 위안이 되는 인연이야말로 최고의 기쁨이 아닐까."라고 했다. 그렇다. 진정 순수한 정으로 친구를 사귀는 인격자가 과연 몇이나 될까. 타산적인 관계를 먼저 생각하는 자들이 대부분이다. 이 작품에서 소개된 친구 G와 K와 Y는 순수한 우정일 뿐 조금도 세파에 가미된 흔적은 찾아볼 수 없다.

옛날이나 지금이나 인간의 삶은 큰 차이가 없다. 이기적 욕망에 사로잡힐 뿐 훈훈한 정이 오고감이 없기에 소크라테스는 "사는 것이 문제가 아니요, 바르게 사는 것이 문제다."라고 했다. '바르게 사는 것'이란 무얼까? '인간의 따뜻한 정(情)의 교감'이다. 인간은 결코 혼자 있기 때문에 고독한 것이 아니요, 따뜻한 대화를 주고받을 만한 대상이 없기 때문에 고독한 것이다. 이것이 현대인의 삶이 아닐까?

정은 오직 인간만이 지니고 있다. 다른 동물에게서는 전혀 찾아볼 수 없는 정신세계에서만이 존재하는 것이 정이다. 이렇게 말하면 반론을 제기하는 자들은 요즘 거리에서 흔히 볼 수 있는 애완견을 보라고 할 것이다. 애완견에도 정이 있기에 애정을 쏟는 것이 아니냐고 할지 모른다. 그러나 개 등 애완동물은 인간처럼 이성으로 이루어진 정이 아니다.

남의 잘못을 '이해'한다든가 '용서'한다든가 '관용을 베푼다.'든가 '원수를 사랑'한다는 등 깊은 사랑은 인간의 이성에 의해 이루어질 뿐 이외의 다른 동물에게서는 찾아볼 수가 없다. 다만 예외로 간혹 찾아 볼 수 있는데 자기에게 잘해 준 주인에게 자기 생명을 바치는 본능도 있다. 그리고 어류(魚類)에게서도 그렇다. 자기의 살붙이인 알을 기르기 위해 자기의 생명을 온전히 바쳐가며 일정 기간 보호하다가 알에서 새끼가 부화되어 자유로이 세상으로 나오면 조용히 죽어간 물고기들도 있다. 이 모두가 사랑의 범주 내에 속하기는 하나 앞에서 말했듯이 모두 본능적인 사랑일 뿐이다. 인간 이외에는 이성이 없기에 고차원의 사랑은 전혀 없다. 이것이 인간과 다른 동물들의 차이점이다.

요즘 흔히 보고 듣는 일이지만 개에게 온갖 정성을 다 쏟는 모습을 본다. 특히 개의 이름을 부르면서 엄마에게 이리와 라고 말하는 자들도 있다. 옛사람들은 못되게 행동하는 자들을 가리켜 '개자식'이라 했는데 우리의 언어가 언제부터 이렇게 바뀌어졌을까?

인간의 사랑이 한없이 메말라 가고 있다. 짐승이 지니고 있는 본능의 정(情)일망정 그리워하는 것이 바로 오늘의 현상이 아닐까? 인간은 시급히 정이 회복되어야 한다. 자식들을 안 낳으려는 젊은이들의 의식이 '세태풍조'라고 가볍게 넘겨 버릴 수만은 없다. 이러한 의식도 따지고 보면 애정의 결핍에서 이루어진 결과다. 깊이 고민해야 할 일이다.

이민호의 「동행」 수필은 정이 진솔하게 드러나 보인다. 이런 점에서 독자의 신뢰감을 일으켜 수필의 진가를 드러냈다고 하겠다. 참으로 가치 있는 수필이 아닐 수 없다. 또 다른 수필 한 편을 읽어 보자.

구영례 「봄날은 간다」

　작년 봄에 주먹 크기의 아주 작은 야생고양이에게 이름을 붙여 준 '봄이'를 도덕산과 구름신으로 연계된 중간 둘레길 쉼터 부근에서 만났다. 숲속에서 어미를 잃었는지 혼자 애타게 울면서 앙상한 모습으로 먹을 것을 달라고 애절하게 다가왔다.
　초가을부터 '봄이' 곁에는 구름산 중턱에 있는 큰 바위 아래에서 살던 녀석이 추운 겨울을 함께 지냈다. 나는 그곳에서 살아가는 길고양이들에게 '봄이' '가을이'라고 이름을 지어서 불러주고 있다.
　'봄이(우)'와 '가을이(♂)'는 배부르게 밥을 먹고 나면, 내 곁으로 야옹거리며 다가와서 내 눈빛을 바라보며 꼬리를 세우고 애교를 한껏 부린다. 그 모습을 바라보노라면 내 가슴에 형용할 수 없는 연민과 따뜻한 교감을 느낀다.
　이들은 숲속에 멀리 있다가도 내가 부르면 반갑게 응답하고 달려오곤 한다. 생명은 참으로 끈질기다. 그 추웠던 혹한 속에도 비가 오나 눈이 와도 먹이를 잊지 않고 갖다 줬다. 아이들에게 제발 죽지만 말고 견뎌야 한다고, 그러면 따뜻한 봄을 맞이할 수 있다고 속삭여 줬다. 온 세상이 꽁꽁 얼어붙은 강추위에도 아이들은 장하게 잘 견뎌냈고 찬란한 봄을 맞이하였다.
　새미약수터에도 5마리 길고양이들이 열악한 환경 속에서 살아가지만 먹이를 갖다 주면 제 욕심 부리지 않는다. 저보다 어린 것들에게 더 먹으라고 자리를 비켜주는 모습은 언제나 따뜻한 감동이다.
　'가을이(♂)'는 먼 산길을 내려오면서 '봄이(우)'에게 다녀가는 것을 여러 번 봤다. 집에서 사료와 고기를 챙겨 와서 주면, '가을이'는 기특하게도 '봄이'에게 항상 먼저 양보하고 '봄이'가 춥지 않게 그 곁을 든든히 지켜주었다. (중략)
　내가 외출로 산에 찾아가지 못할 때에는 심성이 여린 남편이 대신 산길을 올라가 아이들에게 밥과 물을 갖다 주곤 한다. '봄이'와 '가을이'는 며칠 만에 나를 보면 반가워 어쩔 줄 몰라 하여 마음이 아련하다. (중략)
　고양이는 추위에 무척이나 약하다는데 야생이라 집으로 데려오기가 불가능하건만, 따라오면 그냥 안아서 데려오고 싶은 심정이다. 정이란 무엇이기에 이토록 애가 타고 안타까운 지 내 심사를 모르겠다.

우리 부부는 산을 좋아하여 집 뒷산 도덕산에서 정상을 거쳐서 가학산을 왕복으로 4시간 정도를 거의 일상으로 다닌다. 몇 해 전부터 이곳에 산책로 길에서 '봄이'와 '가을이'가 성장하는 모습을 계속 지켜봤다.

강추위에 '가을이' 귀 끝이 얼었다가 녹은 상처를 볼 때마다 마음이 아팠다. 이들이 강추위와 빗속에서 고생하는 것이 안쓰러워서 숲속에 튼튼하고 예쁜 작은 집을 장만해 줬다. 앞으로도 이 아이들이 자연 속에서 자신들의 삶을 꿋꿋하게 이겨내면서 건강하게 잘 살았으면 좋겠다. (중략)

어느 날 혼자 있는 '봄이'에게 밥을 주고 구름산을 향해서 오르던 오솔길에서 마주 오는 '가을이'를 만났다. 반가움에 가을이가 어디 갔다 오는지 살펴보니 그의 입에 무언가를 물고 걸어오는 것이었다.

아! '가을이'는 가장(家長)이로구나. 입에는 큼직한 쥐가 물려있었다. 오솔길을 따라서 '봄이'에게 총총걸음으로 걸어가는 가을이의 정한 뒷모습을 넋을 잃고 바라보았다. 너희들도 열악한 환경 속에서 나름대로 하루하루를 열심히 살아가는구나.

나도 모르게 입속에서 생전에 어머니께서 즐겨 부르시던 「봄날은 간다」 애창곡이 저절로 흘러나왔다. (중략)

자연의 섭리는 위대하다. 창조주에 의해 소중한 생명들이 반복적으로 계속 순환한다. 길고양이 '봄이'와 '가을이'에게 따뜻한 봄날은 희망이며 축복이다. 찬란한 봄날에 활짝 핀 산벚꽃이 봄바람에 꽃비 되어 우수수 흩날린다.
　　　　　　-「봄날은 간다」 전문 『계간문학』(2023. 여름호)

읽으면 읽을수록 사랑이 얼마나 풍성한 가치를 지니고 있는가를 자연히 느끼게 된다. '참으로 사랑은 존재의 의미와 가치를 더욱 빛나게 하는 것이다.'라는 주제를 지닌 작품이라서 진정 가치 있는 수필이라 하겠다.

제목부터 살펴보자. 「봄날은 간다」이다. '봄날은 간다' 보다는 '봄날의 향기'라고 씀이 어떨까. 생각하면서 작품을 면밀히 살펴보았다. 글 제목을 이렇게 붙인 이유를 결론 부분에서 발견했다. 그 부분을 다시 살펴보자.

　나도 모르게 입속에서 생전에 어머니께서 즐겨 부르시던 「봄날은 간다」

애창곡이 저절로 흘러나왔다.

　　연분홍 치마가 봄바람에 휘날리더라./ 오늘도 옷고름 씹어가며
　　산제비 넘나드는 성황당 길에/ 꽃이 피면 같이 웃고
　　꽃이 지면 같이 울던/ 알뜰한 그 맹세에 봄날은 간다.

　작가의 시어머니는 수필가인 목경희 여사이다. 그분이 작고하신 지도 어언 수년이 흘렀는데도 지금까지 잊지 못하고 있다. 때때로 시어머니와 연관된 일들을 일상에서 볼 때면 으레 생각이 나기에 "나도 모르게 입가에서 생전에 어머니께서 부르시던「봄날은 간다」애창곡이 저절로 흘러나왔다."고 했다. 그리고서 애창곡의 가사를 한 자도 틀림이 없이 작품에 기록해 놓은 것을 보면 작가의 깊은 심리를 헤아릴 수 있었다. 그리고 글제를 그렇게 붙여야만 했던 작가의 심지(心志)를 엿볼 수 있었다.
　작가의 따뜻한 마음씨도 여실히 보인다. 위 문장에서 보듯 시어머님이라고 하지 아니하고 어머니라고 호칭한 이유는 무얼까? 몇 년 전 어느 대회에서 작가로부터 들은 이야기인데 작가는 시어머님이라고 부르면 어딘지 모르게 거리감이 있는 듯해서 어머니라고 부르니 더 정감이 가더라고 했다. 그분 역시 딸처럼 대해주시니 호칭이 행복감을 주기도 하더라는 이야기였다.
　길고양이에게 정을 주는 일도 그렇다. 그들에게 이름을 지어주고, 비가 오나 눈이 와도 먹이를 잊지 않고 갖다 주는 일, 야생고양이라 집으로 데려오기가 불가능하기에 숲속에 튼튼하고 예쁜 작은 집을 장만해 주었다는 일, 작가가 외출할 때에는 남편이 대신해서 산길을 올라가 아이들에게 밥과 물을 갖다 주곤 했다는 이야기다.
　집에서 애들에게 가려면 도덕산 정상을 거쳐 모퉁이를 15차례나 돌아서 경사진 176개 계단을 올라 구름산 중턱에 오른다. 그리고 새미약수터

큰 바위 아래까지 가서 산고양이들을 만나는데 왕복 4시간이 소모된다고 했다. 이런 험한 길을 찾아다니며 보살펴 주는 그 정성을 우리들이 상상만 해도 힘겨운 데 작가의 부부는 산을 좋아해서라고 하지만 거의 일상으로 다닌다고 했다. 참으로 대단한 길고양이 사랑이다.

이 순간 "사랑은 생명의 꽃이다."라고 말했던 F. 보텐슈테프의 깊은 뜻을 생각게 한다. 과연 그렇다. 생명의 물결이 온 지구상을 장식하고 있다. 봄, 여름, 가을, 겨울 사계절 동안에 생명이 생성하고 번성하는 과정을 조용히 살펴볼 때도 그렇다. 이와 무관한 무생물일지라도 관심을 갖지 아니한 채 그대로 방치해 두면 사물들은 퇴락하기 마련이다. 이렇게 말하면 구구한 이론이 있을 수 있겠지만 분명한 사실은 자연의 보호든 인간의 관심이든 사랑 밖에 있는 것들은 한결같이 급격히 낡아진다는 것은 변함이 없다. 모든 생명에는 나름대로 사랑을 필요로 하다는 증거다.

이미 널리 알려진 이야기지만 무생물인 '물'(水)에게 사랑을 쏟거나 미워했을 때 그 반응을 보면 확연히 다르다. 물을 바라보며 "사랑한다. 아낀다. 보호한다."라고 애정의 말을 쏟을 때 육각형의 모양으로 반짝인다. 그러나 "나는 너를 미워한다. 싫어한다. 증오한다." 이렇게 저주의 말을 했을 때 창끝같이 사나운 모습으로 보이고 물의 색깔도 탁하게 보여준다고 한다. 우주 만물이 존재하는 데는 절대적으로 소중한 것이 사랑임을 입증해 주는 것이라 하겠다.

이 작품의 결론에서 작가가 말했듯이 "자연의 섭리는 위대하다. 창조주에 의해 소중한 생명들이 반복적으로 순환한다."고 했다. 소중한 생명은 사랑의 정서에 의해 이루어지고 사랑의 정서는 최고의 가치를 이룬다. 이 수필의 모티브는 곧 사랑이다. 이러한 따뜻한 수필이 많은 독자들에게 감흥을 일으켜 각박해져 가는 우리의 정서를 다시 일으켰으면 한다.

명경희 「비 오는 날의 등굣길」

　더위가 기승을 부리더니 장마철이 시작되었다.
　어젯밤 아홉 시 TV 뉴스에서 내 고향 충청도 지역에 300mm 이상의 폭우가 쏟아졌다는 보도를 시청했다. 그리고 오늘 아침 조간신문에도 대문짝만하게 실린 물난리의 기사를 읽었다. 이곳 수도권 지역에는 지금 약한 빗줄기만 소리 없이 내리고 있다.
　비 내리는 그 풍경을 우리 집 베란다 창가에 기대어 서서 바라보고 있는 동안 칠십 년 대 유행했던 "조용히 비가 내리네."란 채은옥의 노래가 떠오른다. 어느덧 그 가사가 떠오르면서 마음 한구석에 아직도 남아 있는지 장마철의 가슴 아픈 상처가 수면 위로 떠오르듯 아련히 떠오른다.
　지금이야 시골길이 모두 포장되어 있고 배수구가 잘 되어 물이 고이지 않고 바로 빠지곤 하는데 50여 년 전 내 유년 시절에는 비가 오는 날이면 마치 전쟁을 치르듯 어려움이 참으로 많았다. 글자 그대로 길을 내놓은 지 얼마 되지 않은 신작로라서 적은 양의 비에도 질퍽거려 장화 없이는 다니기가 어려운 길이었다. 매년마다 봄과 가을 두 차례씩 인근 부락민들이 그 신작로에 자갈을 깔아 길을 닦아 가지만 얼마 가지 못하여 여전히 땅속 깊이 그것들이 파묻히는 바람에 흙탕물로 뒤덮인 길거리였다.
　비가 내리는 등교 길이면 약속이나 한 것처럼 학생들이 모두들 납작한 돌멩이를 집에서 가져와 길 위에 놓고 걷기도 했다. 그것도 부족하면 때때로 어른들이 나와 저수지와 인접해 있는 산에서 큰 돌을 굴려다가 징검다리 길을 만들곤 했었다. 어린 저학년 학생들은 그 길을 걷다가 자주 넘어지는 바람에 부모나 언니 오빠의 등에 업혀 가는 등굣길이기도 했다.
　내 중학교 때의 일이다. 비가 오는 날이면 학교 가는 일이 가장 큰일이다. 왜냐하면 20리 빗길을 걸어 등교해야만 했기 때문이다. 그렇다고 비 오는 날이면 결석할 수도 없어 큰 고민거리였다. 그때는 버스도 하루에 고작 서너 차례밖에 운행하지 아니한 관계로 기대할 수 없었다. 자전거도 그런 도로에서는 도리어 짐이 되었기에 마냥 걸을 수밖에 다른 도리가 전혀 없었다. (중략)
　한 번은 비가 억수같이 쏟아지는 날이라서 학교에 가려고 버스를 탔다. 그런데 웬일인가. 내가 탄 버스가 고물차라서인가. 아니면 그곳을 운행한 차들이 모두 수명이 다 된 허름한 차라서인가. 그날따라 자주 시동이 꺼지는 바람에 고생은 고생대로 하고 지각은 지각대로 했으니 아무리 비가 와도 새벽밥을 먹고 부락 어귀에 여럿이 모여 등교하는 것이 차라리 지각을 안 하는 유일한 방법이었다.

특히 비가 오는 날의 등굣길만은 우리 마을 친구들이 한 형제자매가 된다. 서로 감싸주고 아껴주는 사랑의 등굣길이다. 파란 비닐우산을 들고 비옷을 입고 도란도란 이야기를 나누며 걷는 다정한 모습도 그러하지만 위험한 다리를 건널 때나 웅덩이 옆을 지날 때면 서로 손을 꼭 잡고 동행해 주기도 하고 고학년의 형, 언니들은 저학년 동생들을 등에 업고 건너 주는 정겨운 마음씨는 누가 보아도 다정한 등굣길이요 사랑의 길이라 아니할 수 없었다. 비록 두 시간 이상을 걸어야만 학교에 도착하는 고단하고 힘겨운 길이지만 알뜰한 정이 피어오르는 등굣길이었기에 우리는 마냥 즐겁기도 했다. (중략)

오후 수업이 끝나고 집으로 가야 하는데 세찬 빗줄기와 천둥번개는 거센 바람과 함께 우리의 발목을 잡는다. 이럴 때면 담임 선생님께서는 시내에 사는 친구 집에 우리 통학생들을 한 집에 한두 명씩 짝지어 주시고 부모님께 일일이 전화로 알려 안심시켜 드렸다. 이럴 때에는 우리들은 마냥 즐거웠다. 친구집에 가서 웃고 떠들고 밤이 새도록 이야기꽃을 피우다가 잠이 드느라 부모님 생각은 안중에도 없었다.

우리 부모님들은 매년마다 칠월칠석날이면 으레 저수지 징검다리에 모여 정성으로 장만한 제물을 차려 놓고 제사를 드린다. 둥둥둥 징을 울리면서 칠성님께 비는 말은 한결같았다.

비나이다. 비나이다. 칠석님께 비나이다. 우리 자녀들이 장마철 학교에 가고 오는 길을 무사하게 지켜주옵소서. 보호하여 주옵소서. 금년에도 풍년 들게 하옵소서.

풍년 드는 일보다도 우리들의 등하굣길 안전을 먼저 기원하는 부모님들의 간절한 사랑의 마음을 어찌 다 헤아려 볼 수 있겠는가. 그런데도 지금까지 그 은혜를 갚지 못하는 자신을 오늘도 반성해 보면서 눈시울을 붉힌다.

- 「비 오는 날의 등굣길」 중에서 『한국수필』(2010. 9월호)

이 수필은 작가가 '비 오는 날의 등하굣길'을 진솔하게 형상화해 놓았다. 수필은 다른 문학 장르와는 달리 묘사하고자 하는 바를 얼마나 솔직하게 표현해 놓았느냐에 따라 그 가치가 결정된다. 아무리 꾀꼬리 같은 미사여구로 잘 포장했을지라도 글이 진실되지 못하면 진가를 찾아볼 수 없다. 이러한 의미에서 볼 때 수필의 진가를 드러낸 작품이라고 하겠다. 한 예로 너무 큰 비유가 될지 모르나 박지원의 열하일기가 그렇다.

조선시대 최대의 문장가이자 수필가인 연암(燕巖) 박지원(朴趾源)의 열하일기는 '서울'을 출발하여 선조가 피신했던 '의주'를 거쳐 중국 황제의 피서지인 '열하'까지 다녀오면서 보고 느낀 바를 소상히 적어 놓은 글이다. 만일 그 글이 진실되지 못하고 한 부분일지라도 꾸며낸 글이었다면 지금 고전의 가치가 있을까? 당시의 상황이나 의식, 풍습 등의 기록은 세월이 흐르면 흐를수록 옛날의 모습을 고스란히 담고 있기에 더욱 가치가 주어지는 것이다. 우리가 역사를 배우는 의미도 발전의 원동력을 이루는 근원도 여기에 있다고 하겠다.

명경희 수필가는 어린 학창 시절, 특히 비 오는 날 등굣길의 애환을 가득 담아 작품화했다. "내 중학교 때의 일이다. 비가 오는 날이면 학교 가는 일이 가장 큰 일이었다. 걸어서 20리, 빗길을 걸어 등교해야만 했기 때문이다."라고 했다. 그때는 버스도 하루에 고작 서너 차례밖에 운행하지 아니한 관계로 기대할 수 없었다. 한 번은 비가 억수같이 쏟아지는 날이라서 학교에 가려고 버스를 탔다. 그런데 웬일인지 내가 탄 버스가 자주 시동이 꺼지는 바람에 고생은 고생대로 하고 지각은 지각대로 했다. 그 뒤부터 아무리 비가 와도 새벽밥을 먹고 부락 어귀에 여럿이 모여 등교하는 것이 지각을 하지 않는 유일한 방법이었다. 특히 비가 오는 날의 등굣길만은 우리 마을 친구들이 한 형제자매가 된다고 했다. 내 유년 시절에 신작로(新作路)란 길이 이루어졌다. 한자 그대로 풀이하면 '새롭게 만든 도로'란 뜻이다. 매년마다 봄, 가을 두 차례씩 자갈 공출로 신작로의 길을 닦아가지만 적은 양의 비만 내려도 질퍽거려 장화 없이는 다니기가 매우 어려운 길이었다.

파란 우산을 들고 비옷을 입고 도란도란 걷는 다정한 모습도 있었지만 위험한 다리나 웅덩이를 건널 때도 있다. 이때는 서로 손을 꼭 잡고 걷기도 하고 고학년 형, 언니들이 저학년 동생들을 업고 건너 주는 정다운 모습도 있어 누가 보아도 등굣길은 정말 사랑의 길이 아닐 수 없다. 비록 2시간 이상 걷는 고단한 몸이지만 우리는 마냥 즐겁기만 했다고 작가는 지난날을 회고하고 있다.

뿐만 아니다. 우리 부모님들은 매년마다 칠월칠석이면 으레 저수지 징검다리에 모여 정성으로 장만한 제물을 차려 놓고 제사를 지내기도 했다.

"비나이다. 비나이다. 칠석님께 비나이다. 우리 자녀들이 등하교 길을 무사히 지켜 주옵소서."

풍년 드는 일보다 우리 등하굣길 안전을 먼저 기원하는 부모님들의 간절한 정성을 어찌 다 헤아려 볼 수 있겠는가. 생각해보면 '가난이 불평이 될 수 있었고, 비오는 날의 등굣길은 부모에 대한 원망이 될 수 있었다. 그러나 이 시대의 삶은 어떠한 어려움도 불평 대신에 스스로 극복해가려는 의지와 인내심과 사랑의 고운 심성이 자리 잡고 있었다.

어느 통계인지는 잘 기억이 나지 않으나 1969년 모 일간지 기사에 의하면 자력으로 학교를 다니고 있는 전국 고학생 수가 20만 명에 이른다는 보도였다. 고학생들은 피를 말리는 고통을 인내하면서 오직 미래를 위해 극복했던 자들이다.

이 시대는 국가가 가난했고 개인은 하루에 세 끼니를 다 먹지 못한 채 한두 끼니로 해결해야만 하는 굶주림에 허덕이었다. 새마을운동이 시작되기 전의 해(年)였으니 처절한 가난의 시기였음은 누구도 부인할 수 없다. 그 어려움에서도 뜻을 둔 젊은이들은 오직 아름다운 미래를 꿈꾸며 투지로 꿈을 이룩하려는 뜻을 불태울 뿐, 누구를 원망할 시간마저 없었다. 그러한 정신이었기에 1950년 6·25전쟁에서 폐허된 잿더미에서 시작한 재건의 역사는 세계 최빈국에서 60여 년 만에 경제대국을 이룬 것이다.

이 수필은 과거와 현재를 되돌아보면서 미래를 깊이 있게 설계한 작품이다. 제목부터가 「비 오는 날의 등굣길」이다. 비 오는 날은 장화 없이는 다닐 수 없는 길인데도 비 오는 날의 등굣길은 우리 마을 친구들이 한 형제가 되어 위험한 다리, 웅덩이 옆을 지날 때는 손에 손을 꼭 잡고 다니기도 하고 고학년 선배가 어린 후배를 등에 업고 위험한 길을 건너주는 형제 같은 등굣길이 20리 길이라고 했다.

학교는 미래를 위해 교육하는 곳이니 이러한 일련의 과정을 살펴봐도 그렇다. 더 나은 미래를 위한 등굣길이니 이보다 더 가치 있는 생명의 길이 어디 있겠는가. 대단한 의미와 가치를 지닌 것이요, 과거를 통해 미래의 행복을 열어가는 값진 수필이라고 하겠다.

결미의 중요성과 처리기법

　수필에서의 결미는 매우 중요하다. 아무리 제목을 잘 붙이고 서두에서 흥미를 유발시키며 전개에서 독자에게 잔잔한 감동을 주는 내용으로 짜였다 할지라도 결미가 잘못된다면 작품 전체가 부실해지고 만다.
　이른 봄, 밭에 씨를 뿌렸을 때 소담스러운 새싹이 돋아나면 농부는 얼마나 기쁜지 모른다. 그러기에 온갖 정성을 다 쏟으며 가꾸어 간다. 그런데 결실기에 와 보니 기대와는 다르게 탐스러운 열매는커녕 쭉정이가 되었다든가 엉뚱하게도 가라지였을 때 거기서 오는 실망감과 허탈감은 이루 말할 수 없을 것이다. 결미도 이와 같은 것이다.
　독자는 한 편의 수필을 다 읽고 난 후 지그시 눈을 감고 깊은 사색에 젖어든다든가 아니면 마음속에 재미있는 글로 남아 또다시 수필을 읽고 싶다는 등 그의 매력에 사로잡히기도 한다. 그러한 작품은 대부분 결미 처리에서 성공했기 때문이라고 해도 과언이 아니다. 이런 의미에서 최근 문예지에 발표된 몇 작품을 살펴보았다.
　전윤권 「사랑의 기쁨」이란 작품에서 결미 부분을 살펴보기 위해 먼저 서두와 전개 부분을 보기로 한다.

"수목원에서 문우들의 모임이 있었다. 하늘이 잔뜩 흐리더니 마침내 자분자분 봄비가 내렸다."이렇게 도입 부분을 시작한 작품이다. 전개에 와서는 봄밤에 내리는 빗속에서 고교 시절의 첫사랑이 불현듯 떠올랐다. 마침내 그리움이 마음에 일렁이었고 이윽고 가슴을 파고드는 「plaisir d'amour(사랑의 기쁨)」의 노래로 이어졌다. "사랑의 기쁨은 어느덧 사라지고 사랑의 슬픔만 남았네."의 노랫말과 그 곡이 심연에 울려 퍼진다라고 표현함으로써 작가의 심정을 단적으로 드러내 놓고는 순진무구한 사랑의 사연과 함께 결미에 이른다.

「결미(結尾) 부문」
내 마음속에 잊혀졌던 그 노래 「plaisir d'amour(사랑의 기쁨)」가 이 밤 봄비를 타고 다시금 살아남은 것은 왜일까. 무슨 환영을 보고 있는 느낌이다. 갑자기 그녀가 보고 싶다는 마음이 욱하고 솟아오른다. 지금쯤 어디에 살고 있을까. 첫사랑은 가슴에 묻어 두어야 한다지만 애련함이 노래에 실려 가슴 깊게 파고든다. 그때였다. 휴대폰이 포켓에서 다급하게 나를 깨운다.
"여보, 어디야? 밖에 비가 오는데 우산 갖고 있는 거야?"

사춘기를 지나온 사람이라면 누구나 한번쯤 경험했을 지극히 평범한 일이다. 그런데도 그 일을 심리적 갈등의 구조로 형상화시켜 독자로 하여금 잠시도 작품에서 눈길을 뗄 수 없도록 유도한다. 그 결미는 작가의 필력이 대단히 돋보이게 한다.
포켓에서 다급하게 울리는 휴대폰 벨소리에 지난날의 꿈에서 현실로 되돌아온다. 그러한 반전의 계기는 독자로 하여금 은은하게 여운을 남기게 하는 결미다. 더욱이 맨 마지막에 "여보 어디야? 밖에 비가 오는데 우산 갖고 있는 거야?"라고 하는 말로 종지부를 지었다. 그로 인하여 작가의 가슴에도 지금 비가 내리고 있음을 암시해 주고 있다.
뿐만 아니라 이 글을 읽는 독자에게 작가의 심정은 물론 지난날 자기가 겪었던 일들을 회상해 보게도 하고 상상의 나래를 펴 보게도 한다. 이럴 때 작품의 폭은 한없이 넓혀져 문학의 진가를 드러내게 한다.

김○○의「팔뚝베개」작품 중 결미를 살펴보자.

이 작품의 도입은 "밤늦은 시각에 시부(媤父)의 제수거리를 장만하려 오랜만에 식구들과 장을 보러 갔다. (중략) 문득 누런 황토베개가 눈에 들어온다. (중략) 이리저리 살피니 아이 엄마가 얼른 장바구니에 담는다."로 시작된 작품이다. 전개 부분에서는 "남편의 팔을 제대로 베보지도 못하고 그를 보냈기에 (중략) 새로 사 온 베개를 떠올리며 사뭇 첫날밤을 기다리는 새댁처럼 흥분된 하루였다. (중략) 새로운 도전으로 다가왔다. 품에 안아보니 어린아이처럼 쭉 가슴에 안겨든다. 이제 자기 전 이 베개와 씨름하는 것에 재미들이기 시작했다. 다리를 얹어보기도 하고 발목을 올려보기도 하고 다시 목 아래 넣어본다. 야곱은 들판에서 돌베개를 베고 홀로 잠들었다가 꿈에서 하나님을 만난다. (중략) 그는 꿈으로 인도받아 모든 어려움을 이긴 이스라엘 영웅이다. (중략) 허전한 내 마음을 이 베개는 어떤 꿈으로 인도해 줄 것인가."라며 결미에 이른다.

「결미 부문」
　　처음 사용했을 때에는 불편하던 것이 차츰 익숙해져 간다. 너무 편해 일어나기 싫어져 나태하게 만드는 그런 폭신한 것이 아니라 언제라도 벌떡 일어날 수 있도록 마치 머리를 번쩍 들어 올려주는 듯 탄탄하게 힘을 주는 이 팔뚝베개에 애착이 붙기 시작한다. 마치 젊은 사내의 힘을 느끼게도 하는 이것을 누구에게 권해볼까. 꼭 필요할 성싶은 한 친구를 떠올리며 혼자 웃어본다.

이 작품에서 말하고자 하는 작가의 근본 의도는 무얼까? 야곱이 돌베개를 베고 잘 때 하나님의 축복을 받았듯이 이 베개를 베고 잔 나에게도 하나님의 축복이 임하여 허전한 마음을 위로해 주었으면 하는 간절한 소망일까. 아니면 남편을 그리워하는 마음일까. 두 부분 중 한 부분을 빼내면 주제가 좀 더 선명하게 독자에게 다가서지 않을까. 물론 작가는, 수필은 어디까지나 나상(裸像)문학이요, 또 진솔하게 표현해야만 한다는 이론에 근거하여 이같이 쓰는 데 주저하지 않았을 것으로 여겨진다. 그러나 작가의 심정만 늘어놓는다고 해서 한 작품이 완성된다고 말할 수 없다. 정작 말하고자 하는 작가의 의도가 결미에 통괄적으로 요약 정리되어 있어야만 한다. 그리고 필자는 독자의 마음까지 헤아려 볼 줄 아는 혜안이 있어야 한다.

이○○의 「결혼은 미친 짓이 아니다」란 작품의 결미를 살펴보기로 한다. 작품의 서두는 "가방을 꾸렸다. 마음만큼이나 너절한 옷을 개켜 넣었다. 구멍 뚫린 가슴에선 서늘한 바람이 돌아 나온다. 그래, 가자. 무엇에 더 미련을 두랴."라는 말로 시작된다. 그리고 집을 나가려는 딸을 다독이면서 적극 말리는 친정어머니의 권유로 들었던 가방을 힘없이 내려놓는다라는 내용으로 전개 부분이 시작되어 아직도 철없이 나풀대는 자신을 이해해 주는 남편에게 감사함을 느낀다는 내용과 함께 결말에 이른다.

「결미 부문」
　　지난 결혼 25주년, 나무를 사다가 시간이 날 때마다 누구도 모르게 못질을 하고 락카칠을 하며 몇 날에 걸쳐 야무지고 튼튼한 책장을 만들어 내게 선물한 남편, 은혼식을 기념하며 누구나 할 수 있는 멋진 곳을 여행하는 것도 좋겠지만 나는 이 선물에 몇 배나 행복하다. 책을 꺼내 들 때마다 남편을 만지듯 책장을 애무한다. 살아보니 결혼은 미친 짓이 아니다.

우리 속담에 "비가 온 뒤에 땅이 더욱 굳어진다."는 말이 있다. 마치 작품의 결미를 읽고 나니 언뜻 속담이 머리에 떠오른다. 그러면서 진정한 행복이 무엇인가를 작가가 내게 들려주는 듯한 느낌을 받았다. 이 글은 도입 부분에서 작가가 심리적 갈등으로 가정파탄에 직면한 것을 전개 말미에 와서 스스로 뉘우치고 반성하므로 마침내 감사로 바뀐다. 그리고 결미에 와서는 사랑으로 승화시킨 그 심리변화를 작품으로 형상화한 것이다. 이같이 자기 성찰을 통하여 희망으로 끝을 맺는 것은 매우 바람직한 결미라 여겨진다. 수필은 자성의 문학이요, 고백의 문학이라는 점에서도 그러하다.

그런데 맨 마지막 행에서 "살아보니 결혼은 미친 짓이 아니다."라고 했다. 이는 아마도 작가가 2002년도 센세이션을 일으켰던 「결혼은 미친 짓이다」란 영화 제목을 염두에 둔 듯하다. 그러나 '결혼은 미친 짓이 아니다.'란 말이 여전히 대중에게 정상적인 의식으로 인식되어 있다. 그러기에 오히려 그 말을 맨 마지막 이 글이 작가의 감정만을 쏟아 놓은 작품으로 비춰질 수 있다. 그럴 때 작품이 수필이 아니라 신변잡기 즉 잡문으로 오인되지 않을까? 그러므로 이 말을 빼거나 다른 말로 바꿨으면 어떨까 한다.

결미의 처리기법은 이 외에도 있다. 작가가 결미에 아무런 논평을 하지 않고 말하고자 하는 바를 독자의 상상에 맡기는 수법이다. 피천득의 「은전 한 닢」의 결미가 바로 그것이다.

"그의 뺨에는 눈물이 흘렀다. 나는/ 왜 그렇게까지 애를 써서 그 돈을 만들었단 말이요? 그 돈으로 무엇을 하려오? 하고 물었다. 그는 다시 머뭇거리다가 대답했다./ 이 돈 한 개가 가지고 싶었습니다."

사건의 심리묘사와 행동묘사 등을 그대로 보여주는 좋은 예라 할 수 있겠다.

이상에서 네 작품을 통해, 결미의 예를 살펴보았다. 평자는 꼭 이러한 결미여야 한다고 고집하지 않겠다. 그러나 잘된 부분과 모순된 결미부분을 지적함으로써 미래의 수필이보다 나은 문학작품으로 독자에게 환영을 받으리라고 여겨지기에 여기서 지적했을 뿐이다.

- 「지상강좌」 중에서 『한국수필』(2008. 10월호)

해학(解學)의 중요성과 그 가치

모든 문학에는 재미가 있어야 한다. 마치 맛있는 음식과 같다. 우리가 밥을 먹을 때 맛있는 반찬이 있으면 식사를 만족하게 하듯이 문학도 재미가 있으면 모든 시간을 아껴가면서까지 탐독한다. 이럴 때 작가의 목적이 달성되고 독자는 얻고자 하는 그 가치를 흐뭇하게 획득하게 된다. 여기에 해학의 중요성과 가치가 주어진다.

그러면 해학이란 무언가? 우리말 국어사전에 의하면 "익살스럽고 품위 있는 농담, 유머"라고 기록되었다. '익살스럽다.'는 말은 남을 웃기려고 일부러 우습게 하는 말이니 코미디언을 연상하면 된다. 장난기 있는 말이긴 하나 지나침이 없는, 재미있는 말을 의미하는 것이니 농담이 그 안에 있다고 보겠다. 이를 다시 말하면 빗대어 말하는 풍자(諷刺)도, 골계(滑稽)도 재치와 익살을 겸한 위트(wit)도 해학 즉 유머(humor)도 이 범주 내에 속한 것이라 하겠다.

위의 말처럼 뜻이 비슷비슷하기는 하여 엄격하게 구별되지는 않지만 하나로 이룰 때에는 분명히 구분된다. 웃음을 전제로 이루어진 말이라는 의미이다. 그만큼 현실이 각박하게 돌아가기 때문에 절실히 필요한 게 웃음이다. '웃으면 복이 와요'라는 우리네의 속담처럼 답답한 일들을 만나 가슴이 터질 듯한 그 순간 웃음이 이루어진다면 모든 것을 잊고 가슴을 활짝 연다. 이것이 해학이니 얼마나 복을 가져다주는 아름다운 선물인가. 이는 문학 중에서도 수필이 아닐까. 혹자들은 왜 그러느냐고 의문을 가질지 모른다.

좀 더 깊이 생각해 보자. 예를 들어 재미있는 이야기를 흥미롭게 들으면서 '과연 옳아. 이렇게 긍정하며 나도 그렇게 살아야하겠다.' 했는데 그 말은 사실이 아니라 꾸며 놓았다고 했을 때 그 기쁜 마음이 그대로 존재할까? '사실로 믿었는데' 하며 실망하지 않을까. 믿음은 사실에서 나온다. 사실의 기록은 수필이다. 문학의 표현 기법 중 진솔한 표현은 수필에서만 가능하다. 이런 의미에서 볼 때 수필에 대한 기대는 앞으로 큰 몫을 담당할 것이라 여겨진다.

흥미란 무엇일까. 웃음만일까. 깨달음을 주는 것도 즐거움이다. 이를 구체적으로 말하면 정서적인 즐거움, 지적인 즐거움, 심미적인 즐거움 등이 그것이다. 기지나 재치를 일으키는 위트, 그리고 학문을 탐구할 때에도, 문학에 심취될 때에도 흔히 느끼는 즐거움이다. 이러한 기쁨과 즐거움을 문학에서 해학적 의미로 받아들이자는 학자도 있다. 이 이론에 평자는 동의하고 싶다.

문학에서 해학적 의미를 시와 소설과 수필에서 탐색해 보자. 시는 운율에서 즐거움을 느끼고 소설에서는 스토리에서 재미를 맛보며, 수필에서는 진솔한 표현에서 작가의 사상이나 철학이 담겨 마치 숨소리를 느끼게 하는 데서 흥미를 찾는다. 품격 높은 해학이 우리의 고전문학부터 현대문학에 이르기까지 생동하고 있음은 한층 문학을 문학되게 하는 길이다. 우선 고전을 살펴보기로 하자.

『흥부전』을 보면 흥부는 몹시 가난하여 집이라고 하는 게 어찌나 작던지, 방에서 자다가 기지개를 켜면 그의 머리가 봉당으로 나가고 다리는 울 밖으로 나간다는 구절이 있다. 또 『춘향전』을 보면 광한루에서 그네 뛰는 춘향이를 처음 본 이도령이 방자 놈을 시켜 그녀를 자기 앞에 대령시키라 한다. 방자 놈이 춘향이한테 달려가 그네 뛰는 춘향이를 능청스럽게 부른다.

춘향이는 깜짝 놀라 하는 말이 "아이구, '낙상'할 뻔하였다." 하니까 짓궂게도 방자 놈이 말을 바꾸어 "시집도 안 간 처녀가 '낙태'란 웬 말이냐"고 되받는 장면이 나온다. 그리고 『심청전』에서 심 봉사가 소경잔치 소문을 듣고 경성으로 가는 길에 몹시 더워서 냇물에서 목욕을 하고 나와 보니 옷이 온데간데없자 벌거벗은 알몸으로 쩔쩔매고 있는 장면에서 잘 나타나고 있다. 『배비장전』에서도 기생 애랑이 배비장의 이빨을 빼는 장면과, 배비장이 알몸으로 뒤주에서 나와 동헌의 뜰을 바다로 알고 눈을 감은 채 허우적대는 마지막 장면에서도 잘 나타나 있다.

조선시대 사람인 이수광(李睟光)의 『지봉유설(芝峯類說)』 제16권 「해학조」를 보면 비대한 사람이 난쟁이를 비웃는 말로써 "갓을 쓰니 발이 보이지 않고 신을 신으면 정수리까지 들어가는구나."라는 표현이 나오는데 이는 곧 과소평가 우스갯소리다.

이상 다섯 작품의 해학적 표현은 이우식(李右植) 평론가가 쓴 「유머와 위트의 도입과 그 실제」의 글에서 편의상 옮겨 놓았다. 그러면 현대작품에서 해학성이 담긴 수필을 살펴보자.

김민정 「옥수수」

　지인이 보내온 옥수수가 자루를 뚫고 금방이라도 튀어나올 것 같이 싱싱하다. 진한 초록 잎맥의 결이 거친 옥수수 하나를 얼른 꺼낸다. 고향의 향기가 물씬 풍겨 나온다. 잎의 끝자락을 잡고 껍질을 벗기기 시작한다. 여인의 한복 속곳만큼이나 칭칭 동여맨 껍질은 얼마나 야무진지 여민 품이 여간해서는 속을 내주지 않을 기세다. 어차피 보여줄 알몸인데도 조바심이 난다. 손(損)을 탈까 거칠게 동여맨 검푸른 겉옷은 여지없이 나의 손에 의해 적나라하게 벗겨진다. 마침내 다 벗고 드러난 하얀 알갱이가 촘촘하고 고른 열(列)로 빈틈이 없다. 알알이 빛나는 모습이 진주알같이 실(實)하게 영근 하얀 옥수수가 식욕의 욕망을 채운다.
　어려서부터 옥수수를 퍽 좋아했다.
　5월 완연한 봄이 오면 옥수수 파종이 시작됐다. 파종한 지 일주일이 지나 3cm 정도 뾰쪽뾰쪽 새싹이 돋아 나오기 시작하면서부터 열매 맺기까지 긴 기다림은 더디게 흘렀다. 하룻밤에도 몇 뼘씩 자라는 이파리는 길게 뻗어 양쪽으로 늘어져 병사의 열병식을 보는 듯했다. 초여름 따끈한 햇살에 파종한지 60일이 지나면 압도적인 길이와 완벽한 비율의 늘씬한 품속에서 싱싱하고 푸릇푸릇한 옥수수는 붉고 반짝이는 수염을 내민다. 붉은 수염을 생명이 피어나는 것 같아 가슴이 벅차오른다. 월광에 빛나던 고향의 텃밭의 기억과 계절의 푸르름 속에서 순수와 안정감이 되살아난다.
　이제 보름만 참으면 쫀득하고 밀크 캔디 향기가 나는 옥수수를 먹을 수 있다는 설렘으로 마음도 따라 춤을 춘다. 6월 중순이 되어서야 옥수수는 금값으로 마트에 선을 보이기 시작한다. 눈길이 온통 옥수수로 가있지만 비싼 가격 탓에 보름을 더 기다려야만 한다. 그 기다림을 더 이상 참지 못하고 몇 개 사들고 와서 쪄 먹어 보지만 향과 맛이 이미 저만큼 달아난 탓에 살짝 실망한다. 산지에서 마트로 오기까지 과정은 적어도 하루 이틀이 지나기 때문이다. 옥수수는 따내는 즉시 쪄야 당도와 밀크향이 그대로 살아 있다. 그러나 옥수수를 너무 기다린 탓에 이거마저도 꿀맛이다.
　드디어 옥수수 출하가 시작되면 괴산으로 달려간다. 이글거리는 태양 아래 끝없이 펼쳐지는 푸른 바다이다. 도로변을 달리다 보면 옥수수 밭에서 수확한, 찐 옥수수와 포대자루에 담긴 옥수수가 기다리고 있다. 맛보기로 내미는 농부의 푸짐한 인심이 덤으로 즐거움을 선사한다. 어떤 간식과도 비교할 수 없는 이 맛, 살인적인 여름도 옥수수 먹는 맛에 견뎌 낼 수 있는 것 같다.

미국의 인디언 부족들은 추장의 딸들이 성숙해지면 옥수수밭으로 데리고 가서 결혼에 대한 인생 교육을 받게 한다고 한다. 지정된 밭고랑에서 가장 좋은 옥수수를 하나만 따오라는 지시를 받게 되는데 단 한 번 지나친 옥수수는 다시 쳐다볼 수 없고 한 번 내디딘 걸음을 후퇴할 수 없이 계속 앞을 향해 나가면서 마음에 드는 제일 좋은 옥수수를 고르는 일이다. 그 결과 어떻게 될까? 밭을 나온 딸들의 손에는 하나같이 작고 보잘 것 없는 옥수수가 들려 있다 한다. 왜 그럴까? 초반에는 탐스러운 옥수수가 나와도 좀 더 가면 더 좋은 옥수수가 있겠지라는 기대감에 선뜻 따지 못하다가 결국 도착지에 다다라서야 초조한 마음에 손에 닿은 아무 옥수수를 따서 나오게 된다는 것이다. 빈손이라면 평생 처녀로 살아가야 한다는 걱정 때문이다.

뒤돌아보면 살아오면서 때로는 좋은 사람을, 좋은 기회가 바로 앞에 있는데 만족하지 못하고 보이지 않는 이상에 눈이 멀어 욕심을 부리다가 놓친 적이 있다. 그러나 후회하지 않는다. 지난 일들은 모두가 자신만의 업적이다.

옥수수 삶은 냄새가 집안에 가득 찬다. 뽀얀 진주알을 한입 물어뜯는다. 맛의 포로가 된 지금, 여름내 기다렸던 옥수수 맛을 몸과 마음에 깊숙이 저장시킨다.

　　　－「옥수수」 전문 『한국문인』(2021. 8·9월호) 편의상 재수록했음.

이 글은 상징성이 짙은 수필인데 그 상징성은 해학으로 이어지고 있다. 이를 풀이해 보자.

① 옥수수가 자루를 뚫고 금방이라도 튀어나올 것같이 싱싱하다. 이는 갓 피어난 꽃처럼 아주 젊다는 의미다.

② 잎의 끝자락을 잡고 껍질을 벗기기 시작한다.

③ 여인의 한복 속옷만큼이나 칭칭 동여맨 껍질이라 했는데 ②와 ③

이 말의 의미는 조선 성종시대 여성의 순결성을 지키기 위해 남편과 사별을 했을지라도 재가(再嫁)를 금지하는 법령이 있었다. 그때 여성의 속옷 차림은 여섯 벌이나 겹겹이 입었다. 그 속옷마다 모두 끈으로 잡아매었는데 순결을 지키기 위함이다. 만일 성추행하려 할 때 그 많은 끈을 푸는 동안에 위기에서 벗어날 궁리를 하려는 것이라 한다. 그래도 시간이 미치지 못할 때에는 이미 간직한 은장도로 자결한다는 의미였다. 작가는 이러한 역사적 상황을 알고 있었기에 이 글을 쓰지 않았을까 여겨진다.

④ 어차피 보여주어야 할 몸, 적나라하게 벗겨진다. 참으로 첫날밤을 연상케 한다.

⑤ 옥수수는 따내는 즉시 쪄야 당도와 밀크향이 그대로 살아 있다. 꿀맛이다.

⑥ 산지에서 마트로 오기까지 하루 이틀이 지나면 맛에 달라져 실망한다. 여기서 ⑤와 ⑥은 순결의 의미를 잃었을 때 실망한다는 의미가 아닐까?

해학이 담긴 글을 읽으면 시간 가는지도 모르고 흥미에 빠지고 만다. 그뿐만 아니라 담겨 있는 뜻을 더 깊이 상상해 봄으로써 뇌기능까지 활성화시키고 있으니 일석이조의 소득 있는 독서일 것이다.

해학이 간혹 물의를 일으키기도 한다. 낯이 뜨거울 정도로 노골화한 표현이라서 혀를 찬다면 다시 생각해 볼 일이 아닌가. 수필은 나상의 문학이라고 해서 마구 속마음을 활짝 펴 놓고 있는데 이는 수필의 품격을 떨어뜨림으로 엄격히 구분시켜야 한다.

해학의 근본 목적은 우리의 삶을 더욱 기쁘고 아름답게 할 뿐 아니라 빛나게 이룩하려는데 있다. 그 목적을 이루기 위해서 지적인 정서가 필요한 것이요 다듬어진 문장 가운데 흥미를 위해 해학의 가치가 요구되는 것이다. 이러한 점들을 결코 잊어서는 안 된다. 작품 한 편을 살펴보자.

이광천 「그리움을 아는 이」

첼로의 나직한 소리가 퍽 가깝게 들린다. 겨울의 어귀에서 듣는 바하의 첼로 곡은 늘 따뜻하던 어머니의 마음처럼 내 가슴을 감싸준다. 아침에 일어나 허둥대며 출근하고 사람에, 일에 부대끼며 살다가 늦게 퇴근해서는 배달된 석간 굵은 활자 몇 줄 훑어보고 잠시 눈 붙이면 또다시 아침! 정말 난 지금 무엇을 위해 살고 있는가. 무엇 때문에 매일매일을 쫓기며 살아가는 것일까. 요 며칠 나는 내내 이 한 가지 물음을 떨쳐버리지 못한 채 하루하루를 보내고 있다. 모든 사람들이 다 향유하고 있는 하루 스물네 시간, 그 스물네 시간을 너무 덧없이 보내고 있지는 않나 하는 초조한 마음이 때로 나를 괴롭힌다.

책 한 권 읽거나 영화 한 편 보는 것은 대단한 호사라는 생각이 든다. 내가 그 흔한 소설책 한 권 읽는 것이 언제였던가. 읽는 것이 월간지나 주관지 몇 곳 훑어본 것이 고작이고 보면 이러고도 나의 정신세계가 지탱이 되고 있는 것이 그저 대견스럽기만 하다.

그러나 나에게도 하나의 작은 기쁨이 있다. 그것은 출퇴근길에 차 안에서 듣는 바하의 첼로 모음곡 그 정감 넘치는 사라방드가 무엇보다 나의 소중한 벗이기 때문이다.

그리고 또 하나는 차창 밖을 흘러가는 가로수들을 보는 것이 적지 않는 위안이 된다. 길이 막힐 때면 짜증을 부리기보다는 차라리 눈길을 가로수 쪽으로 돌린다. 하늘을 우러러 앙상한 알몸으로 서 있는 나무들, 은행나무, 플라타너스, 목백합 나무들은 메스꺼운 도회지의 속성 속에서도 참 잘도 버텨가고 있다. 철저하게 자신을 지키며 아무런 위장도 꾸밈도 하나 없이 훌훌 벗어버린 나뭇가지들은 마치 수도승의 모습처럼 경건하기까지 하다. 도시에 그런 나무들이 서 있다는 것이 신기하기도 하고 한편으로는 고맙기까지 하다.

요즘의 나무들, 겨울과 봄 사이의 나무를 보면서 늘 생각나는 게 있다면 어렸을 적 어머니의 굵은 손마디, 거친 손등이다. 없는 살림 이리 쪼개고 저리 보태며 자식을 키워 내는 어머니의 손은 투박했지만 살림은 윤이 나고 우리들은 늘 따뜻했다. 3남 2녀가 별 탈 없이 잘 자라 성장했다. 맵찬 겨울바람과의 치열한 싸움 속에서 순한 봄을 만들어 내는 저 나무들 같다고나 할까.

　겨울과 봄 사이의 나무들은 겉으로는 아무것도 드러내지 않는다. 그러나 파삭파삭 메말라 금방 불이라도 붙어버릴 것 같은 나뭇가지 속은 겉보기와는 사뭇 다름을 알 수가 있다. 그 나뭇가지에는 새봄의 초록의 꿈들을 키우는 강인한 생명력이 있음을 본다. 결코 잠들었거나 정체해 있지 않고 뿌리로부터 부지런히 생명의 자양분을 끌어 올리고 있는 것이다.

　아, 그렇다. 그것은 자식들을 다 재워 놓고 밤이 늦도록 구멍 난 양말을 꿰매시던 그 옛날 어머니의 모습이다. 입을 것 다 입지 않으시고 자식들을 다독거리시던 어머니, 그 어머니의 따뜻하신 마음이 저 겨울나무에서 숨 쉬고 있음을 보며 나는 작은 감동을 느낀다. 지금 생각하면 어머니 혼자만 아시던 슬픔이 있었던 것 같다. 그러나 철없던 시절 그런 것은 생각할 수도 없었으니 세상의 세찬 바람 앞에서도 지극정성으로 사셨던 어머니가 그저 장하시기만 하다. 그래서 '어머니가 그리워지는 나이가 되면 이미 어머니가 되어 있다.'는 이성부 시인의 시구는 참으로 가슴을 후벼 파는 아픔으로 다가온다.

　또다시 겨울을 보내며 봄을 기다리는 이즈음에 침묵하듯 서 있는 나무 등걸을 본다. 이 무렵의 나무들에겐 무슨 즐거움이 있을까. 그 속에는 언제나 따뜻함으로 남아 있는 어머니의 손길이 담겨 있는 것 같다. 해마다 다시 태어날 수 있는 나무는 백 살이 되어도 늘 푸른 청년일 수도 있듯이 어머니의 그 마음은 빛바래지 않고 자식들 가슴속에 살아 계셔야 한다. 그러나 어느 자식의 마음에 어머니의 그 마음이 고스란히 살아 있겠는가.

　저 겨울나무의 무표정한 껍질 속에 파릇한 감성을 갖고 있음을 보라. 그것은 300년이 지나도 여전히 감동적인 젊은 바하의 정신을 닮았다고나 할까. 언제나 젊은 가슴으로 하늘을 향해 뻗어가는 나무들을 오늘도 본다. 겨울나무는 나를 향해 음악처럼 나직한 목소리로 속삭이고 있다.

　'내 몸에 솟아오르는 물줄기를 보는가. 새봄을 위해 나는 지금도 숨 쉬고 있지.

　－「그리움을 아는 이」 전문 『한국문인』(2021. 10·11호) 편의상 재수록했음.

　이 글 어디에 해학이 담겨 있느냐고 혹자는 반문할지 모른다. 해학이라 해서 꼭 유머와 위트를 가리켜 일컫는 말은 아니다. 앞에서 말했듯이 서정적(敍情的) 즐거움이 들어 있는 작품이나 지적(知的)인 깨달음을 주는 작품도 있으며, 심미적(審美的), 수사적(修辭的) 가치를 주는 글도 해학의 범주 내에 들어 있음을 말하는데 앞에서 언급했기에 여기서는 생략하겠다.

이 수필을 다시 보자. 서두에서 "첼로의 나직한 소리가 퍽 가깝게 들린다. 겨울의 어귀에서 듣는 바하의 첼로 곡은 늘 따뜻했던 어머니의 마음처럼 내 가슴을 감싸준다."고 했다. 첼로의 곡은 '주어'요, 내 마음을 감싸준다는 '서술어'다. 분명 문장상으로 보아 주어 서술이가 일치하여 문장에 하자가 없고 '처럼'이란 직유를 나타내는 조사로 볼 때도 첼로의 소리를 드러내려고 함이 분명하다. 그러나 작가의 가슴 속에는 첼로의 소리보다 어머니의 마음이 내 마음을 감싸주고 있는 것이다. 그를 증명해줌은 뒤에서 얼마든지 나오나 하나의 예를 든다면 이 작품의 끝 부분에 "나무는 백 살이 되어도 늘 푸른 청년일 수 있듯이 어머니의 마음은 빛바래지 않고 자식들의 가슴 속에 살아계셔야 한다."고 했으니 이만한 증거가 어디 또 있겠는가.

어쩌면 현대인의 고민을 말해주고 있는 듯하다. 시간에 몰리고 쫓기며 생활하고 있는 모습을 잘 대변해주고 있다. "책 한 권 읽거나 영화 한 편 보는 것은 대단한 호사라고 생각한다. 내가 그 흔한 소설책 한 권을 읽은 것이 언제였던가."라고 했다 이렇게 바쁜 가운데에도 출퇴근길에 차창 밖으로 흐르는 나무를 바라보면서 생각나는 게 있다면 어렸을 적 어머니의 굵은 손마디와 거친 손등이다. "없는 살림살이에도 이리 쪼개고 저리 보태며 자식들을 키워내신 어머니의 손은 투박했지만 살림은 윤이 나고 우리들은 늘 따뜻했다. 맵찬 겨울바람과의 치열한 싸움 속에서 순한 봄을 만들어 내는 저 나무들과 같다고나 할까?"라고 했다. (중략)

아, 그렇다. 그것은 자식들을 다 재워 놓고 밤이 늦도록 구멍 난 양말을 꿰매시던 어머니의 모습이다. 입을 것 다 입지 않으시고 자식들을 다 독거리시던 어머니, 그 어머니의 따뜻하신 마음이 저 겨울나무에서 숨 쉬고 있음을 보며 나는 작은 감동을 느낀다. 지금 생각하면 어머니 혼자만 아시던 슬픔이 있었던 것 같다. 그러나 철없던 시절 그런 것을 생각할 수 없었으니 세상의 세찬 바람 앞에서도 지극 정성으로 사셨던 어머니가 그저 장하시기만 하다. 그래서 어머니가 그리워진다는 내용이다.

차창으로 스치는 겨울나무들을 보면서 그간 어려운 살림을 극복하시며 살아오신 어머니의 모습이 주마등처럼 스치고 지나간다. 자식을 위한 지극한 어머니 마음이다. 어머니 혼자만 아시던 슬픔마저 뒤늦게야 깨달은 자식의 아픈 마음까지 소록이 담겨 있는 글이다. 겨울의 앙상한 알몸으로 매서운 바람과 모진 한파를 다 이겨내고 따스한 봄을 맞이하려는 나무들을 무심코 보아 넘기지 않는 자식의 마음이다.

작가와 같은 세대에 살아온 독자들은 숙연한 마음으로 이 글을 읽으면서 눈물을 흘릴 것이다. 그리고 어머니! 하고 목 놓아 부르며 흐느끼는 자도 있을 것이다. 이같이 감동 어린데 어찌 깨달음이 없을 것인가. 정서적 심성이 없다면 어찌 눈물이 나며 지성이 가미되지 않았다면 깨달음도 눈물도 없었을 것이니 이런 글을 어찌 해학이 없다고 하겠는가.

오늘도 겨울나무를 보면서 작가는 "나를 향해 음악처럼 나직한 소리로 속삭이고 있다"고 했다. 그리고 "내 몸에 솟아오르는 나무의 물줄기를 생각해 보는가. 새봄을 위해 나는 지금도 쉬고 있지."라며 끝을 맺는다. 이 결미로 볼 때 아마 작가는 자신을 뒤돌아보며 이 글을 마치지 아니했는가라는 생각이 든다. 어머니의 그리움을 자아내게 하는 수필이라서 더 감동에 젖어든다.

정제된 표현과 글의 품격

"글은 곧 사람이다"라고 말한 프랑스의 비평가이자 언어학자인 뷔퐁(Buffon)의 말이 떠오른다. 그렇다. 글 속에 작가의 인격과 사상, 그리고 남다른 인식의 세계가 녹아날 때 글의 품위가 보이고 작가의 인격이 드러나는 것이다. 그러한 글은 살아 생동하게 되고 개성이 가득 차 있으며 글의 가치가 빛난다.

이러한 글이 독자에게 친근감과 신뢰감(信賴感)을 일으켜 호감을 일으킨다. 호감은 믿음직스러운 데서 탄생되고 마침내는 공감과 더불어 문학적인 감동을 주는 것이다. 좀 더 구체적으로 말하면 진솔하게 묘사되어야 하는데 진솔은 있음직한 이야기가 아니라 실제의 일이며 사실의 일일지라도 정제된 표현으로 이루어질 때 그 가치가 누구에게나 인정을 받게 된다. 이럴 때 글의 품위가 이루어져 문학의 진가를 한층 더 높이게 되는 것이다. 꽃이 향기가 있듯이 글에도 향기가 피어오르는 것이다. 이것이 글의 품위요 품격이다.

어느 꽃에는 향기가 신선하지 못하기도 하다. 이렇듯 사람의 마음도 맑지 못하면 아무리 지식이 있을지라도 자신의 품위나 품격을 유지하기 어렵다. 썩은 백합은 잡초보다 오히려 그 냄새가 고약하기에 그렇다.

글은 저자의 내적 자아를 드러낸다. 누구든지 잡스러운 표현은 원하지 않지만 흥미를 따르다 보면 자기도 모른 사이에 수렁에 빠져 허우적거리는 자들을 볼 수 있다. 아무리 변명해도 모든 것은 드러나기 마련이고 감지되기 쉬우니 항상 정제된 표현을 써야 한다. 작가는 먼저 자기의 정신을 명석하게 해야 하고 바른 마음에 해학이 스미어 있는 문장이어야 글을 읽는 독자들에게 흥미와 깨달음을 줄 수 있다.

작가는 많은 독자들에게 직접 혹은 간접적으로 영향을 준다. 특히 감수성이 예민한 시기에는 독서의 영향을 받아 자칫하면 극단적인 행동으로 이어진다. 귀한 자기 목숨을 초개처럼 버리기도 하고 해이된 정신의 방탕은 일생을 그르치고 만다. 이에 작가는 간접적인 교사(敎唆)자가 되기에 각별히 표현이나 묘사에 신중해야 한다.

특히 수필은 나상(裸像)의 문학이라 해서 거침없이 자기의 행동이나 생각을 쏟아 놓은 일들이 있다. 이는 지극히 주의해야 할 일이다. 만일 함부로 쏟아 낸다면 아무리 미사여구(美辭麗句)로 포장했을지라도 안 된다. 우리의 입맛을 자극하는 음식일지라도 건강을 해치는 독소가 들어 있다면 그 음식을 먹을 수가 없다. 문학은 우리의 정신문화를 살찌게 하는 것이다.

중국 명나라 말기 홍자성의 어록인 채근담(菜根譚)에 의하면 이러한 말이 있다.

"가난한 집일지라도 깨끗이 청소하고, 가난한 여인일지라도 깨끗이 머리 빗고 몸을 단정하게 차리면 비록 요염하게 아름답지는 아니할지라도 기품(氣品)과 풍도(風度)는 절로 배어 나오게 된다. 선비가 한때 곤궁함과 적막함에 처할지라도 어찌 문득 스스로를 자포자기하겠는가.(貧家淨拂地 貧女淨梳頭 景色雖不艷麗 氣度自是風雅 士君子 一堂窮愁寥落 奈何輒自廢弛哉)

이 말을 미루어 볼 때 감미롭고 아름다운 글보다는 품격 있는 글이 정신문화 발전에 크게 기여할 수 있다는 뜻이다. 품격이 높지 못한 글은 아무리 기교를 부려도 그 문장의 무게가 없는 것임을 분명히 알아야 한다. 무게가 없다는 말은 문장의 가치가 없다는 말이다. 그 문장에서 훌륭한 정서와 사상이 결여되었다는 것이니 작가의 인격까지 의심하지 않을 수 없다.

특히 수필은 이 점에 유의해야 한다. 다른 문학 장르보다 길이가 짧고 작가가 직접 등장하는 특징을 가지고 있다. 수필은 작가의 숨소리까지 감지할 수 있는 문학이다. 그러기에 독자들로 하여금 신뢰감을 가장 많이 받을 수 있기도 하고 반면에 문학의 가치를 인정받지 못하기도 한다. 그러면 수필 한 편의 정제된 작품과 그렇지 못한 두 편의 부문 부분을 살펴보기로 하자.

호병규 「초목들의 향연(饗宴)」

　막내 동생이 평생 섬겨온 교직(教職:산본은혜왕성교회)에서 은퇴 후 새롭게 시작한 둥지를 둘러보고 왔다. 서산시 운산면 원평리에서 가장 깊숙이 묻혀 있는 산골마을이었다. 마을이라고는 하나 집이라고는 딱 세 채가 전부였다. 텃밭을 가꾸는 동생의 모습은 농부의 옛 모습 그대로였다. 깊은 산골에서 새소리와 간간이 지나는 바람소리와 시냇물소리를 벗 삼으며 목회에 지친 심신(心身)을 위로를 받으며 하루하루 지내는 동생 내외를 바라보고 있으려니 조상대대로 이어온 컨벤셔널리즘(conventionalism:인습존중주의)에 흠뻑 빠져든 모습들이다.

　주변을 살펴봤다. 억새풀이 시냇물에 춤을 추고 아카시아나무는 지나는 바람에 파르르 떨고 수양버드나무 역시 술 취한 봉이 김선달의 걸음걸이며 마당 곁에는 백일홍나무와 라일락나무, 단풍나무는 새들의 쉼터인지 이름 모를 아주 작은 산새들이 연실 들랑대고 발길을 돌려 산속으로 깊숙이 들어서니 고염나무, 개암나무, 산배나무, 자작나무, 상수리나무, 밤나무, 도토리나무, 다래나무, 으름나무, 산밤나무, 떡갈나무, 소나무, 편백나무, 서로 뒤엉킨 싸리나무의 집단이 펼쳐진다. 잠시 걸음을 멈추고 입맛을 부르는 새빨간 산딸기를 입에 넣으니 어릴 때의 추억들을 더듬게 한다.

　많은 나무들이 모두 나를 바라보고 있다. 이 깊은 산속에 웬일이냐고 묻는다. 그러나 시각적 감상은 오직 눈을 빌리는 형이하학(形而下學)이지만 내 콧속으로 들어오는 저들의 향기(香氣)는 심장을 우려내는 형이상학(形而上學)이 주체할 수 어렵도록 끊임없이 퍼붓는다. 그야말로 초목(草木)들의 향연(饗宴)이 폐부(肺腑)가 시리도록 나그네의 걸음을 멈추게 한다. 한마디로 야~ 아! 이 향기는 자연이 베푸는 최고의 선물이 아닌가! 이런 향내음, 이런 향기를 내게 주다니 이 깊은 산중에서 최고의 선물을 받고 있는 것이다. 도무지 걸음을 걸을 수가 없다. 그냥 주저앉아 향내를 맡으며 여생을 이곳에서 보내고 싶은 맘이 치솟는다.

　또 얼마쯤 가다보니 이름 없는 소탈한 정자가 나를 반긴다. 정자에 올라 사방을 살펴보니 과시 대자연의 웅장함이 절로 찬사가 나온다. 들어오는 시야가 머무는 곳은 서산, 당진, 예산 땅의 하늘 아래가 아닌가! 정자 아래에 걸어놓은 안내문에는 "백제의 미소(媚笑)길 종합안내도"라고 썼고 원효 깨달음 길, 남연군묘(가야사지), 백암사지, 수정봉, 보원사지 등이다. 무엇보다도 백제시대와 이조(李朝) 고종황제의 생부(生父) 흥선대원군(興宣大院君) 이하응(李昰應)의 부친 남연군의 묘 안내는 필자의 마음을 너무도 뭉클하게 한다. 면면(綿綿)히 이어온 장엄한 인류 역사를 한 눈으로 짚어보는 연상(聯想)이기 때문이다.

 산을 내려오면서 깊은 생각에 잠긴다. 인간과 자연, 거기에 담겨진 섬성(something)들에 대하여 깊은 감상에 젖어드는 것이다. 왜냐하면 이는 인간 스스로 판단이나 이룰 수 있는 문제가 아니기 때문이다. 그래서 신의 존재를 생각하게 된다. 창세기 1:10에 이르시되 "하나님이 뭍을 땅이라 부르시고 모인 물을 바다라 부르시니 하나님이 보시기에 좋았더라." 하셨고 또 창세기 1:20에 "하나님이 이르시되 물들은 생물을 번성하게 하라. 땅위 하늘의 궁창에는 새가 날으라 하시고" 하셨다. 여기에 펼쳐진 모든 것들이 하나님의 섭리 안에서 펼쳐진 풍치(風致)가 아니겠는가.

 필자가 아우 내외 덕분에 산골마을을 체험하고 자연의 웅비에서 신의 갸륵하신 뜻을 만났다는 것은 은혜 중의 은혜가 분명하지 싶다. -샬롬-

            -「초목들의 향연(饗宴)」 전문

작가의 막내 동생이 평생 섬겨온 '산본은혜왕성교회' 목회에서 금년에 은퇴한 후 새롭게 시작한 보금자리를 다녀온 감회를 수필로 쓴 작품이다. 그곳은 아주 깊숙한 산골마을이라서 딱, 세 집밖에 없는 한적한 곳이다. 새소리, 바람소리, 시냇물소리를 벗 삼으며 그간 목회에서 지친 심신을 풀어가며 생활하고 있다. 텃밭을 가꾸는 동생의 모습은 조상 대대로 이어 온 컨벤셔널리즘에 흠뻑 빠져든 모습이다. 이렇게 작가는 술회하고 있다.

 그 주변을 살펴봤다. 억새풀이 시냇물에 춤추고, 아카시아나무는 지나는 바람에 파르르 떨고, 수양버드나무 역시 술에 취한 봉이 김선달의 걸음걸이 같다고 했다. 또 마당 곁에는 백일홍나무와 라일락나무 등은 새들의 쉼터인지 산새들이 연실 들랑댄다는 이 글을 읽으면서 정극인의 상춘곡을 연상해 봤다. "칼로 말아 낸가 붓으로 그려 낸가/ 조화신공이 물물마다 헌사롭다."라고 읊은 그 대목과 무엇이 다른가. 현실적 상황을 본 대로 느낀 대로 문학적 표현으로 옮겨 놓았을 뿐이다. 정말 그 기교는 고개를 끄덕거릴 만하다.

그런가 하면 고염나무, 개암나무, 산배나무 등 14종의 나무 이름을 죽 나열한 것에서도 옛 문인들의 해박한 지식과 문학정신을 고스란히 보는 듯했다. 나무 한 그루 하찮은 풀 한 포기에도 의미를 부여하여 생동한 모습을 드러내는가 하면 코끝을 스치는 저들의 향기는 자연이 베푸는 최상의 선물이라고 했다. 그러면서 이곳에 그냥 주저앉아 향내를 맡으며 여생을 이곳에서 보내고 싶다는 작가의 마음이다. 과연 이 표현은 무엇을 의미할까? 막내 동생이 퇴직하여 자연과 더불어 살아가는 삶은 옛 선비의 값진 삶과 같기에 잘 선택했다는 의미가 아닐까. 그뿐인가. 자연과 교감하며 사는 삶은 속세의 생활과는 아주 거리가 먼 것이니 온전히 하나님의 뜻을 좇아 사는 귀한 여생이라 여겨지기 때문이다.

"또 얼마쯤 가다보니 이름 없는 소탈한 정자가 나를 반긴다."고 했다. 정자에 올라 사방을 살펴보니 시야에는 서산, 당진, 예산 땅이 아닌가. 장자 아래에 걸어 놓은 안내문에는 '백제의 미소(媚笑)길 종합안내도'라고 썼고, 원효 깨달음 길, 남연군묘(가야사지), 백암사지, 수정봉, 보원사지 등이라고 쓰여 있다. 무엇보다도 이조(李朝) 고종황제의 생부(生父) 흥선대원군 이하응(李昰應)의 부친 남연군의 묘 안내문은 면면히 이어온 장엄한 우리의 역사를 한눈으로 짚어, 연상(聯想)케 하기에 필자의 마음을 너무도 뭉클하게 한다는 내용이다.

"산을 내려오면서 깊은 생각에 잠긴다."고 했다. 여기에 펼쳐진 모든 풍치(風致)는 오직 하나님의 섭리 안에서 이루어진 것이 아닌가. 아우 내외 덕분에 자연의 웅비를 체험하고 신의 갸륵한 뜻을 만났다는 것은 은혜 중에 은혜라며 이 글을 끝맺는다.

　이 수필은 다소 무거운 느낌을 주나 그윽한 정서가 온전히 글을 감싸주고 있어 독자들로 하여금 흥미와 깨달음을 주고 있다. 뿐만 아니라 자연의 풍광을 향기로운 문향으로 촉촉이 적셔주고 있어 고전의 향취를 느끼게 한다. 이 글은 미수를 눈앞에 둔 작가의 작품이다. 참으로 놀랍다. 글 어디에서 탁한 표현이나 그릇된 묘사가 끼어 있는가. 깊은 산골에서 흘러나오는 청량함 그대로일 뿐이다.

품위 없는 결미부분 보기

「보기 1」 김〇〇의 「팔뚝베개」 작품 중 결미를 살펴본다. 이 작품의 도입은 "밤늦은 시각 시부(媤父)의 제수거리를 장만하려 오랜만에 식구들과 장을 보러 갔다. (중략) 문득 누런 황토베개가 눈에 들어온다. (중략) 이리저리 살피니 아이 엄마가 얼른 장바구니에 담는다."로 시작된 작품이다. 전개부분에서는 "남편의 팔을 제대로 베보지도 못하고 그를 보냈기에 (중략) 새로 사 온 베개를 떠올리며 사뭇 첫날밤을 기다리는 새댁처럼 흥분된 하루였다. (중략) 새로운 도전으로 다가왔다. 품에 안아보니 어린아이처럼 쏙 가슴에 안겨든다. 이제 자기 전 이 베개와 씨름하는 것에 재미들이기 시작했다. 다리를 얹어보기도 하고 발목을 올려보기도 하고 다시 목 아래 넣어본다. 야곱은 들판에서 돌베개를 베고 홀로 잠들었다가 꿈에서 하나님을 만난다. (중략) 그는 꿈으로 인도받아 모든 어려움을 이긴 이스라엘 영웅이다. (중략) 허전한 내 마음을 이 베개는 어떤 꿈으로 인도해 줄 것인가."라며 결미에 이른다.

「결미 부문」
　　처음 사용했을 때에는 불편하던 것이 차츰 익숙해져 간다. 너무 편해 일어 나기기 싫어져 나태하게 만드는 그런 폭신한 것이 아니라 언제라도 벌떡 일어날 수 있도록 마치 머리를 번쩍 들어 올려주는 듯 탄탄하게 힘을 주는 이 팔뚝베개에 애착이 붙기 시작한다. 마치 젊은 사내의 힘을 느끼게도 하는 이것을 누구에게 권해볼까. 꼭 필요할 성싶은 한 친구를 떠올리며 혼자 웃어본다.

이 작품에서 말하고자 하는 작가의 근본 의도는 무얼까? 야곱이 돌베개를 베고 잘 때 하나님의 축복을 받았듯이 이 베개를 베고 잔 나에게도 하나님의 축복이 임하여 허전한 마음을 위로해 주었으면 하는 간절한 소망일까. 아니면 남편을 그리워하는 마음일까. 두 부분 중 한 부분을 빼내면 주제가 좀 더 선명하게 독자에게 다가서지 않을까. 물론 이 작가는, 수필은 어디까지나 나상(裸像)문학이요, 또 진솔하게 표현해야만 한다는 이론에 근거하여 이같이 쓰는 데 주저하지 않았을 것으로 여겨진다. 그러나 작가의 심정만 늘어놓는다고 해서 한 작품이 완성된다고 말할 수 없다. 정작 말하고자 하는 작가의 의도가 결미에 통괄적으로 요약정리되어 있어야만 한다.

「보기 2」 이○○의 「결혼은 미친 짓이 아니다」란 작품의 결미를 살펴보기로 한다. 서두는 "가방을 꾸렸다. 마음만큼이나 너절한 옷을 개켜 넣었다. 구멍 뚫린 가슴에선 서늘한 바람이 돌아 나온다. 그래, 가자. 무엇에 더 미련을 두랴."라는 말로 이 작품을 연다. 그리고 집을 나가려는 딸을 다독이면서 적극 말리는 친정어머니의 권유로 들었던 가방을 힘없이 내려놓는다라는 내용으로 전개 부분이 시작되어 아직도 철없이 나풀대는 자신을 이해해 주는 남편에게 감사함을 느낀다는 내용과 함께 결말에 이른다.

「결미 부문」
　지난 결혼 25주년, 나무를 사다가 시간이 날 때마다 누구도 모르게 못질을 하고 락카칠을 하며 몇 날에 걸쳐 야무지고 튼튼한 책장을 만들어 내게 선물한 남편, 은혼식을 기념하며 누구나 할 수 있는 멋진 곳을 여행하는 것도 좋겠지만 나는 이 선물에 몇 배나 행복하다. 책을 꺼내 들 때마다 남편을 만지듯 책장을 애무한다.
　"살아보니 결혼은 미친 짓이 아니다."

우리 속담에 "비가 온 뒤에 땅이 더욱 굳어진다."는 말이 있다. 마치 이 작품의 결미를 읽고 나니 언뜻 그 속담이 머리에 떠오른다. 그러면서 진정한 행복이 무엇인가를 작가가 내게 들려주는 듯한 느낌을 받았다. 도입 부분에서 작가가 심리적 갈등으로 가정파탄에 직면한 것을 전개 말미에 와서 스스로 뉘우치고 반성하므로 마침내 감사로 바뀐다. 그리고 결미에 와서는 사랑으로 승화시킨 그 심리변화를 작품으로 형상화한 것이다. 이같이 자기 성찰을 통하여 희망으로 끝을 맺는 것은 매우 바람직한 결미라 여겨진다. 수필은 자성의 문학이요, 고백의 문학이라는 점에서도 그러하다.

그런데 맨 마지막 행에서 "살아보니 결혼은 미친 짓이 아니다."라고 했는데 이는 아마도 작가가 2002년도 센세이션을 일으켰던 「결혼은 미친 짓이다」란 영화 제목을 염두에 둔 듯하다. 그러나 '결혼은 미친 짓이 아니다.'라 했는데도 여전히 대중에게 정상적인 의식으로 인식되어 있다. 그러기에 오히려 그 말을 맨 마지막에 써 강조하려 한다면 독자들에게 작가의 감정만을 쏟아 놓은 작품으로 비칠 수 있다. 그럴 때 이 작품이 수필이 아니라 신변잡기 즉 잡문으로 오인되지 않을까? 그러므로 이 말을 빼거나 다른 말로 바꿨으면 한다.

결미의 처리기법은 이 외에도 있다. 작가가 결미에 아무런 논평을 하지 않고 말하고자 하는 바를 독자의 상상에 맡기는 수법이다. 피천득의 「은전 한 닢」이 이러한 결미를 보여주고 있다.

「은전 한 닢」 결미 "그의 뺨에는 눈물이 흘렀다. 나는／왜 그렇게까지 애를 써서 그 돈을 만들었단 말이요? 그 돈으로 무엇을 하려오? 하고 물었다. 그는 다시 머뭇거리다가 대답했다.／이 돈 한 개가 가지고 싶었습니다." 이 글의 결미는 사건의 심리묘사와 행동묘사 등을 그대로 보여주는 좋은 예라 할 수 있겠다.

이상에서 몇 작품을 통해, 결미의 예를 살펴보았다. 필자는 꼭 이러한 결미여야 한다고 고집하지 않겠다. 그러나 잘된 부분과 모순된 결미부분을 지적함으로써 미래의 수필이 보다 나은 문학작품으로 독자에게 환영을 받으리라고 여겨지기에 여기서 지적했을 뿐이다.

* 「품격 없는 결미」는 이미 수록한 글을 재 수록했음 품격 없는 내용을 자제하려는 의도였음

수필평론

VI

거시적 통찰력과 그 안목

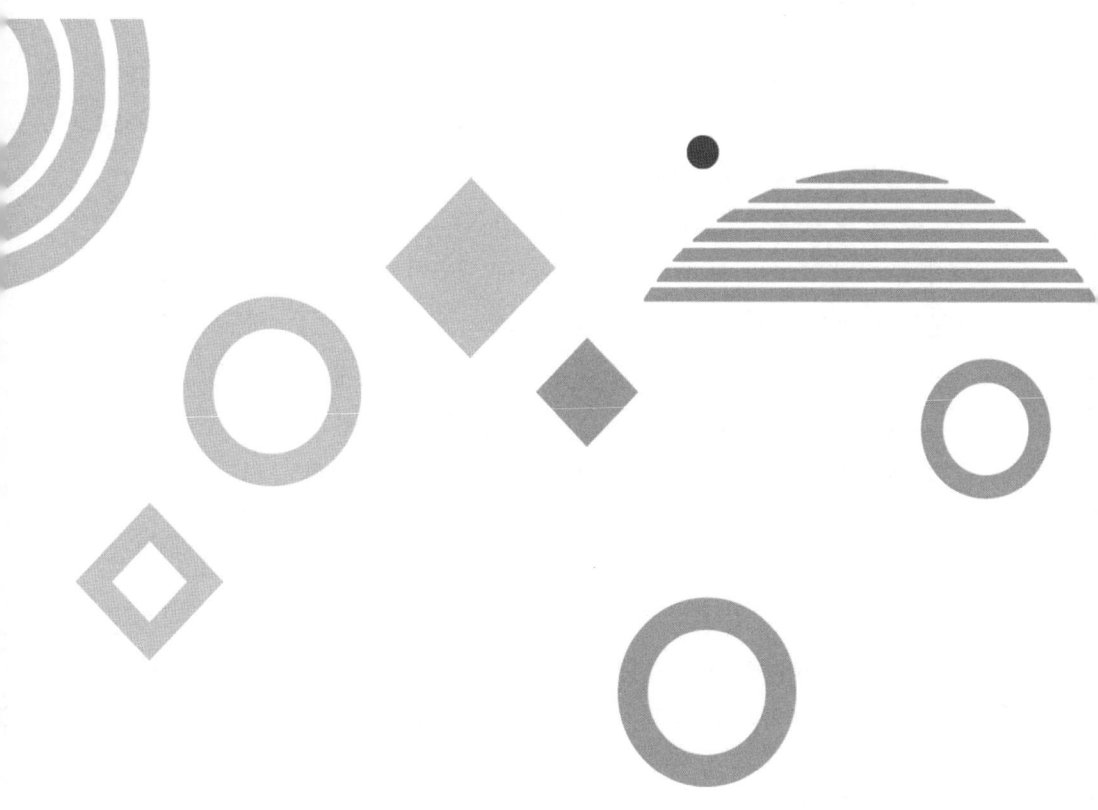

수필과 상상의 세계

Ⅰ 머리말

　수필에서의 상상의 세계는 너무 진부하리만큼 문학 세미나에서 많이 다룬 문제다. 그러나 오늘 또다시 이 문제를 다루지 않을 수 없는 이유는 분명하고 확고한 결론에 이르지 못했기 때문이요, 그보다 더 중요한 것은 작품 속에 상상의 세계가 존재하느냐, 않느냐에 따라 수필이 문학이냐, 아니냐 하는 문제가 분명히 판가름되어지기 때문이다. 그러므로 이 문제가 제기될 때마다 많은 파장을 일으키고 있는데 이는 허구와 상상을 동일시 보는 차원에서 파악되었기 때문에 이 같은 문제가 발생했던 것이다.
　그간 허구와 상상을 동일시 보는 관점에서 수필을 놓고 양론이 팽팽히 대립했었다. 구체적으로 말하면 수필도 허구의 세계를 다룰 수 있다라고 주장하는 이론과 다루면 아니 된다라고 하는 이론의 주장이 기를 쓰고 맞서왔었지만 끝내 결론을 내리지 못하고 오늘에 이른 것이다.
　'수필도 문학이기에 허구의 세계를 다룰 수 있다'라는 이론에 반대론자들은 이 이론에 반박하기를 '수필에서 허구를 다룰 양이면 소설과 무엇이 다르겠는가? 차라리 소설을 쓰지 구태여 수필이란 이름으로 쓸 필요가 있겠는가?' 하여 은연 중 수필은 문학이 아니다라는 결론으로 유도하고 있고, 찬성론자들은 수필은 '진솔한 기록이라 할지라도 진정한 문학작품으로서 구성을 하기 위해서는 다소의 허구가 아닌 상상의 세계가 스미지 않을 수 없다.'는 이론을 전제하면서 '다른 문학 장르도 현실을 토대로 하여 그를 필요하듯 수필 역시 다소의 상상이 필요하다'고 주장, 그의 존재론을 강하게 주장해 왔었다.

II 허구와 상상의 세계에 대하여

1. 허구와 상상은 진정 동일한 것인가

허구와 상상은 진정 동일한 것인가? 이러한 이론이 강력히 대립되었던 그 원인은 앞에서 언급했듯이 "문학은 상상의 세계다."라고 정의했기 때문이다. 그렇다. 문학은 상상을 통하여 그 감정을 언어로 표현하는 예술이다. 그래야만 감동과 효과가 증폭되어 예술의 영역을 이룬다.

그런데 우리가 쓰는 수필은 기본적 형태만으로 본다면 상상의 세계가 아니라 사실의 세계를 기록한 글이기에 앞에서 제기한 문제들이 발생하는 것이다. 물론 수필을 제외한 모든 문학은 기본적 형태가 상상으로 이루어져 있다. 소설은 허구로 이루어졌고, 시 역시 허구와는 상관이 없을지라도 상상력으로 이루어진 허상의 세계를 그려놓고 있다.

그렇다면 수필은 상상의 세계가 존재하는가?

물론 존재한다. 그것도 풍성히 존재한다. 단 허구 즉 픽션(fiction)이 존재하지 않을 뿐이다. 비록 수필의 형태가 사실의 세계를 기록한 글이라고 정의한다 해서 상상의 세계가 존재할 수 없다는 것은 '상상과 허구를 동일한 의미로 인식'하였거나 아니면 '상상에 대하여 크게 오해하고 있음'이 분명하다.

이렇게 말하면 이 이론에 반대하는 자들은 허구와 상상이 분화되기 이전 상태 즉 원형까지 거슬러 올라가 보자고 하며 이 이론을 굽히지 않을 것이다.

물론 허구에 해당하는 영어의 fiction과 상상에 해당하는 고대라틴어 fiogo는 동일한 의미로서 무엇을 '빚어낸다.'는 뜻이다. 이를 뒷받침하는 말로 많은 사람들이 기독교 교리인 성경 구약 창세기를 예로 들고 있다. 하나님께서 말씀으로 우주를 창조했다고 기록되어 있는데, 이 말을 다시 말하면 혼돈에서 우주를 빚어낸 것이다.라고 말하면서 창세기 초기 영어 번역을 보면 maker 혹은 poet라 하였다. 본래는 같은 의미의 말이었듯이 허구와 상상도 같은 맥락에서 보아야 한다고 강조하고 있다.

그러나 세분화된 오늘의 현실에서 허구와 상상의 의미는 분명히 밝혀졌고, 그를 증명해 볼 필요가 있기에 오늘 세미나에서「수필과 상상의 실제」라는 제목으로 발표하게 된 것이다. 우선 허구와 상상을 사전적 의미에서 찾아보도록 하자.

허구는 없는 사실을 있는 것처럼 꾸며낸 것을 의미하며, 상상은 이미 있는 사실이나 관념을 통해 미루어 짐작하거나, 새 관념을 만들어 내는 작용을 일컫는 말이다.

그렇다면 문학에서 볼 수 있는 상상의 세계를 자세히 살펴보면서 결론을 맺고자 한다.

다음은 문학작품 속에서 담고 있는 상상의 세계를 편의상 4가지로 분류하여 살펴보았다.

첫째 : 소설에서 보듯이 작가가 상상력으로 만들어낸 허상의 세계, 곧 상상의 세계.

둘째 : 작가는 어디까지나 독자에게 상상의 세계를 펼 수 있도록 공간을 제공해 주는 그러한 상상의 세계.

셋째 : 과거형과 미래형 어미를 통하여 비유법을 사용함으로써 독자로 하여금 얼마든지 상상의 공간을 만들어 내는 그러한 상상의 세계.

넷째 : 작가는 사실만 나열했을 뿐 아무런 논평을 하지 않고, 독자에게 이의 판단을 맡기므로 상상을 펴게 하는 그러한 상상의 세계.

이상 네 가지 상상의 세계를 살펴볼 때 첫째는 소설에서 주로 쓰는 상상의 세계라고 한다면 둘째와 셋째, 그리고 넷째는 수필에서 주로 사용하는 상상의 세계라고 할 수 있다.

2. 수필에 상상의 세계가 어떻게 자리 잡고 있는가를 살펴보자

그러면 수필에서 상상의 세계가 어떻게 자리 잡고 있는가를 살펴보기 위하여 그 예를 이 시대의 원로작가인 김형석 수필가인 「죽음」이란 작품에서 살펴보기로 한다.

죽음
김형석(철학자, 수필가, 연세대 명예교수)

맑은 아침이다. 밀렸던 원고를 처리하고 있는데 어머니께서 "이게 웬일일까? ①약 먹은 쥐를 먹은 모양이지? 저걸 어쩌나?" 걱정하는 소리가 문 밖에서 들려왔다. 아마 나에게도 들려주어야겠다는 심사인 것 같았다. 방문을 열고 뜰로 나갔다. 제법 토실토실 자랐고 며칠 전부터는 낯선 사람을 보면 짖어대기까지 하던 강아지가 거품을 흘리며 비틀거리기 시작한다. ②나를 본 강아지는 반가워해야 하는 의무라도 있다는 듯이 꼬리를 흔들며 몇 번 다리에 기어올라 보려고 하더니 그만 뜰 한편 구석으로 달아나버린다. ③몹시 고통스럽기 때문에 견디어낼 수가 없는 모양이다. 후들거리는 다리를 뜻대로 가누지 못하고 있었다.

나는 속히 비눗물을 만들어 입에 퍼 넣어 주기 시작했고 어린 것을 불러 약방으로 달음질치도록 부탁했다. 강아지는 약간 긴장이 풀리는 듯이 햇볕이 쪼이는 담장 밑에 누워버렸다. ④아무래도 견디어 내지 못한 강아지의 고통이 아닌가.

강아지 때문에 휴강을 할 수 없었다.

산란한 마음을 가라앉히지도 못한 채 학교로 달려 한 시간 강의를 끝냈다. 강의하는 동안에는 잊고 있었으나 강의가 끝나니 강아지 생각이 물밀듯 솟아오른다. 다행히 가까운 거리였기에 달음질치다시피 집으로 돌아왔다.
"강아지가 어떻게 되었지요?"
⑤"글쎄 아무래도 죽으려는 모양이다."
그때까지 지키고 계시던 어머니의 말씀이었다. 어쩌나, 기다렸던 마음에 적지 않은 충격이 찾아드는 것 같았다. 누워 있는 강아지 옆으로 가 앉았다. ⑥거품을 물고 허리가 끊어지는 듯이 괴로워하던 강아지가 그래도 주인이 옆에 왔다는 것을 의식했던 모양이다.

겨우 일어나서 꼬리를 두세 번 흔들어 보이더니 그만 자리에 누워 버렸다. ⑦마치 '주인께서 돌아오셨는데 영접을 해야지… 그런데 왜 이렇게 뜻대로 되지 않을까?' 스스로 원망이라도 하고 있는 모습 같았다.

나는 애처로워 그대로 보고 있을 수가 없었다. 그렇다고 버리고 도망갈 수도 없는 일이다. 품에 안아 보았으나 고통은 여전한 모양이다. 다시 땅에 내려놓고 머리를 쓰다듬어 주었다. 무척 괴롭고 답답한 모양이었다. ⑧그 두 눈은 나를 어떻게 해 주세요. 죽음이 엄습해오는 고통을 덜어주거나 어떻게 좀 살려 주세요. 왜 그리도 가만히 보고만 계시는 것입니까? 묻는 것 같기도 했고 애원하는 것 같기도 했다.

⑨한참 뒤 누운 채로 꼬리를 약간 흔들어 보이더니 더 견딜 수 없는 모양이었다. 눈의 빛깔이 점점 더 희미해지기 시작하고 전신이 가벼운 경련을 일으키더니 그만 몸의 긴장을 푸는 것 같았다.

나는 두 눈을 살그머니 감겨주었다. 몇 분이 지났다. 강아지는 곱게 반듯이 누워버렸다. 꼭 잠든 것 같았다. 가볍게 입을 벌리고 있는 모습이 흡사 '세상은 너무 괴로웠다고' 호소하는 것 같기도 했다.

오후에는 강의가 있었다. 그러나 강아지의 죽음으로 충격을 받은 마음은 쉽게 가라앉질 않았다. 온 가족들의 생각이 꼭 같은 모양이었다. 새삼스럽게 인간이 얼마나 무능한 것인가를 느끼는 순간이다. ⑨작은 강아지의 생명을 어떻게 하지 못하는 인간이 철학을 논하고 예술을 말하며 과학의 위대성을 말하고 있는가.

이 작품은 일상적인 생활을 소재로 하고 있는 사실의 기록이다. 조금도 허구가 스며 있지 아니하다. 그런데도 상상은 너무나도 풍부하게 작품 속에서 이루어지고 있음을 볼 수 있다. 다시 말하여 어느 문학에 비해 조금도 부족함이 없는 상상의 세계가 펼쳐지고 있음을 수필「죽음」의 작품에서 넉넉히 볼 수 있다.

그러면 위 작품 중 밑줄 친 ①~⑨까지 어떻게 상상의 세계를 펼치고 있는가를 살펴보기로 한다.

① 어머니가 상상해본 그 마음을 작가는 작품화 했다.
② 작가는 강아지의 마음을 상상해 보고 있다.
③ 작가는 고통스러워하는 개의 모습을 상상해 보고 있다.
④ 작가가 강아지의 고통을 상상해 보고 있다.
⑤ 작가는 어머니의 상상의 심리를 작품화 했다.
⑥ 작가는 강아지의 심리를 상상해 보고 있다.
⑦ 작가는 강아지의 모습에서 그의 심리를 상상해 보고 있다.
⑧ 작가는 강아지의 애원하는 심리를 상상해보고 있다.
⑨ 작가가 말하고자 하는 바를 단정 지어 말하지 아니하고 독자의 상상에 맡기고 있다.

이상에서 본 바와 같이 수필에서도 상상의 세계가 이같이 풍부하게 펼쳐지고 있음을 보는데 소설에서 전지적 작가 시점과 같은 상상의 세계가 이 작품에서 많이 펼쳐졌음을 보게 된다. 그러나 소설의 상상은 어디까지나 허구적인 상상이지만 수필에서는 사실에 근거한 상상일 뿐이다.

Ⅲ 맺음말

오늘에 있어 우리의 수필은 어떠한 모습일까.

솔직히 말하여 수필의 정체성을 벗어난 신변잡기이거나 인쇄공해를 불러들이는 철학 없는 수필의 남발이 아닐까. 혹시라도 이런 글을 쓰는 수필작가가 있다면 수필의 위상을 '여기문학'으로 전락시키는 요인들로 여겨지기 때문이다.

　수필은 우리의 현실 즉 우리의 삶 속에 그림자처럼 따라다니는 슬픔과 고통과 갈등으로 인한 괴로움, 그리고 고독과 절망과 허무로 인한 아픔을 여과 없이 글로 표현해 놓은 넋두리의 글이 결코 수필이 아니다. 그 글이 잡문일지언정 진정 수필이 될 수 없다. 필자는 이런 의미에서 수필은 어디까지나 영혼에 희망과 기쁨과 의욕으로 승화시켜주는 내용이어야 한다고 이론을 제기하면서 위의 작품 「죽음」이 좋은 그 예가 될 것이라고 생각한다.

　작가는 한 편의 작품 속에서 인생의 진솔한 참모습을 보여줌으로써 우리의 삶에 지혜와 의욕과 용기를 일으킨다. 이 감동이야말로 영혼에 참다운 희망과 기쁨과 의욕을 주는 일이 아닐까? 이것이 진정한 문학의 가치이며 격조 높은 수필이라 여겨진다. 진정한 수필문학은 다른 장르에서 볼 수 없는 진한 감동을 일으킨다는 사실을 꼭 알아야 한다. 허구적인 삶을 그려내 놓은 문학과 현실 속에 이루어진 우리의 삶 속의 이야기 중에서 똑같은 감동이 이루어질 때 어느 편이 더 많은 감동을 주는 것인가를 조용히 따져 봐도 넉넉히 알 수 있으리라 여겨진다. 이를 뒷받침해 주고 있는 소설의 형태가 있으니 이가 바로 팩션(faction)이다. 즉 허구보다 사실 편에 더 치중한 형태의 소설이다.

　이제 끝을 맺으면서 수필의 상상적 세계를 통하여 수필이 21세기의 문학을 주도해 가리라 믿는다. 일찍이 아나톨 프랑스는 "19세기는 소설의 시대요, 20세기는 온 문예를 흡수해버릴 수필의 시대가 올 것"이란 말을 했다. 이 말이 진정 실감할 수 있는 우리 문학의 현실로 다가왔음을 보면서 수필은 이 시대를 주도할 수 있는 문학임을 다시 한번 더 강조하고 싶다.

　　*2005년도 한국문인협회협 익산지부 수필문학세미나에서 주제 발표된 작품임.
　　「문예비전」 34호 게재됨.

수필에서 이미지구성과 사상적 깊이의 세계
-최원현 수필 「누름돌」을 읽고

 수필은 다른 문학과 다른 점이 있다면 작가가 직접 작품에 등장하는 특징을 가지고 있다. 그러기 때문에 작가의 체험 안에 사상이나 감정, 철학이 용해되기 마련이다. 여기에 이루어진 이미지 구성은 사유(思惟)에 의하여 사상적 깊이의 세계가 이루어진다. 이러한 의미에서 이 수필을 살펴보았다.
 이 수필은 인생철학이 그윽이 담겨 있다. 누름돌을 통해 자기 성찰과 인격도야의 길을 열어 인생의 무게와 깊이를 더해주고 있다고 본다. 저자는 누름돌을 보면서 "옛 어른들은 다 누름돌이거나 최소한 누름돌 하나씩 품고 사셨던 분들 같다. (중략) 아주 자연스럽게 희생과 사랑의 마음들이 서로 나눔으로 이해로 인품을 이룬 분들 같다."고 했다. 이 작품은 많은 독자들에게 큰 감명을 줄 것이라고 평자는 확신한다. 다시 이 글 서두를 한 번 더 살펴보기로 하자.

 "나이가 들어가면서 더욱 확실해진 것이 있다. 앞서 세상을 사신 분들의 삶이 결코 나만 못한 분은 없다는 생각이다. 눈에 보이는 결과물로서가 아니다. 그분들이 살아 왔었던 삶의 날들은 분명 오늘의 나보다 훨씬 어려운 환경과 조건의 세상살이를 하셨다. 그런 속에서도 묵묵히 그 모든 어려움과 아픔을 감내하면서 자신의 몫을 아름답게 감당하셨던 것이다."

위의 서두 내용을 보면 작가가 진솔한 마음을 그대로 표현했을 뿐이다. 그런데도 독자에 따라서는 어딘지 모르게 많은 생각을 자아내게 한다. 이러한 사고(思考)와 문장은 인간만이 할 수 있는 고귀한 가치다. 이성의 판단이 주어져야만 가능하다.

다시 서두의 문장을 살펴보자. "나이가 들어가면서 더욱 확실해진 것이 있다." 나이가 들수록 깊은 생각이 젖어 든다는 뜻이다. 여기서 깊은 생각이란 '삶' 자세다. "앞서 세상을 사신 분들은 결코 나만 못한 분은 없다는 생각이다."라고 했다. 그리고 "삶의 나날들은 분명 오늘의 나보다 훨씬 어려운 환경과 조건의 세상살이를 하셨다." 이 말의 의미를 분석해보면 앞서 사신 분들은 외적인 삶 자체를 말한 것이다. 그러나 내면의 삶은 그렇지 못할 경우가 허다하다. 육체의 고난은 인간의 의지로 대부분 극복할 수 있다. 노동이 그렇다. 그러나 정신적인 고통은 인내하기 어려워 세상을 영원히 등질 수도 있다. 이를 본질적으로 말하면 내면이 외면보다 훨씬 더 깊고 소중하다는 의미다.

이 작품 전체를 꼼꼼히 살펴보자. '어머니'란 단어는 전혀 없다. 대신 할머니란 단어는 곳곳에서 나오고 특히 결미에서는 "할머니의 모습이 먼저 그리워지는지도 모르겠다."로 끝을 맺는다. 작가의 마음에는 온통 할머니뿐이다. 전 생애의 의지자요, 생명의 보금자리였다는 의미다. 그래서일까. 할머니 마음을 헤아리느라 모정에 대한 그리움의 표현은 한 마디도 없다. 그러나 어머니의 그리움이 마음속 깊이 사무친 삶이었었다. 그러나 할머니의 고마움 때문에 그분의 그리움을 표현하지 못했을 뿐이다.

결미부분을 다시 깊이 살펴보자. "그걸(누름돌) 보며 왠지 모르게 들떠 있는 내 마음도 꾹 누르면서 말이다."그 뒷말을 보자."할머니 모습이 먼저 그리워질지도 모르겠다."로 이 글의 끝을 맺는다. 할머니 모습이 먼저 그리워진다.라고 단정해도 될 터인데 왜 가정법을 썼을까. 작가는 외할머니의 모습에서 어머니의 모습이 보였던 것이다. 그 마음을 주체할 수 없기에 들떠 있는 마음으로 표현하면서 그런 내 마음도 꾹 눌러주었으면 좋겠다는 심정을 드러낸 것이다.

어머니를 그리워한 삶은 평생을 두고도 풀 수 없는 작가의 마음이다. 그 심정을 어찌 글로 다 표현하겠는가. "눈에 보이는 결과물로서가 아니다."란 그 의미는 여기에서도 적용된다고 봐야 옳다. 심중에 젖은 심리이기에 그렇다. 이러한 표현은 오직 중의적 혹은 암시적 수사법으로 의사를 전달할 수밖에 없으니 이것이 문학의 묘미요 수준 높은 필력이라 하겠다. 또 전개 부분에서 누름돌에 얽힌 내용을 살펴보자.

요즘 내게 부쩍 그런 누름돌이나 돌확용 돌이 하나쯤 있었음 싶다는 생각이 들곤 한다. 뭔가 모를 것들에 그냥 마음에 들떠 있고 바람 부는 대로 휘둘리는 키 큰 풀잎처럼 내 마음을 안정시키기가 어렵다. 이런 때 그런 누름돌 하나 가져다 독 안의 김치를 꾹 눌러주듯 내 마음도 눌러주었으면 싶다. 거친 내 마음을 돌확에 넣고 확돌로 쓱쓱 갈아주었으면 좋겠다. 그래서 스쳐가는 말 한마디에도 쉽게 상처받고 욕심내지 않아도 될 것에 주제넘은 욕심을 펴는 날카롭게 결로 깨진 돌 같은 감정들도 지그시 눌러주거나 갈아주었으면 싶다.

처음엔 나는 '누름돌'이 어떤 용도로 쓰이는지를 알지 못했다. 나중에 할머니로부터 들은 이야기다. "그 돌을 깨끗이 씻어 수북이 김칫독에 담긴 김치 위에 올려놓으면 그 무게로 아주 서서히 내리누르며 숨을 죽여 김치 맛을 내게 하는 돌이다."라고 하셨다. 또 하나의 작은 돌은 돌확에 담긴 보리쌀을 쓱쓱 싹싹 갈아내는 돌이기도 했다.

우리가 생활하다 보면 누구나 안정되지 못하고 어려움 가운데 쉽게 상처받거나 주제넘은 욕심을 부릴 때가 있다. 이럴 때 마음을 누르는 누름돌이 절실히 필요하고 거칠어진 마음을 돌확에 넣고 확돌로 곱게 갈듯 원만한 성격이 되었으면 하는 자기 성찰을 말함이다. 그렇게 생각해 보니 옛 어른들의 자태가 떠오른다. 무명 적삼, 무명두루마기에 흰 고무신을 신으신 그 모습이 지금에 와서 생각해 보니 훨씬 더 아름답고, 품위 있고, 위엄성 있게 보인다는 것이다. 비록 외모는 평범할지라도 자기 성찰의 과정으로 이룩한 옛 어른들을 닮고 싶다는 강한 의지가 이 글에 역력히 서려 있다.

작가의 어릴 때 보았던 일이지만 '두 동강이 나버린 누름돌을 보시며 안타까워하시던 외할머니 모습이 생각난다.' 단순이 못 쓰게 된 돌 하나가 아니었으리라. 웃자라는 욕심에도, 성급한 마음에도, 서운함으로 파르르 떨리던 마음, 시집살이 고된 삶의 눈물도 누름돌을 씻으며 삭이던 친구 같은 존재였을 것이다. 그래 설운 마음 꾸욱 누르고, 또 누르고 하셨던 그 마음이 담겨 있을 텐데 깨져버리자 마음이 찢기는 안타까움과 헤어짐의 슬픔을 느꼈을 것이다.

이 같은 누름돌은 인격을 형성해 준다. '플루타르크'는 그가 쓴 '영웅전'에서 그의 딸에게 사랑을 구하는 두 남자 중에서 누구를 택할 것이냐 물으며 "부자보다는 인격자를 택하라"고 했다. 이는 비인격적인 사람의 재산보다는 인격을 지닌 인간다운 인간을 택하라는 것이니 최고의 행복은 인격에서 이루어진 것이다. 언제나 인간의 목적은 성결한 인격에서 이루어지고 있음을 강조하고 싶은 이 수필이라 하겠다.

작품에 나타난 수필의 정체성과 그 의미

- 윤태혁 작품집을 읽고

　수필문학이 다른 문학과 다른 점은 작가의 진솔한 삶을 형상화한다는 점이다. 그러기 때문에 필자의 작은 숨소리와 생활의 표정 하나까지도 들을 수 있다. 그러한 면에서 윤태혁 장로의 수필이 돋보인다.

　프랑스 비평가 뷔퐁(Buffon)은 '글은 곧 사람이다.'라고 했다. 이는 곧 수필을 말하는 것이 아닐까 여겨진다. 물론 다른 문학도 인생과 밀접한 관계를 맺고 있음이 분명하지만 '수필'은 자신의 진솔한 삶의 체취를 여과 없이 드러낸 글이기에 더욱 그러하다. 물론 같은 산문인 '소설'도 진솔한 삶을 표현한 문학임에는 틀림이 없다. 그러나 수필에서 말하는 진솔과 소설에서 말하는 진솔은 같은 점도 있지만 근본적으로 다르다. 수필에서 말하는 '진솔'은 거짓이 없는 진실 그대로를 말함인데 소설에서의 '진솔'은 있음직한 이야기까지를 포함해서 말함이다.

　이제 윤태혁 장로의 작품세계로 시선을 돌려보자. 그분의 수필을 심사하는 과정에서 보고 느낀 바이지만 '감성이 깃든 서정적 수필'이라기보다는 '서사적 성격을 지닌 지성에 호소하는 수필'이라 하겠다. 또 대부분의 작품의 길이가 5~6매 정도의 짧은 수필이다. 언뜻 보기에는 깊이가 없는 수필인 듯 느껴진다. 그러나 짧은 구성일지라도 장면과 장면을 연결하는 전환점이 퍽 역동성을 일으키기에 짧게 느껴지지 않는다. 그 이유는 그 수필이 담고 있는 이미지가 풍부하기 때문이라고 하겠다. 마치 산문시(散文詩)를 대할 때의 느낌과 같다고나 할까? 그 예를 작품에서 보기로 하자. 「우리는 착시(錯視) 속에서 살아간다」 제목의 수필 서두다.

　　우리는 몇 개의 눈으로 세상을 바라보며 살아가는가? 물론 우리의 눈은 당연히 둘이지만 그 눈 속에 비치는 세상은 사람에 따라 다르며, 다양하고 특이하게 비쳐지고 있는 것이다. 마음의 눈에는 지혜와 지식이 있고 세상을 바라보는 눈에는 또 다른 세계가 보인다.

　이 작품의 서두만 봐도 윤 장로가 쓴 수필의 세계가 얼마나 깊은 뜻을 담고 있는가를 잘 보여주는 예라고 하겠다. 이러한 구성법을 액자구성이라고 한다. '액자구성'은 수사학의 한 용어로서 '한 이야기 안에 또 다른 이야기가 스며있는 구성방식'이다. 그 하나의 예를 든다면 그분이 쓴 「지나간 시간들을 돌아보게 하며」란 제목의 수필 서두에 잘 나타나 있다. 이를 살펴보기로 하자.
　"우리는 몇 개의 눈으로 살아가는가?"란 의문을 작가는 독자에게 던져 놓고 있다. 그 이유가 무얼까. 아무리 어린애라 할지라도 두 개의 눈으로 사물을 바라보며 살고 있다는 것만은 잘 안다. 그런데도 이 물음은 "오늘의 각박한 현실이기에 아무렇게나 살아가서는 안 된다"는 의식을 일깨워 주기 위해서 이같이 쓴 것이다. 마음의 눈인 지혜와 지식의 눈으로 볼 때 또 다른 세계가 보인다고 했다.
　이런 각성 없이는 오늘의 사회를 헤쳐 나갈 수 없다는 말이니 독자의 깨달음은 또 다른 세계를 연상할 것이다. 이런 메시지가 담긴 수필 「지나간 시간들을 돌아보며」 한 편을 더 보자.

얼마 전 아침, 집을 나서는데 앞집에 사는 고등학생이 나에게 꾸벅 인사를 한다. "안녕하세요. 저는 지금 출근하는 길입니다." 평소에 자주 만나는 이 학생은 묻지도 않는 출근을 강조하며 늠름하게 인사를 한다. "아니 학교가 아니고 출근을?" "네, 얼마 전 같은 학교 학생들과 벤처 회사를 차렸어요." 자율 주행 차량의 부품을 개발했다고 한다.

이 짤막한 서두에서 많은 것을 생각하게 한다. 바쁜 걸음으로 출근길을 재촉하는 그 학생의 뒷모습을 바라보면서 '필자는 독자에게 무엇을' 던져주려는 것일까? 교육은 보다 나은 미래를 위해 준비의 과정이요, 학생은 그 교육을 충실히 닦아 가는 자다. 그런데도 어찌해서 꽃이 필 때가 아닌 봉우리 상태인데도 서둘러 활짝 피어나고 있는가. 그러면 과연 그 꽃이 탐스러운 열매를 맺을 수 있을까. 요행이 열매를 맺었다고 할지라도 다음 해에 뿌릴 종자와 같이 알알이 여문 씨앗일까? 그 해답을 명쾌하게 내려 놓은 글이 같은 수필집에 담겨 있다. 그 글의 제목이 「어른의 책임과 자세를 생각해 본다」인데 이 글이 주는 의미를 살펴보자.

영국 최고의 명문 고등학교로 알려진 '이든 칼리지(Eden College)'는 대영 제국을 이룩한 유명한 학교다. 이 교육은 인성교육을 제일로 삼았다. 아무리 엘리트라 할지라도 자신만의 출세를 원하는 학생은 받지 않았다. 이러한 교육 이념이 있기에 그간 20여 명의 총리를 배출한 명문교이다. 배려와 포용을 키우기 위해 590년 전 헨리 6세에 의해 세워진 이 학교의 교훈은 약자를 위하여, 시민을 위하여 나라를 위하여라고 한다. / 이토록 인재양성을 위한 거시적 안목과 치밀한 교육계획의 중요성을 생각하면서 필자는 선진국의 국민적 의식과 열린 마음을 보며 부러운 생각이 들 때가 많다.

이 수필은 무엇을 말해주고 있을까? '학교'는 '원대한 미래를 위해 세워져야 하고' '교육의 목표'는 근본적으로 '인성교육에 있어야 함'을 분명하게 말해주고 있다. 그런데 우리의 교육은 어떠한가를 돌이켜 보게 한다. 이러한 글들이 윤태혁 장로 수필의 특징이라고 하겠다.

최초 '에세이'를 탄생시킨 프랑스 '몽테뉴'나, 영국의 '베이컨'의 글을 보면 지성에 호소하는 서사성이 깃든 글이다. 그리고 수필의 길이 역시 현재 5매의 수필이 독자로 하여금 퍽 호감을 일으키는데 이는 무엇을 말함인가.

물은 항상 근원지에서 출발하여 끊임없이 강을 거쳐 바다로 흘려갈 때 사해(死海)의 물처럼 썩지 않고 싱싱한 물이 된다는 자연의 순리를 생각하면서 이 서평을 마치고자 한다.

진정성을 지각(知覺)시킨 수필의 중량감과 그 가치
- 김익수 『작은 시와 수필의 세계』를 읽고

  수필은 진솔한 삶을 형상화한 문학이자 수준 높은 상상의 세계다. 인간의 진솔한 삶 속에는 사랑이 절대적으로 중요로운 것이다. 그러기에 동서고금(東西古今)을 막론하고 삶의 감정을 표현해 온 문학에는 사랑으로 그 향기를 드러내 놓고 있다. 사랑에는 인생의 철학도 삶의 가치도 영혼으로 통하는 길도 모두 열린다. 그것을 표현하기 위해 수준 높은 상상의 세계가 절대적으로 필요하다.
  수준 높은 상상의 세계란 작가의 정신세계요, 사유(思惟)로 이루어진 정신작용이다. 여기에 수필의 진가가 있다. 물론 모든 문학에도 상상의 언어로 표현되고 있다. 그러나 수필처럼 작가가 자기 체험을 토대로 직접 등장하지 않는다. 그러기 때문에 수필에서는 작가의 사상이나 감정, 철학까지도 드러내 놓기에 그의 숨소리까지도 들을 수 있다고 하겠다.
  그렇다고 해서 우리의 삶 속에 그림자처럼 따라다니는 슬픔과 고통, 분노와 갈등으로 인한 괴로움과 고독과 절망과 허무 등을 여과 없이 표현해 놓은 넋두리 같은 글은 신변잡기 혹은 잡문에 불과할지언정 진정한 수필은 아니다. 수필이 되려면 슬픔 대신에 기쁨을, 절망 대신에 용기를,

허무 대신에 희망을 우리의 영혼에 직접 혹은 간접적으로 일깨워 주어야 한다. 이런 글이 되어야 독자와 함께 공유하는 참된 수필이 된다. 이런 점에서 김익수 장로의 수필은 퍽 돋보이는데 그러면 그의 수필 「부끄럽지 않는 인생」의 단면을 살펴보자

> 그해가 마침 역사적 〈88 서울 올림픽〉을 치르는 해요 공직에 있던 나로서는 매우 중요한 시점이기도 했다. 왜냐하면 행정고시 출신이 아닌 일반공채자인 나에겐 사무관 시험을 치러야 하는 절호의 찬스이기 때문이다. (중략) 지난해 다행히 1차 과목들은 합격을 하였기에 이번에 2차 과목인 〈행정학〉과 〈지역사회 개발론〉을 논술형으로 보게 된다. (중략) 그때 큰일이 생겼다. 왼쪽 눈이 뻘겋게 터져 잘 안 보이는 것이다. 그 이튿날은 오른쪽 눈까지 옮겨져 빨간 핏빛 눈이 되었지만 (중략) 시험이 일주일밖에 안 남은 절박한 나의 고충을 이정근 안과의사에게 말씀드렸더니 최선을 다해 하루에 두세 번 응급치료를 배려해 주었기에 시험을 치르고 합격했다. 중앙공무원 교육원에서 한 달간 교육받은 230명 중 수석으로 졸업했는데 그간 내가 은혜를 입은 그 의사를 과연 몇 번이나 찾아 봤느냐. 자문하고 반성해 본다. (중략) 일제 강점기 유학파, 28세에 죽은 젊은 시인 윤동주 서시처럼 "하늘을 우러러 한 점 부끄럼 없기를…" 그렇게 살지를 못 했구나 이렇게 늦게나마 철들어야 하는 못나고 슬픈 존재인가. 깊이 뉘우치고 반성해 본다.
>
> — 「부끄럽지 않는 인생」 중에서

이 수필의 주제는 '자기성찰'이다. 윗부분의 수필 내용만 봐도 의사가 최선을 다했기에 시험을 치를 수 있었고 중앙공무원교육원에서 우수한 성적을 낼 수 있었다. 그 은혜를 잊지 않고 그분을 찾아뵈었는지 자신을 반성해보는 내용이다. 특히 윤동주 서시처럼 자신이 그렇게 살지 못했음을 깊이 뉘우치는 작가의 반성은 많은 독자들에게 큰 감명을 주고 있다. 얼마나 귀한 마음가짐인가. 이 수필의 마무리 부문이 더욱 그렇다. "하늘

에서 우리를 내려다보고 계실 하나님 아버지께 부끄러움 없는 인생을 마감하는 일이라는 것을 매우 소중하다며 오늘도 뚜벅뚜벅 그 길을 한걸음 한 걸음씩 걸어간다."로 끝맺고 있다.

　여기서 관심을 집중할 단어들이 있다. '하늘에서 우리를 내려다보시고 계실 하나님' 이는 '현재뿐만 아니라 미래까지도 내다보고 계실 하나님이시다.'란 의미다. 하나님은 절대자, 신(神)이시기에 인간처럼 속임을 당할 분이 아니라 우리의 생사화복을 주장하시는 분이시다. 어찌 그분에게 한마디라도 허튼 말을 할 수 있겠는가. 작가는 하나님을 진실하게 믿는 장로님이기에 이 작품에 쓰인 한마다 한마디는 참된 고백이요, 그분 앞에서 뉘우치는 깊은 반성이다. 또 다른 한 편의 수필「노년의 탁구사랑」의 작품을 살펴보자. 여기서도 김익수 장로의 끈질긴 집념이 잘 드러나고 있다.

　　65세부터 영등포 노인 복지회관의 선수 반에 뽑혀 새내기들을 보살피는 작은 봉가와 서울시와 구청 대표선수를 하게 되었다. 유상종 당시 서울시 연합회장이 주간한 LA 탁구협회와 친선경기에서 (중략) 3위의 쾌거를 이뤘고, 호주, 중국(구이저우 성)에도 가서 많은 공부를 하고 돌아왔다. (중략) 그 후 심판관 시험에 합격하여 10년째 서울시 전속 탁구 심판관으로 봉사하고 있다. 2년간 우리나라 자랑인 블루 배지(BB) 국제심판 정영백 위원장과 (중략) 서울시 전속 심판위원회 위원을 맡은 적도 있다. (중략) 나는 비교적 늦은 나이에 탁구를 시작하였기에 아예 국제심판 등은 염두에 두지 않았고 그저 낮은 자세로 소임을 다하는데 만족하고 있을 뿐이다. 그러나 젊은 심판들 못지않게 신속 정확하며 단호하고 명쾌하게 판정을 내리는 심판으로 점점 자리를 굳혀 선수들이 내 심판을 선호하는 것에서 흐뭇함을 느끼기도 한다. (중략) "내 나이 칠순을 훌쩍 넘겼으나 제2의 인생은 탁구인생! 아니 노인 심판으로서, 또 태릉 선수촌장을 지낸 이에리사 선수처럼 우리의 희망, 미래의 꿈나무 어린이들(초중학생)의 건강과 탁구발전을 위해 내 생애 남은 열정과 사랑을 다 쏟아붓고 싶다."

대단한 결심이다. 공직의 직위인 해양수산부 대산청장을 끝으로 은퇴, 이후 건강관리를 위해 탁구를 열심히 배웠다고 이 수필 서두에서 밝히고 있다. 이를 추정해 볼 때 아마 58~59세 무렵으로 여겨진다. 이렇게 볼 때 65세에 영등포 노인종합복지관의 선수 반에 뽑히기 시작해서 서울시와 구청 대표선수가 됐다는 것만 해도 놀라운 일이다. 65세면 국가에서도 노인으로 인정하여 전철 무료우대권을 준다. 그 연령인데도 그 뒤 심판관 시험에 합격, 10년째 서울시 전속탁구심판관으로 또 2년간 우리나라 자랑인 블루배지(BB)를 정영백 위원장인 국제심판관과 함께 서울시 탁구심판 위원으로 위촉 받았으니 아무리 소질과 재능이 있다한들 그 숨은 그간의 노력에 어찌 놀라지 않을 수 있겠는가. 남들은 상상도 할 수 없는데 김익수 장로는 선수들과 판정관 모두의 인정을 받은 것이다. 그 집념의 정신은 여러 방면에서 잘 보여주고 있다.

　다시 말하지만 41세와 49세에 사무관과 서기관으로 공직을 수행함도 대단한 일이다. 또 공직에서 은퇴한 후 건강관리를 위해 약간 미친 사람처럼 탁구에 빠졌다고 했다. 이 기간을 추정해 볼 때 약 12년간인데 그 기간에 이 같은 공적을 쌓음도 정말 놀라운 일이 아닐 수 없다. 그런데 문학에 있어서도 빼어난 문장력을 지녔고, 믿음의 삶 또한 하나님 보시기에 아름답기에 응암교회 장로로 세우심을 받았는데 지금은 은퇴 장로다. 교인들은 물론, 그분을 대하는 이들마다 고개가 저절로 숙여진다고 했다. 이는 섬김의 자세인 겸손한 삶이 몸에 배어 있기 때문이 아닐까 모두들 말하고 있다.

　퍽 아쉽다. 지면이 한정되어 있기에 여기서 서평을 마치려고 하니 마치 시작하다가 중도에 그만두는 듯, 그러한 느낌이다. 하나님 은혜로 건강과 문운이 창대하기를 기원한다.

곽인화 수필가의 미국 여행기를 통해 본 정신세계

　수필문학은 '멋과 맛'이 흐르는 문학이다. 다른 문학도 그러하지만 특히 수필문학은 작가가 직접 작품에 등장하는 특징을 가지고 있다. 물론 소설도 '1인칭 주인공 시점'에서 보면 주인공이 작품 속에 등장하여 사건을 이끌어 가고 시(詩) 역시 '주인공 시점'도 그렇다. 그러나 소설이나 시의 주인공은 '허구적 인물'이지 수필처럼 '작가 자신'이 아니라는 점이다. 작가가 직접 작품 속에 등장하는 수필을 읽으면 그 맛과 멋이 다른 문학과 확연히 다르다. 작가의 사상이나 감정, 철학까지도 느낄 수 있는 것은 오직 수필문학 뿐이다. 구체적으로 말하면 생활의 숨소리까지도 들을 수 있다. 이런 점에서 곽인화 작가의 수필이 퍽 돋보인다.
　혹자는 작품 속에 서정성이 깃들어 있지 않다고 꼬집을지 모른다. 그러나 기행수필은 서정성보다 서사성에 치중해야만 독자들에게 신뢰감을 줄 수 있을 뿐만 아니라 더욱 믿음직스럽다. 비록 당장에 입안에서 감미로움을 느끼지 못할지라도 그 글을 읽으면 읽을수록 진미를 느끼고 포근함으로 이어지면서 지혜까지 일으키는 글이다. 어설픈 서정성으로 깔끔한 맛을 잃어버린다면 도리어 글의 가치가 상실될 수 있기에 주의해야 한다. 진정 글의 가치를 살리는데 주안점을 두어야 하기 때문이다. 이런 점에서 이 글이 얼마나 멋진 글인가. 곽 작가가 쓴 「작은 도전」 - 미국여행기 - 서두를 살펴보자.

> 나는 평소에 할 일이 있으면 혼자서라도 주저하지 않고 실행에 옮기는 편이다. 50대 초반의 나이에 지금 사는 영흥도에서 인천의 대학에 다녔으며 졸업 후 다시 영어영문학 석사 학위를 받기까지 공부를 했고 그 이후에도 뭔가 배울 것이 있거나 활동을 위해서는 거리의 원근을 막론하고 혼자서 잘 찾아다녔다. 그랬는데 혼자라는 것에 부담을 느낀 일이 있다. 몇 해 전, 14일 일정으로 단체여행팀에 속해 혼자 미국여행을 하게 됐을 때의 일이다.
> 마음으로는 진작부터 가고 싶었지만 처음에는 여행비를 마련하지 못했다. 경비가 마련된 다음에는 하던 일을 마무리하느라 몇 달간 미뤄야만 했다. 여행을 떠날 수 있는 시간이 다가오자 남편과 친구 중 어느 누구라도 같이 갈 사람이 있을 줄 알았는데 각자 하는 일이 있어서 시간이 맞지 않았다. 같이 갈사람 하나 없이 먼 길을 떠난다는 것이 이렇게 부담스럽게 느껴질 줄은 미처 생각하지 못했다. 출발일이 코앞에 다가오자 여행에 대한 기대와 설렘은 어디론가 사라지고 낯설고 물설은 곳에서 나 혼자 감당해야 할 스트레스로 몸살이 날 지경이었다.
> 출발하는 날, 날씨마저 우리의 여행을 축하해 주는 듯 청명했다. 오후 3시 인천공항을 출발하여 미국 로스앤젤레스로 향하는 비행기에 올랐다. 맨 처음 일정인 유니버셜스튜디오에 다녀와서 숙소에 들었다. 혼자 자려니 괜히 불안해서 객실 문이 제대로 잠가졌는지 다시 확인해 봤다.
>
> ―『월간문학』 2022. 10월호

윗글에서 보듯 작가는 작품 속에 직접 등장하여 사건을 이끌어가고 있다. 뿐만 아니라 글쓴이의 사상과 감정이 잘 유로되었기에 작가의 숨소리까지도 들리는 듯하다. 이 같이 다른 문학과 특이하게 다른 점이 수필문학의 특징이다.

곽인화 수필가의 특이한 점은 만학(晩學)이다. 50대 초반에 대학과 대학원에서 영문학을 전공했다는 점이다. 인내와 투지가 남다르다. 끈질긴 집념이 있기에 10대에 꿈꾸었던 영문학을 50대에 도전한 것이다. 성실히 삶을 이끌어 오면서도 꿈을 이룬 것이다. 삶의 수단으로 무엇을 이루기 위한 것이 아니라 그는 인생의 목표의 꿈을 이루기 위한 것이다. 얼마나 남다른가? 여기에 대해선 침묵으로 일관하고 있지만 평소에 곽 수필가가 한 말을 미루어 보면 알 수 있다. "내가 한 번 결심한 일은 어떠한 난관이 있을지라도 기어이 이루어 내고 만다." 이러한 그의 인생관에서 이루어진 인격이 오늘의 인품을 이루어 낸 것이 아닌가 여겨진다. 다음은 곽인화 작가의 문학 활동을 통하여 그윽한 인간미를 살펴보자. 평자는 10여 년간 같이 문학 활동을 해 오면서 느낀 바는 곽 작가가 여느 사람도 흉내 낼 수 없는 인간의 그윽한 성실성을 지니고 있음을 발견했다. 나뿐만 아니라 많은 사람들도 이에 공감할 것이다 이처럼 인간성이 풍부하다. 한 번 약속한 일이면 어떠한 경우일지라도, 모든 어려움을 인내하면서까지 철저하게 지키는 성실성은 어느 누구도 따를 수 없다. 어쩌면 그분이 지닌 철학이라고 할까, 아니면 오랜 신앙으로 닦아온 결과라고 할까. 어쨌든 믿음직스러운 분임에는 틀림이 없다. 그래서인지 리더십도 강하다.

그분의 삶을 보면 숙명대로 살면서도 검약과 근면이 뛰어나다. 때로는 부군을 따라 농사에 전념하기도 하고 틈틈이 학문을 깊이 있게 탐독하는가 하면 지역 문화관광해설사 등 다양한 사회활동에 참여하는데 그 생활 자세는 누구나 본받을 만하다.

곽인화 작가가 쓴 「작은 도전」인 미국 여행기인 수필에서도 말했듯이 "50대 초반 인천에 있는 대학에서 영어영문학 석사학위를 받기까지 학문에 전념했고 그 이후에도 무언가 배울 것이 있다면 거리의 원근을 막론하고 혼자서 찾아 다녔다."고 했다. 얼마나 배움의 집념이 강한 분인지가 짧은 글에서도 여실히 드러나고 있다.

　이번 작품을 봐도 그렇다. 몇 해 전부터 가고 싶었지만 처음엔 여행비를 마련하지 못했다. 경비가 마련된 다음에는 하던 일을 마무리하느라 몇 개월간 또 미뤄야만 했다. 정작 여행을 떠나야 할 때에는 남편도 친구 중 어느 누구도 같이 갈 사람이 없었다. 각자 하는 일에 바쁘다 보니 시간이 서로 맞지 않아 같이 갈 사람이 없었다. 먼 길을 혼자 떠난다는 게 이렇게 부담스럽게 느껴질 줄을 미처 생각지 못했다. 출발일이 코앞에 다가오자 여행에 대한 기대와 설렘은 어디론가 사라지고 낯설고 물설은 곳에서 혼자 감당해야 할 스트레스로 몸살 날 지경이었다고 했다.

　2016년 1월 14일 출발하는 날, 날씨가 우리의 여행을 축하라도 해 주는 듯 청명했다. 오후 3시 인천공항을 출발하여 미국 로스앤젤레스로 향하는 비행기에 올랐다. 맨 첫 일정인 유니버설스튜디오에서 이모저모를 구경한 뒤 숙소에 들었다. 혼자라서 불안하기에 객실 문이 제대로 잠가졌는지 다시 확인했으나 이상이 없었다.
　다음 날이다. '로스앤젤레스'에서 '바스토우'로 향하는 도중에 바지 안에 찬 전대가 보이지 않아 놀란 가슴을 쓸어내렸던 일, 한 비행기에 탑승한 여행자들 모두가 가족 친지로 팀을 이루어 여행하고 있었으나 여자의 몸으로 여행하는 사람은 오직 '나' 혼자뿐이었다는 사실을 알게 되었을 때의 긴장감. 7일간의 서부여행 마치고 동부행 비행기 탑승할 때 내 옆 좌석에 나란히 예약된 한 가족 4명이 비행기에 탑승하지 않았다. 그때 긴장된 마음으로 내가 제대로 탑승했는지 승무원에게 물었으나 제대로 탑승했다고 한다. 비행기는 샌프란시스코를 정시에 출발하여 5시 30분 만에 뉴욕 케네디 공항에 도착했다. 가이드를 만나서 알아보니 식사를 하다가 탑승 시간을 놓쳐 2시간 후에 출발하여 이곳으로 오는 비행기를 타고 지금 오는 중이라고 했다.
　그때뿐만 아니었다. 그들은 미국 여행을 다 마치고 뉴욕을 떠나 한국으로 오는 날에도 역시 그랬다. 당연히 그들과 함께 한국에 올 줄 알았다. 그런데 그날도 나 혼자였다. 무슨 일일까. 가이드에게 또 물었다. 그들은 '맨해튼'에서 일주일간 더 머물기로 했다는 것이다. 그 말을 듣는 순간 참으로 어처구니가 없었다. 그렇게 무심(無心)할까. 사전에 일주일간 미국에서 더 머물고 갈 터이니 잘 가라는 따뜻한 인사 한마디쯤은 해도 될 터인데 그렇게 쌀쌀할까.

그간 여행 도중에 곽 작가가 가슴을 쓸어내리거나 긴장의 연속됨은 무엇 때문일까? 이국 만리(異國萬里)를 홀로 여행했기에 그랬을 것이리라고 여겨지지만 한편으로는 따뜻한 인심이 메말랐기 때문이 아니었을까? 공항까지 배웅해 준 미 동부의 가이드는 헤어질 때 따뜻한 말로 "혼자 미국 여행을 했으니 앞으로는 어느 곳에 가든지 자신 있게 여행을 잘 할 것이다."라고 격려와 칭찬을 아끼지 않았다고 하니 어찌 비교가 되지 않겠는가?

참으로 아쉽다. 물론 그런 사람을 만났기에 그러했을 것으로 여겨지지만 우리 사회가 예전과 같지 않고 따뜻한 인심이 식어가니 가슴 아픈 일이기에 하는 말이다. 우리 사회가 앞으로 어떻게 될까. 앞 세대는 그들이 주도하는 사회가 될 터인데 다음 세대는 얼마나 힘든 삶이 될 것인가. 우리들이 바로 잡아주지 않는다면 앞으로의 사회는 어찌될까. 진정 염려스럽다.

2주 전, 한국을 떠날 때 혼자라는 마음의 부담 때문에 많은 걱정을 안고 탑승했다. 그때부터 긴장된 마음으로 서부의 '나이아가라'에서 본 이국적인 풍경, 동부에서 미(美) '국회의사당', '백악관', '제퍼슨 기념관'을 둘러보면서 섬세하면서도 웅장한 건축미를 관심 있게 바라보았다. 참으로 볼만한 건축미라 느껴졌다 한다.

특히 '링컨 기념관' 앞 공원은 1950년도 한국전쟁 당시 참전하여 전사한 미군과 유엔군의 희생정신을 기리기 위해 건립된 공원이다. 그곳에 당시 참전했던 용사의 얼굴이 49미터의 화강암에 새겨져 있었고 그 앞에는 수많은 참전용사들의 동상이 건립되어 있었다.

나는 감동했다. 그들은 인류의 자유를 수호하기 위해 남의 나라 전쟁에 목숨을 바친 그 거룩함이 얼마나 숭고하고 아름다운가. 그의 마음을 깊이 되새기면서 그들 앞에 진심 어린 묵념이 이루어졌다. 인류 종말에 이르기까지 찬란히 빛나는 그들의 정신이었다. 영령들이여! 고이 잠드소서. 당신들의 고귀한 정신을 결코 잊지 않겠습니다. 다짐하기도 했다는 작가의 말이다.

이곳에 세워진 참전용사의 기념관은 미국 내에서 모금한 성금으로 건립했는데 이를 '한국전쟁 참전용사 기념공원'이라고 명명했다고 한다. 그들은 당시 한국이 어디에 붙어 있는지조차 모를 정도인데도 진정 무엇을 위하여 젊은 생명을 바쳤을까? 우리들은 그들의 고마운 마음씨를 깊이 되새기면서 자유의 소중함을 인식하며 보다 발전된 민주주의 역사를 이룩해야 할 것이다. 이 길만이 그들의 피에 보답하는 길이 될 것이기 때문이다.

마지막으로 '작은 도전'에 성공했으니 "맘껏 개선가를 불러도 좋을 것이다."란 끝맺음을 조용히 살펴보자. 그러면 작가의 인품을 짐작할 수 있으리라.

미국 여행을 마치고 뉴욕을 떠나 한국으로 가는 날, 당연히 서부에서 동부로 함께 온 일가족 4명과 같이 가는 줄 알았는데 그들은 맨해튼에서 일주일을 더 머물기로 했다고 한다. 미국 공항에서 출국을 제대로 할 수 있을까? 갑자기 긴장이 됐다. 가이드와 공항에서 헤어지기 전, 그는 "혼자 미국에 와서 잘 다녔으니 앞으로는 어느 곳이든 다닐 수 있을 것."이라고 말했었다. 2주 전, 한국을 떠날 때는 혼자라는 마음의 부담을 안고 출발하지 않았던가. 돌아오는 비행기 안, 그동안의 여행으로 몸은 비록 무겁지만 마음은 새털처럼 가볍다. 뉴욕에서 14시간 걸려 인천공항에 무사히 도착했다. 이번 여행을 다녀옴으로 해서 내가 여행을 얼마나 좋아하는지 알게 되었고 작은 도전이지만 성공했으니 개선가를 불러도 좋을 것이다.

독자들도 본 여행기를 읽으면서 마음의 박수를 보냈을 것이다. 주위 사람들이 어떻게 대하든 묵묵히 지켜볼 뿐 그들을 탓하거나 원망하지 않고 그럴수록 정신을 가다듬고 여행을 한 것은 본받을 만하다.

낯설고 물설은 이국 여행일지라도 여행다운 여행을 마칠 수 있었던 것은 침착성이 있었기 때문이요, 그간 모든 일을 혼자 해결하는 그 능력을 꾸준히 길러왔기에 그 담력이 주어진 것이다. 곽인화 작가의 깊은 정신력을 높이 평가하며 삶의 지혜와 삶의 자세를 본받아야 할 것이라 여겨진다.

마음의 빛이 영롱한 수필가 김경순 목사
- 김경순 수필집 발간을 축하하며

　김경순 목사님이 이번에 처녀수필집 『회갑이면 늦은 줄 알았다』를 발간한다고 하니 여간 기쁜 일이 아닐 수 없다. 하나님의 택함을 받은 종으로 처음엔 사모로 부르심을 받으셨고 그 뒤 신학대학원을 졸업하여 목사 안수를 받아 목회 사역에 전념하게 되었다. 그러다 보니 『수필과 비평』을 통하여 등단한 지 15년 만에 첫 수필집을 출간하게 된 것이다. 그간의 세월이 길다면 긴 세월이지만 태양열을 흡족히 받은 과실처럼 단맛을 내는 시간이었다고 확신한다.
　김 목사님은 전북대학교 국문과를 졸업하시어 '인상고등학교'에서 13년간 국어교사로 근무하셨다. 그러다가 교회 사모 역할을 충실히 수행하기 위해 교직을 사퇴했다. 이후 열심히 성도들을 돌보시던 중, 갑자기 남편 강 목사님이 하나님의 부르심을 받아 소천하시어 그 뒤를 이어 목회의 길을 걷고 있다.
　김 목사님은 교직에 몸담아 있을 때는 작가로 등단은 하지 않았다. 그렇지만, 작문의 재능이 남달라 교직원들의 작품을 계속해서 가필정정(加筆訂正)을 해 주기도 했다. 그러는 동안 작가들의 인정을 받아 문단에 등단하게 된 것이다. 이처럼 재질을 지닌 분이기에 필자는 '흙 속에 묻힌 진주'라고 용기를 주었고 소천하시기 전 강 목사님도 문단에 등단했으면 하는 뜻과 함께 적극 응원해 주셨다.

그러나 정작 김 목사님은 당시 사모의 역할을 다 감당하지 못하는데 어찌 다른데 마음을 쓰겠느냐며 등단을 극구 사양했다. 그런지 10년 후였다. 개척교회가 안정되고 마음의 여유가 이루어질 무렵 문단에 등단하게 된 것이다.

그간 아무리 어렵고 힘들어도 서로 믿고 의지해 왔던 부군 강 목사님이 소천하심에 따라 안정성을 잃을까 고민에 싸였다. 그때 성도들이 사모님이 신학교에 입학하시여 계속 이끌어 줄 것을 요청했고 이웃교회 목사님들도 권유하여 신학대학원에 입학했다. 사모의 직책에서 전도사의 신분으로 옮김에 따라 해야 할 일들이 많아졌고 책임져야 할 일들의 중압감으로 글을 쓸 수 있는 마음의 여유가 전혀 없었다.

얼마 후에 다시 붓을 들어 간증문을 쓰기 시작했고 이 교회 저 교회 신앙 간증사로 순회하면서 건강을 되찾게 되었다. 요행이 그 간증이 많은 외부 성도들의 심금을 울렸는지 들리는 소식마다 기쁨이 되어 수필을 쓰게 되었고 딸의 권유에 의하여 이번 수필집을 발행하게 되었다 한다.

김 목사님의 다정다감한 말씨, 상냥하고 친절한 마음가짐은 처음 만나는 이에게도 신뢰감과 포근함을 느끼게 한다. 어느 누구도 흉내 낼 수 없는 대인관계다. 그러한 그분의 마음가짐은 어디서 올까? 오직 신앙으로 다져진 것이 아닐까. 그간 기도로 쌓아 이룩한 인생관과 세계관 때문이 아닌가 싶다.

한번 맺은 인연을 소중히 여기는 김 목사님, 처음 마음이 어쩌면 그리도 변할 줄 모르고 한결같은가. 청순한 그분만의 인격이 말해주고 있는 듯하다.

뿐만 아니다. 남의 말 아니면 할 말이 없다는 세상인데 남을 탓하거나 비방하는 이야기를 들어본 적이 없다. 그만큼 입이 무겁다는 것은 신앙으로 다져진 그분의 인품이 아닐까 여겨진다. 하나님이 함께 하신다는 증거라 믿는다.

참으로 독자들의 가슴에 생명의 꽃을 피울 글들, 우리의 정신에 영원한 빛으로 밝혀질 작품들이 이젠 한 권의 책으로 발간될 것으로 생각하니 기대가 되고 기쁨이 더해지기도 한다. 어서 발행되었으면 한다. 눈물의 메마른 골짜기마다 흥건하게 적셔줄 복음의 단비가 소리 없이 내려 이윽고 펼쳐질 때 주님의 숨결을 경험하게 되리라 믿는다. 어서 읽고 싶다. 차근차근 되새기며 읽고 싶다.

아무쪼록 하나님의 풍성한 은혜로 문운이 창대하시고 건강하시어 앞날이 더욱 줄기차기를 진심으로 기도한다.

| 참고문헌 |

강희안 「신석정 시 연구」 한남대학교 대학원 박사학위 논문, 2002.
강연호 외 11인 저 『시창작이란 무엇인가』 화남, 2005.
김은아 「신석정 자연시 연구」 아주대학교 대학원 박사학위 논문, 2003.
국문효 『신석정 시에 나타난 현실인식과 역사의식 연구-시집 방하를 중심으로』 비평문학, 2007
김현 『상상력과 인간 시인을 찾아서』 시문학지성사, 2013.
김윤식, 김현 『한국문학사』 민음사, 2009.
김종회 『한국문학명비평』 문학의 숲, 2009.
김준오 『시론』 삼지원, 2008.
변태섭 『한국사 통론』 삼영사, 1999.
박두진 「석정의 시」 『현대문학』 현대문학사, 1968. 1.
신동욱 「신석정 시에 관한 소견」 『신석정 30주기 추모문집』 신아출판사, 2004.
신동욱 신석정 시와 역사의식 석정문학 제20집 신아출판사, 2007.
신석정 『촛불』 수필집 범우사, 1991.
신석정 『그 먼 나라를 아르십니까』 한국대표명시선. 시인생각, 2013.
신석정 『산의 서곡』 제4시집 가림출판사, 1967.
오세영 「현실의식과 그 부정의 변증법」 『석정문학』, 제20집 신아출판사, 2007.
오세영 외 10인 저 『한국현대시사』 ㈜민음사, 2007.
오하근 「신석정의 일제 저항시」 『석정문학』 제20집 신아출판사, 2007.
이보영 「신석정 문학의 재평가」 『석정문학』 제21집 신아출판사, 2008.
이향분 「신석정 시 연구 -시어를 중심으로-」 한국학대학원 박사학의 논문, 2010.
이홍식 『새국사사전』 글동산, 1980.
정순영 「석정시론」 『국어국문학』 100호 국어국문학회, 1988. 12.
정한모 「신석정 그 먼 나라를 아르십니까」 『심상』 1974. 4.
조항래 『한국사의 이해』 아세아문화사, 2000.
허소라 「신석정론의 향방」 『임께서 부르시면 : 신석정 대표시평설』 유림사, 1986.
허소라 『못다 부른 목가 -신석정 생애와 문학』 석정문학연구원, 2014.
허소라 「신석정의 『촛불』 연구」 군산대학논문집제 25집 1997.
허소라 「신석정의 시론 고찰」 군산대학교인문과학연구소, 1998.
강석호 편저 『새로운 수필문학 창작기법』 교음사, 1999.
강석호 수필평론집 『수필문학의 정체성과 창작 기법의 해석』 교음사, 2014.
정봉구 「첫맛과 끝맛」 『수필문학』 1995.
윤재천 『새로운 수필문학 쓰기』 문학관, 2018.
윤재천 『수필작법론』 세선, 1994.
이유식 수필명칭 정착과정고(定着過程考) 수필문학 1989. 1.
이철호 『수필평론의 이론과 실제』 정은문화사, 2001.
이철호 『수필창작의 이론과 실기』 한국문인, 2016.
최승법 『수필 ABC』 형설출판사, 1965.

문학평론의 기본의식을 통해 본 의미통찰

2023년 12월 15일 1쇄 발행

지은이 / 하재준

발행인 / 강병욱
발행처 / 도서출판 교음사
편　집 / 수필문학사

03147 서울 종로구 삼일대로 457 수운회관 1308호
Tel (02) 737-7081, 739-7879(Fax)
e-mail : gyoeum@daum.net

등록 / 제2007-000052호

* 잘못된 책은 바꿔 드립니다. 값 20,000원

978-89-7814-957-0(03800)

본 도서는 인천광역시와 (재)인천문화재단의 후원을 받아
'2023 예술창작지원사업-신진/원로지원사업'으로 선정되어 발간하였습니다.

- 이 책 내용의 전부 또는 일부를 재사용하려면 저작권자와 교음사의 동의를 받아야 합니다.
  지은이와의 협의 하에 인지는 생략합니다.